创新思维法学教材

## 《西方法理学新论》主编简介

**徐亚文** 教授、博士生导师。1966年3月出生，浙江省天台人。湖北师范学院本科（1988年）、武汉大学法理学硕士（1993年）、武汉大学宪法学与行政法学博士（1999年），加拿大不列颠哥伦比亚大学法学院访问学者（2002年—2003年）、美国哈佛大学哈佛燕京学社访问学者（2008年—2009年）。参与或主持了国家社科基金、教育部国家留学科研启动基金、司法部科研基金、武汉市人民政府、美国哈佛大学哈佛燕京学社等资助的科研项目或课题7项，为中国法理学研究会理事、湖北省法学理论研究会理事、武汉大学宪政与法治国家研究中心研究员、美国亚洲研究协会会员，兼职律师、仲裁员。出版《法理学》（参编）、《依法治国论》（副主编）、《依法治国方略实施问题研究》（执行主编）、《西方法学名著提要》（副主编）、《邓小平法治思想研究》（副主编）、《程序正义论》（独著）。在《中国法学》、《新华文摘》、《政治与法律》、《法学评论》和《光明日报》等期刊发表论文40余篇。主要研究领域为法理学、西方法哲学、比较宪法学。

创新思维法学教材
Legal Textbooks of Creative Thinking

# 西方法理学新论

## ——解释的视角

A New Study of Western Idea of Law

主编▸徐亚文
副主编▸廖奕　占红洋

WUHAN UNIVERSITY PRESS
武汉大学出版社

**图书在版编目(CIP)数据**

西方法理学新论:解释的视角/徐亚文主编．—武汉：武汉大学出版社,2010.10
创新思维法学教材
ISBN 978-7-307-08218-2

Ⅰ.西…　Ⅱ.徐…　Ⅲ.法理学—研究—西方国家　Ⅳ.D90

中国版本图书馆 CIP 数据核字(2010)第 183677 号

责任编辑:张　琼　钱　静　　责任校对:刘　欣　　版式设计:马　佳

出版发行：**武汉大学出版社**　(430072　武昌　珞珈山)
(电子邮件：cbs22@whu.edu.cn　网址：www.wdp.com.cn)
印刷：通山金地印务有限公司
开本：720×1000　1/16　印张:17　字数:304 千字　插页:2
版次：2010 年 10 月第 1 版　　2010 年 10 月第 1 次印刷
ISBN 978-7-307-08218-2/D·1043　　定价:29.00 元

# 目　录

# 导论：法理学是一门解释的艺术

> 法律是一种阐释性概念。对我们来说，法律的一般理论就是对我们自己司法实践的一般阐释。
>
> ——德沃金：《法律帝国》

康德在《纯粹理性批判》中谈到法理学的纷争时说道："学者们还在为法下定义。"法律是什么？对这个困扰法理学领域的问题，西方法学家有过长期争论。在早期，法学家将社会正义观念作为定义的依据。乌尔比安就说过："法学是神事人事，公正非公正之智术"；① 格劳秀斯说得更明确：法学是"从正义而生活之学"。② 古老的法谚"法律乃善良及公平之艺术"、"公平与善良乃法律之法律"作为一般法理流传至今。在19世纪初，英国人约翰·奥斯丁着力倡导把法律与道德相分离，使法理学研究从自然法转向人定法，将政治权力作为定义的中心。"法理学研究实在法或严格称谓的法，而不考虑其好坏"、"法是无限主权者的命令。"③ 而在富勒看来，法是使人们的行为服从规则治理的事业。对法的定义法理学至今绝无一致答案的原因之一在于：与现代汉语中的"法"、"法律"二字同义所不同的是，在西方语境里，"法"与"法律"存在二元表述，如拉丁语的 jus 和 lex，法文的 droit 和 loi，德文的 recht 和 gesetz，其中 jus、droit、recht 除指法律之外，还兼具权利、公平、正义之义。为了区别法、法律，学者们用"客观法"来指称那些客观存在的、具体的现行法律规范；用"主观法"来指称属于主体的并需要通过主体活动

---

① 参见郑永流：《安身立命，法学赖何?》，载刘士国主编：《法解释基本问题》，山东人民出版社 2003 年版，第 366 页。

② 转引自王勇飞编：《法学基础理论参考资料》第一册，北京大学出版社 1980 年版，第 42 页。

③ 转引自张文显：《二十世纪西方法哲学思潮研究》，法律出版社 1996 年版，第 85 页。

来实现的合法权利。但对主观法的理解，学者们很难取得一致的立场。原因之二在于法律文本的意义确立于不同的主体。这类主体在法律职业共同体里一般有两类：一是法学家，二是像法官、检察官、律师这样的职业法律人。法学家对法的研习因其方法独特、视角差异构建了风格万千的法学流派；而职业法律人对法律的解释，则因其法律方法的不同又形成了观点迥异的判决。

对法的理解存在的差异乃至对立，使法学流派和司法过程成为法理学的重要研究领域，并形成了法学方法与法律方法的差异。为了梳理西方法理学的观点，学术界依据哲学基础、方法论、基本范畴、兴起的地域（通常是学校、研究所、地区或国家）、领军人物等确立若干标准，形成了自然法学派、分析实证主义法学派、社会学法学派等经典分类，国内介绍西方法学思潮和流派的论著也按照这种模式、体系展开。然而，这种法学流派的叙述方法是值得怀疑的。一是法学流派划分缺乏统一标准，把各“流派”并列介绍在逻辑上说不通。按照“应然”、“实然”的区分，学术界形成了自然法学派与实证法学派的区分。在实证法学派里，又把法规范和法行为作为法的“事实”对待，形成了研究法规范的分析实证主义法学和研究法行为的社会学法学。一旦我们把这三种流派并列时，就产生了逻辑谬误。二是很多流派的存在具有学理意义，划分标准依赖于研究者的个人目的。例如，关于比较法，它究竟是一门学科？还是一种方法论？这种争论始终没有结局。比较法学的泰斗达维德断言比较法只能是对各种法进行比较的方法，而比较法学的权威茨威格特和克茨认为比较法的历史本质上是一部学说史。① 三是一个学派往往有几个名称。如对凯尔森的纯粹法学，按照地域、基本范畴、方法论、哲学基础、创设人的分野，就同时可以有维也纳学派、规范法学派、纯粹法学派、新康德主义法学派、凯尔森学派等称谓。② 四是法学的日益开放使得传统的学派分野失去了基础，法学成为任何一门学科都可以轻易介入的领地。最近几十年以“法律与××”为名称的新兴研究，如“法律的经济分析”、“法律与文学”、“法律与社会”、“法律与语言”、“法律与人文”、“法律与性别”等后学的兴起，更难以将法学观点归为某一学派。这些法学研究的领军人物也宣称自己不属于任何学派，研究者也不轻易按照学派进行分类。这一法学发展史上的奇特景观本身就值得研究。对“法律是什么”的回答并不能成为法学流派的划分依据。如果套用奥斯丁的名言“法的存在是一个问题。法的优劣，则是另一个问题”来描述法

① 参见［日］大木雅夫：《比较法》，范愉译，法律出版社2006年版，第18页。

② 参见张文显：《二十世纪西方法哲学思潮研究》，法律出版社1996年版，第33页。

理学研究的这种困境，那么我们可以说："法的存在是一个问题。法的定义，则是另一个问题。"

法学研究的解释学转向，似乎可以为我们学习西方法理学找到一种新的视角。在西方，解释学的发展大致经历了三个阶段。最初，解释学（Hermeneutik）源于希腊文词根赫尔墨斯（Hermes）。赫尔墨斯是古希腊神话中神的信使，他有着有翼的双足，他的职责就是来往于奥林匹亚与凡间，通过解释向人们传递神的信息和指示。"赫尔墨斯是神的信使，他把诸神的旨意传达给凡人——在荷马的描述里，他通常是从字面上转达诸神告诉他的消息。然而，特别在世俗的使用中，Hermēneus（诠释）的任务却恰好在于把一种陌生的或不可理解的表达的东西翻译成可理解的语言……'诠释学'的工作就总是这样从一个世界到另一个世界的转换，从神的世界转换到人的世界，从一个陌生的语言世界转换到另一个自己的语言世界。"① 诠释就是一种翻译。就诠释学本身而言，按照德国理论家 G. 艾伯林（Ebeling）的理解，在希腊语里包含三层意义：一是说或陈述，二是分析意义，三是转换语言。② 无论如何，诠释总是包含了理解、解释和翻译，诠释学是理解和解释的技艺学。解释学发展的第二阶段是作为一般哲学的解释学。德国哲学家施莱尔马赫在 1839 年出版了《解释学与批判》，狄尔泰将各种具体形态的解释学如神学解释学、法学解释学等上升为一种关于理解和解释的一般哲学。此时的理解和解释仍旧属于方法论和认识论的范畴。解释学发展的第三阶段是哲学解释学。20 世纪德国哲学家海德格尔把解释学提升到哲学的中心位置，伽达默尔在 1960 年出版《真理与方法——哲学解释学的基本特征》这一"解释学的圣经"，使解释学由方法论上升为本体论。"哲学解释学把理解作为人的存在方式来把握，试图通过探究和分析一切理解现象发现人的经验方式，在人类有限的历史性的存在方式中发现人与世界的根本关系。"③ 按照我国学者洪汉鼎的说法，诠释学可以分为两类：一是独断型的，一是探究型的。前者是把文本中的为人所共知的意义应用到我们要解决的问题上。在这种情形下，解释的意义就在于应用，通过阐明把个别纳入一般，是实践型的。后者以研究、探讨文本的真正意义为

① ［德］伽达默尔：《真理与方法》第 2 卷，台湾时报出版社 1995 年版，第 103 页。转引自洪汉鼎主编：《理解与解释　诠释学经典文选》，东方出版社 2001 年版，第 2 页。

② ［德］伽达默尔：《真理与方法》第 2 卷，台湾时报出版社 1995 年版，第 103 页。转引自洪汉鼎主编：《理解与解释　诠释学经典文选》，东方出版社 2001 年版，第 4 页。

③ 黄文艺：《比较法：批判与重构》，载《法制与社会发展》2002 年第 1 期。

根本任务，重点在于为了获得真正的意义，必须要有哪些方法论准备。因为重构作品的意义和作者的原初设想，可能是正确的，也可能是谬误的。这种诠释是理论型的。在现代社会，这种分野发展成了两种对文本意义不同理解的诠释学观点："独断型诠释学代表一种认为作品的意义是永远固定不变的和唯一的所谓客观主义的诠释学态度，按照这种态度，作品的意义只是作者的意图，我们解释作品的意义，只是发现作者的意图。""我们不断对作品进行解释，就是不断趋近作者的唯一意图。"施莱尔马赫是这种诠释学的代表。这种诠释学认为：理解和解释就在于重现或复制作者的意图，故理解和解释的本质是"更好理解"。探究型诠释学的态度认为，"作品的意义并不是作者的意图，而是作品所说的事情本身，即它的真理内容，而这种真理内容随着不同时代和不同人的理解而不断变化。作品的真正意义并不存在于作品本身之中，而是存在于他的不断再现和解释中"。"对作品意义的理解，或者说，作品的意义构成物，永远具有一种不断向未来开放的结构。"伽达默尔是这种诠释学的代表。这种诠释学认为：理解的本质不是更好的理解，不是一种复制行动，而是创造性活动，是"不同理解"。① 受此影响，法解释学逐渐成为法学研究的重要领域。②

法学研究的解释学转向的代表人物是美国法理学家德沃金。德沃金在20世纪60~70年代发表系列论文，并在1977年集结出版了《认真对待权利》。与以往的法理学先贤一样，他集中论述了"法是什么"之类的本质主义问题，通过批判法律实证主义，试图在道德共识的基础上寻找法律问题的正确答案。但是，他认识到，法理学的基本问题不是"什么是法?"对这个问题的纠缠只会导致毫无结果和毫无意义的争论。在他看来，法理学的基本问题是"什么是对我们的法律实践的最好的解释?""法律是一种阐释性概念。对我们来说，法律的一般理论就是对我们自己司法实践的一般阐释。"③ 这样，德沃金的法理学完成了从"寻找法律问题的正确答案"到"寻找法律问题的最好解释"的转变，继续主导了西方法理学的发展方向。他的理论在以下两种意义上都是

---

① 洪汉鼎主编：《理解与解释　诠释学经典文选》，东方出版社2001年版，第18、19页。

② 关于这种转变，有的学者称为"语言学转向"，有的称为"解释学转向"，有的称为"解构主义转向"，有的称为"视角转向"。参见朱景文主编：《当代西方后现代法学》，法律出版社2002年版，第1页。

③ [美] 德沃金：《法律帝国》，李常青译，中国大百科全书出版社1996年版，第364页。

解释的：第一，法理学的目的在于发展一种使法能够得到最好说明的阐释。“法是什么”本身就是一个解释问题。第二，判决行为也是一种解释的实践，决定在一个案件中的法是什么。① 而法理学对法的解释构成了法官判决的前理解。“不论哪个时代，如果在法庭上和在教室里进行的各种阐释理论所产生的意见分歧太大，那么法律就会失去力量。”② 他在谈及法的经济分析时说：“最近在美国律师中震动的，也在英国引起注意的一大阐释主张叫做非故意损害法的‘经济’理论。这种主张就法官对事故、滋扰和其他非故意损害所作判决提供了一种全面的阐释。”③ 在他那里，我们常常听说的“法的经济分析学派”被关于法的“经济”的“阐释”所取代，并成为法官判决的理据，成功的阐释不仅要恰当、适合，而且必须为其阐释的实践提供正当理由。正如司法判决是充满争议的一样，法理学也是充满争议的。此外，英国法学家哈特也主张法学家在解释主体对事物的看法时，与社会行为主体的立场保持相对的距离。英国的法学家麦考密克和奥地利法学家魏因伯格认为，解释学对于法学研究和法律分析具有不容忽视的意义，“因为法律这种制度事实的知识不同于自然科学的知识，它是由在规范所提供的框架内对客观事件的解释而形成的”。④ 法律的陈述的正确性依赖于对世界发生的事情所作的解释，即按照人类的实践和法律规则对事件作出的解释，单纯从外部行为的观察是不可能认识法律的。此外，除了哈贝马斯提出对话性诠释理论之外，波斯纳解构了法律诠释的客观性、有用性，费希强调法律诠释的“诠释共同体”成员的公共制约和习惯，拉伦茨则发展出了“可接受的诠释”理论。

但是，法学研究的解释转向究竟应属于方法论意义上的还是本体论上的，是法学方法还是法律方法，或者发展出来的法解释学是一种独断型的还是探究型的？人们对此一直存在争议。的确，正如德国哲学家奥多·马克瓦德所言：“解释学是一门艺术，即从文本中得出其中没有的东西。问题在于：既然有了文本，还要解释干什么？”⑤ 在我国，法律解释主要是作为一种法律方法存在

---

① 参见朱景文主编：《当代西方后现代法学》，法律出版社 2002 年版，第 16～18 页。

② ［美］德沃金：《法律帝国》，李常青译，中国大百科全书出版社 1996 年版，第 81 页。

③ ［美］德沃金：《法律帝国》，李常青译，中国大百科全书出版社 1996 年版，第 246 页。

④ 张文显：《二十世纪西方法哲学思潮研究》，法律出版社 1996 年版，第 299 页。

⑤ 转引自［德］魏德士：《法理学》，丁晓春、吴越译，法律出版社 2003 年版，第 303 页。

的，是同司法过程的法律发现、法律推理和法律论证联系在一起的。“法律方法是指法律职业者（或称法律人）认识、判断、处理和解决法律问题的专门方法，或者说，是指法律人寻求法律问题的正确答案的专门方法。”① 法律解释主要是对法律的内容和含义所作的说明，方法主要有一般解释方法（语法解释、逻辑解释、系统解释、历史解释、目的解释）和特殊解释方法（如字面解释、扩充解释和缩小解释等），其目的在于法律发现。而在西方，把法理学视为一门关于理解、解释法的艺术的观点并不鲜见。庞德在撰写他的法律史著作时就将书名定为《法律史的解释》，并把法学家们对法律历史的观点用解释（Interpretation）而不用学派（School）来予以概括，其目的就在于“探究以一种清晰明确的方式向我们展示了思想家们所遵循的各种知识进路以及这个论题发展到今天的状况。我们据此可以比较不同思想家所采取的方法以及这些方法各自达致的成果。人们越是深刻理解他们自己的思辨立场，也就越能清楚地熟知其他人对这一主题所持的种种观点”。② 庞德按照法律的伦理解释、宗教解释、政治解释、人种学解释和生物学解释、经济学解释、著名法律人的解释的体例对以往的法学史予以了梳理，把各自学派的思想模式作为当今法律科学中的一个要素进行思考，提出了他的社会工程理论——法的“社会工程解释”。受德国哲学家狄尔泰、伽达默尔和哈贝马斯等的影响，在 20 世纪 80 年代，德沃金认为法律的帝国并非由疆界、权力或程序来界定，而是由态度界定。这种态度就是阐释。他认为，规则确立之后，每一个人都对这些规则产生一种复杂的“阐释”态度，人们据此态度去理解、应用、引申、修正、限制或规定这些规则。“这种阐释性的态度一经确立，礼节的制度便不再是机械的东西，人们也不再会不加研究地盲从古法了。人们于是试图对这种制度赋予一种意义，亦即按其最佳含义去理解它，然后据此对它进行调整。”③ 他把法理学视为一种创造性阐释，并撰写《作为解释的法》一文来表达自己的法解释学立场。同期也有美国学者斯坦利·菲什把我们现在常说的后现代“法律与

---

① 张文显主编：《法理学》(第三版)，高等教育出版社、北京大学出版社 2007 年版，第 272 页。

② ［英］哈洛德·德克斯·特黑兹尔坦：《〈剑桥英国法律史研究丛书〉总序——法理学家对英国和其他地方法律发展的解释》。转引自［美］罗斯科·庞德：《法律史解释》，邓正来译，中国法制出版社 2002 年版，第 IX-X 页。

③ ［美］德沃金：《法律帝国》，李常青译，中国大百科全书出版社 1996 年版，第 44 页。

文学运动”视为“法律与文学阐释”。① 可见，西方学者从探究型的角度看待法的解释，视“解释”为法学方法已初露端倪。

从解释的视角理解西方法理学，视西方法理学史为一部法解释学的历史，对于构建中国当代法理学应当具有启蒙意义。解释既可以是一种进路、理路、透视、角度、视角、观点，也可以是一种说明、诠释。本书试图从法学解释而不是法律解释的视角编排篇章体系，不以时间为区分，即按照从古希腊、古罗马、中世纪、13—14 世纪文艺复兴和宗教改革、17 世纪资产阶级革命、18 世纪等时间发展过程来安排叙述结构，避免著作体系雷同。本书把“理性”、“语言”、“经济”、“文学”等作为叙述策略，而不是“自然法学派”、“法律解释学派”、“法律经济学派”、“法律文学学派”等，是为了避免落入传统的学派分类方法，发展出新的学术认知。从编写顺序上，借鉴了英国学者阿伦·布洛克的观点。他在《西方人文主义传统》一书中，将西方思想分为三种不同的看待人和宇宙的模式：“第一种模式是超自然的，即超越宇宙的模式，集焦点于上帝，把人看成是神的创造的一部分。第二种模式是自然的，即科学的模式，集焦点于自然，把人看成是自然秩序的一部分，像其他有机体一样。第三种模式是人文主义的模式，集焦点于人，以人的经验作为人对自己，对上帝，对自然了解的出发点。”② 按照这种路径，超自然的解释主要是法的宗教解释；科学的解释主要是法的社会解释、法的利益解释、法的规范解释、法的效益解释、法的系统解释和法的比较解释；人文的解释主要是法的理性解释、法的人文解释、法的文化解释、法的历史解释、法的权力解释、法的文学解释、法的语言解释、法的沟通解释、法的身份解释。当然，由于以上这些内容并没能概括出西方法理学解释法的所有思维模式，相互之间也有交叉；而且无论是我国法学界还是撰写本书的作者，对法解释学的思考尚处于初始阶段和探索之中，故本书作为抛砖引玉之作，其成熟度、可读性等均有待社会和读者检验。

---

① 参见［美］德沃金：《法律帝国》，李常青译，中国大百科全书出版社 1996 年版，第 375 页注释 16。

② ［英］阿伦·布洛克：《西方人文主义传统》，董乐山译，三联书店 1997 年版，第 12 页。

# 第一章　法的宗教解释

在西方文明史上，宗教一直与法律有着千丝万缕的联系，宗教的发展甚至一度左右着法律发展。在描绘西方宗教与法律的关系的图景时，我们一方面关注宗教对政治的、对法律的非理性的统治。另一方面，我们也看到，在古希腊、古罗马时期，法律的发展深受宗教的影响，宗教与法律并行不悖，共同维系着城邦的公平和正义。到中世纪时期，随着基督教势力的扩大，宗教权力极度膨胀，超越了世俗权力而统治着欧洲社会。这一时期，宗教主宰着法律，宗教法是法律的主要形式。资产阶级革命之后建立的法治虽以政教分离为原则，脱离了宗教教义的控制，但宗教的印迹一直存在。就是在法治相当发达的今天，带有宗教意义的仪式仍然是司法活动中很重要的一个方面，以宗教信仰为根基的法律信仰已渗透到西方的法律传统，是法律权威性和神圣性的源泉。

对法予以宗教上的解释同样交织于神学史和法学史之中。在中世纪出现的基督教神学巨匠奥古斯丁（Augustine，354—430 年）和托马斯·阿奎那（Thomas Aquinas，1225—1274 年）都是宗教化法律的代表人物，他们所建立的法学体系都笼罩着上帝的光芒。神恩主宰了一切，教权高于王权，神化的法学理论是这一时期的主要特点。中世纪晚期，随着文艺复兴和宗教改革运动，神学世界观被法学世界观打破，西方法学走上了与宗教神学决裂的道路。启蒙思想的传播进一步推动了法学的发展，古典自然法学、实证主义法学相继登场，法学日益科学化、世俗化。“二战”之后，出于对纳粹德国专制统治的反思，倡导法律价值的自然法思想获得了全面的复兴。以马里旦（Maritain，1882—1973 年）为代表的新托马斯主义法学重拾宗教对法律的定义，使神圣的灵光重新笼罩在西方资产阶级民主的政治、法律制度之上。因此，在反思唯神论法律观时，我们应当看到它对法律发展所作出的贡献，辩证地对待法的宗教解释对人类文明史的影响。

## 第一节　法的宗教解释之语境

早在古希腊、古罗马时期，宗教对法律的影响已经显现出来了。在古希腊时期，宗教与法律在某种程度上可以说是合一的，法律是神的旨意，司法程序往往也包含着祭祀的成分。进入古罗马时期后，世俗法学兴盛起来，但是受到古希腊文明的影响，古罗马的法学仍然保留着浓厚的神学气氛。古罗马的很多法律制度都来源于基督教的教义，基督教信仰极大地影响了罗马法的立法精神。公元4世纪，君士坦丁皇帝皈依基督教，基督教一跃成为罗马帝国的官方宗教，随之而来的是罗马帝国的很多上层人士加入基督教，基督教的力量迅速扩大起来。因此，在古罗马时期，虽然世俗法已经基本独立，但是世俗法的制定要体现和服从上帝神法的意志。在西方社会的早期，在宗教对法律的广泛影响下，神学化的法律思想已经开始萌芽。

从公元476年西罗马帝国灭亡到17世纪中叶英国资产阶级革命时止这长达1200多年的漫长的历史时期，基督教会在西方占据着统治地位，神学思想成为了这一时期西方文明的灵魂。中世纪的法学思想是紧紧依附于神学思想之上的。在这一时期，教会法发展到了鼎盛的阶段，它通行于西欧各国，其经典《圣经》更是具有至高无上的法律效力。教会法自成一体，不仅仅干预和影响了教会内部教士僧侣的生活，而且渗透到了世俗生活的各个方面。教会通过各种神圣的宗教仪式，确立了教会法在西方社会至高无上的地位。教会势力的发展直接影响了当时法学研究的方向，因此在中世纪时期，法学基本上可以说是神学的附庸。

11世纪以后，随着法学教育和法学研究的发展，复兴罗马法的运动打破了欧洲多年的沉寂，职业法学家集团出现了。他们对罗马法进行研究和注释，逐步形成了一个独立的、世俗的法学家阶层。他们代表了新兴市民等级的利益，与代表封建制度的神学或教会法学家相对立。13世纪末，文艺复兴运动兴起与发展直接推动了宗教改革的产生。宗教改革运动提出了符合资产阶级需要的新的神学体系——新教教义，其核心内容“唯信得救论”和“预定论”①使得《圣经》成为教徒信仰的唯一依据和权威，推翻了教会长期鼓吹的善功救赎论和教皇最高权威论。宗教改革后，一些国家的国家机构走向世俗化，一种新的世俗政治制度在西欧兴起。政治制度的世俗化直接推动了法律制度的世俗化，在之后很长一段历史时期内，法学是脱离宗教独立发展的。

在第二次世界大战之后，对德国纳粹战犯的审判使人们重新思考了法律的

① “唯信得救论”是指人们只有通过阅读圣经，信仰上帝才能够真正得救。“预定论”认为上帝的恩惠只赐予了一部分人，即上帝的选民。这些选民可以依据上帝的启示，即“神启”，得到真理和智慧，认识上帝进而本性变善，得到救赎，即“神恩”。

价值和规范之间的关系，而这种思考带来的是自然法学的全面复兴。拉德勃鲁赫（Radbruch，1878—1949 年）在第二次世界大战前是一个实证主义法学家，而随着法西斯政权的覆灭，他的思想发生了急剧的转变：他认为法律应当服从正义，如果法律本身不正义的话，它已经成为了“非法的法律”。① 这种对法的价值的强调实质是自然法思想的内涵。新托马斯主义法学在复兴自然法的大背景下产生了。与世俗自然法不同的是，它复兴的是中世纪托马斯·阿奎那的神学自然法思想，是宗教神学观与资产阶级的政治法律制度结合的产物。至此，宗教对西方法学的影响再次得以显现。

## 第二节　法的宗教解释之理据

法的宗教解释从宗教神学的角度来研究法律，并形成了系统的理论体系。从古代社会到现代社会均不乏杰出人物，主要有：中世纪时期的教父哲学家奥古斯丁、经院神学家托马斯·阿奎那和 20 世纪的新托马斯主义学者马里旦以及当代法律史学者哈罗德·伯尔曼。与之对应，法的宗教解释也经历了四个阶段。第一个阶段即古希腊、古罗马时期，在这一时期体现宗教神论的自然法思想开始萌芽；第二个阶段即中世纪时期，在这一时期以基督教教义为中心的神学自然法发展鼎盛；第三个阶段是文艺复兴时期，这一时期世俗法律迅速发展而神学自然法逐步衰落；第四个阶段是“二战”之后，这一时期神学自然法得到了复兴，即复兴的神学自然法阶段。

### 一、古希腊、古罗马时期法的宗教解释的萌芽

首先，法律的来源受到宗教的影响。早期的法律思想大抵都是自然法思想，而古代的自然法思想多发源于宗教中的神意。上帝的意志是自然法理性的本源，人们只能在上帝的指引下才能理解法律的真谛。古希腊时期的哲学家们是从宗教的神论出发来探讨法律的起源的。先哲苏格拉底（Socrates，公元前 469—公元前 399 年）的哲学观就充满了神秘的色彩，他认为神是万物的尺度，神计划了整个世界，城邦是神的安排，法律同样来源于神，是神定的规则。法律分为自然法和人定法，自然法是神的意志，具有普遍性，人定法是人制定的法律，它必须服从于自然法，因为自然法是神的命令，具有最高的效力。

其次，法律的运行受到宗教的影响。在古希腊、古罗马时期，宗教教义和

① 参见沈宗灵：《现代西方法理学》，北京大学出版社 1992 年版，第 38 页。

仪式很受重视，法律被认为是神意的创设，因此，该时期的立法、司法活动也无可避免地受到宗教的干预。在立法领域，古罗马时期的法律制度很多源于基督教教义。例如婚姻制度，罗马帝国的《民法大全》中有规定，婚姻“是男女之间的结合，是终身的结合，是人法和神法的结合”。① 该规定直接来源于基督教的教义。在司法领域，古罗马人规定神物不可流通，在民事诉讼前必须宣誓以保证对神讲真话。② 宗教仪式赋予了法律以神圣性和权威性。时至今日，很多西方国家在法律活动中仍然保留着象征宗教意义的仪式，通过神化的仪式来维护法律的权威和尊严。

## 二、中世纪时期神学自然法对法的宗教解释的贡献

从法律体系的角度来看，中世纪的教会法发展到了鼎盛的阶段。中世纪的法律是由日耳曼法、罗马法与教会法构成的。日耳曼法起源于日耳曼人口耳相传的部落习惯，它往往仅适用于日耳曼人。罗马法的内容主要是私法规范，因此对世俗政权的影响不是很大。当时的教会法则有一套相对完整的体系，包括教会等级制的规定，以及一些婚姻法、财产法甚至诉讼法的内容。因此在中世纪，教会法的影响是最巨大的。它通行于西欧各国，其经典《圣经》更是具有至高无上的法律效力。教会法自成一体，不仅干预和影响了教会内部教士僧侣的生活，而且渗透到了世俗生活的各个方面。教会通过各种神圣的宗教仪式，确立了教会法在西方社会至高无上的地位。

从法学理论的角度来看，中世纪的神学自然法占据了统治地位。自然法思想发展到中世纪，也披上了神学的外衣。中世纪的神学自然法经历了从教父哲学到经院哲学的一个发展历程。

奥古斯丁是教父神学体系的开创者和代表人物，他将柏拉图（Plato，约公元前427—公元前347年）的哲学思想和基督教教义结合起来，从原罪说出发，创造了包含“上帝之城”和“世俗之城”的基督教教会政治体制，并且在这两城的基础上提出了分别体现神之正义和人之正义的“永恒法”和“世俗法”。同时，他的永恒法概念也主导了整个中世纪关于自然法的定位。

---

① ［意］桑德罗·斯奇巴尼：《民法大全选译：婚姻、家庭和遗产继承》，费安玲译，中国政法大学出版社2001年版。转引自罗冠南：《基督教会与教会法对罗马法的影响》，载《中国西部科技》2006年第24期。

② 参见［意］阿尔多·贝特鲁奇：《宗教和宗教法律规范对罗马法的影响》，徐国栋译，载《法商研究》1996年第3期。

神学自然法的集大成者是经院哲学的代表人物托马斯·阿奎那。有着“天使博士”之称的阿奎那综合了奥古斯丁的神学和亚里士多德（Aristotle，公元前384—公元前322年）的哲学，建立了一个包含“神恩”和“自然”的大全体系，使理性的人通过神启可以理解作为永恒法一部分的自然法。阿奎那对法的宗教解释的最大贡献就是他在《神学大全》中对法律的分类。他将法律分为四类：永恒法、神法、自然法和人法，这四种法构成了一个和谐的整体，其中作为宗教代表的永恒法、神法与作为世俗社会政权代表的人法并行不悖。这里，人们对自然法的理解是要通过神的，但同时，人作为理性的人又可以独立地对自然法作出解释。在阿奎那的理论中，经院哲学将哲学的理性和神学的启示融为了一体，神恩、自然和人的理性都获得了肯定。他宣扬神的崇高地位，并将古希腊、古罗马的法律思想糅合人神学的框架之内。

## 三、文艺复兴以来对法的宗教解释的批判

文艺复兴和宗教改革带来了法的理性解释、人文解释，否定了法的宗教观。首先，宗教改革观的兴起实现了对正统基督教思想的颠覆。文艺复兴时期兴起的宗教改革运动对封建教会的统治产生了很大的影响。宗教改革思想家马丁·路德（Martin Luther，1483—1546年）提出的“唯信得救论”主张人是“因信而义”的，信仰可以帮助教徒与上帝相通，而每个人都可以通过阅读《圣经》来取得、坚定自己的信仰，并不需要教会和神职人员主持的所谓圣事和善功。这种“因信而义”的解释实际上否定了教会的中介作用，使其失去了存在的价值。其次，世俗法学家通过法的理性、人文乃至科学解释，对法的宗教解释予以了彻底批判。意大利早期资产阶级政治家和思想家马基雅维利（Niccòlo Machiavelli，1469—1527年）从人的眼光出发来观察国家和政权，从理性和经验中引申出国家和自然规律。马基雅维利的君主政体和君主权术论对维护民族国家的独立和统一是具有进步意义的。国家主权学说的提出者布丹（Jean Bodin，1530—1596年）则是用“主权至上”的绝对主义国家观，对教会的正统思想给予沉重的一击。他代表着新兴的资产阶级的利益，为他们在政治上谋求独立地位提出了理论依据。产生于18世纪初的启蒙运动宣告了法的宗教解释的破产。启蒙思想家们用民主、法治、人权、自由、平等等观念来解释法律，确立了法的科学与人文解释的正统方法论地位。

## 四、“二战”以后法的宗教解释的复兴

“二战”后的复兴自然法学分为两个部分：一个部分是复兴的世俗自然

法，另一个部分是复兴的神学自然法。复兴的神学自然法又称新托马斯主义法学，它主要复兴的是中世纪托马斯·阿奎那的天主教经院神学。

雅克·马里旦（Jacques Maritain，1882—1973 年）是 20 世纪法国天主教哲学家、复兴托马斯主义法学的主要代表者。他的学说渊源是中世纪托马斯·阿奎那、古希腊亚里士多德的思想以及现代西方社会学。① 马里旦所复兴的神学自然法与中世纪的神学自然法存在着很大的差别，它力图使宗教和科学结合起来，使宗教和人性达到一种协调统一。马里旦倡导的是一种新型的“人格主义自然法”，他反对启蒙时代的唯理性，但是也不同于中世纪时期的唯神性，而是一种扎根于社会现实基础上的资产阶级法律思想。他从人的角度出发，主张以基督教教义为核心的新人道主义或者人格主义。他认为人民是最尊贵的概念，国家应当为人民服务，应当帮助人民去参与上帝的生活。作为复兴自然法学说的学者，他认为自然法是人权的哲学基础，而自然法本身就是来源于上帝的永恒法。可见，在马里旦的学说里“人”的地位已经非常重要，其对神学自然法理念的复兴在本质上说是一种批判的继承。

哈罗德·伯尔曼（Harold J. Berman，1918—2007 年）作为世界知名的比较法学家、法律史学家是当代宗教与法的关系研究领域的著名人物。在他的著作《法律与革命——西方法律传统的形成》中，他的法的宗教解释立场获得了极大的阐释。首先，他对历史的决定论持怀疑态度。在他看来，三个传统的法学流派——政治法学派（法律实证主义）、道德法学派（自然法理论）和历史学派（历史法学派）应该被综合成一个一体化的法学。他认为：政治、经济、法律、宗教和思想之间存在的互动关系，既不能简单地认为它们之间存在决定与被决定的关系，也不能持相对主义立场。在不同的时期和地方，或是经济因素重要、或是政治因素重要、或是宗教因素重要。在所有的时间和地点，居支配地位的因素乃是这些因素的交互作用。其次，他肯定了宗教在西方法律传统形成中的独特作用。在他看来，法律不单是规则体系，而是包括诉讼程序以及相关的概念、规范、价值和思想方式的过程。西方的法律传统包括了法律的相对独立和自治、法律职业化、法律科学性、实体性、发展观、内在逻辑性、法律的多元和至上等。西方法律的共同历史根源来自 11 世纪的“教皇革命”，即 1075 年由教皇格列高里七世对神圣罗马帝国亨利四世的授职权之争，政教冲突的序幕由此拉开，这种全面的剧变产生了西方法律传统。不仅世俗的皇帝、国王和领主们的法律权威得以增强，数以千计的自主和自治城市得以创

① 参见鄂振辉：《自然法学》，法律出版社 2005 年版，第 146 页。

设，大学建立和法律科学得以发展，世俗法律体系包括王室法、封建法、庄园法、城市法和商法最终得以形成。伯尔曼关于法的历史分析方法以中世纪的宗教—法律关系为原点，视罗马教廷为近代第一个国家的雏形，把教会（宗教）列为西方法律传统的决定性因素，挖掘出法律与宗教之间的深刻联系，他“重新解说西方法律史的努力不但超越了现实，而且超越了历史。从而使得他能够摆脱流行的教条，扫除拘谨琐碎的工匠气，重新去把握作为活生生的人类经验之一部分的法律的脉动”。①

## 第三节　法的宗教解释之视域

从古希腊到后现代，西方的宗教传统与政治、法律统治密不可分。中世纪的神学自然法从一产生就有着维护封建教会统治的目的。它从上帝的视角为人们的世俗生活构建了一套严密的行为规范体系，并为这个规范体系创设了神学的前提，以证成上帝的代言人——教会统治的至高无上性。在历经了三百多年的历史后，神学自然法重新获得了复兴，而其复兴依然是建立在当时的时代背景，即资本主义的政治制度之上的。总体来看，用宗教来解释法形成了以下一些基本命题：

### 一、法的产生：“神恩”的主宰

“神恩”即上帝的恩典。在教会法学家的眼里，上帝是所有理论推演的大前提。上帝创造了人，而人类带有原罪，人们在俗世间的唯一目的就是为了赎罪，获得神的恩典。奥古斯丁作为中世纪教父哲学的代表人，就是在“神恩”的主宰下创设其神学自然法理论的。

原罪说是奥古斯丁的教父哲学中最为重要的一部分。奥古斯丁在他的著作《上帝之城》中对原罪说有着详细的阐释。奥古斯丁首先将罗马城罹难归于人类的原罪，进而详细阐述了这种“原罪”。据《圣经》的记载，人类有着共同的祖先亚当和夏娃，由于他们违背了上帝的命令，偷吃了伊甸园中的智慧果，触犯了上帝的禁令而犯了罪，他们的子孙也从他们那里继承了堕落的本性。这种罪恶的本性是人们无法摆脱的，人们也必然因为这种罪走向灾难和死亡，这就是原罪。继而，奥古斯丁指出，要结束人类的苦难只有这唯一的途径——上帝的救赎，只有通过上帝的恩典即神恩，人类才能得以拯救。神恩给予人们希

---

① 梁治平：《书斋与社会之间》，法律出版社1998年版，第153页。

望，要想得到神恩，就必须坚定对基督的信仰。

基于“原罪说”，奥古斯丁认为人性是恶的，人类的原罪使人类有了不可摆脱的恶。恶是什么？他把事物分成世俗之物和永恒之物两种。世俗之物是指属世的生活，如尘世间的种种事务；永恒之物是指有关上帝的事物，如天主的正义等。如果人类追求“世俗之物”而放弃“永恒之物”，就是人类之恶。恶是人类天然的倾向，根植于人类内心，是人类的本性。在面对善和恶时，人是可以选择的，但是由于人的贪欲作祟，人在选择时往往会选择可以满足其肉欲的恶行。正是因为有了罪，所以必须有法律来约束人们的行为，必须有信仰来约束人们的自由意志。在原罪说的基础上，奥古斯丁又提出了“预定论”，认为上帝的恩惠只赐予了一部分人，即上帝的选民。这些选民可以依据上帝的启示，即“神启”，得到真理和智慧，认识上帝进而改变本性，得到救赎，即“神恩”。预定论、神启和神恩构成了一个庞大的神学体系，将人类生活的中心完全转移到了天国，将人类生活的希望完全寄托于信仰。原罪的产生使人们只能依靠上帝的恩典才能得到救赎，而法律的产生也是因为神恩的主宰。人们创造世俗的法律是为了在上帝的指引下规范自己的行为，以更好地获得救赎。

## 二、法的本质：上帝的意志

自然法思想在古代意识形态中往往是以理性为中心的，即认为自然法是理性法，是人与神共享的理性法，永恒而至高无上。到中世纪时期，这种至高无上的自然法开始与上帝的意志相联系，受制于上帝永恒法的支配。无论是奥古斯丁还是阿奎那，都建立了一个以神法为中心的庞大法学体系，世俗法即人定法在本质上都是上帝意志的体现。

奥古斯丁的神法体系包括了永恒法和世俗法两个层次。（1）永恒法。永恒法是最高的理性，是神的理性，是永恒的真理，是一种正义的秩序。永恒法适用于世界上所有的人，还包括动物，大自然的万有之物都受到永恒法的支配，而且这种永恒法是不能为任何人改变和违背的。永恒法用来规制人类的内心和信仰，可以净化人们的内心世界。（2）世俗法。世俗法就是人类制定的法律，它因强制性成为约束人类行为的必要工具。世俗国家的法律规制的是人与人之间的关系，一种服从关系，即臣民服从于君主，妻子服从于丈夫，儿女服从于父亲。世俗法必须是正义的，这种正义还是来自于永恒法。“如果人法不是从永恒法得来的，那么在人法里就没有一条条文是公正或合理的。”① 因

① 谷春德主编：《西方法律思想史》，中国人民大学出版社 2000 年版，第 65 页。

此，在奥古斯丁那里，世俗法律归根结底还是对上帝意志的回归。

阿奎那的神学自然法体系更为完整，他借鉴了亚里士多德的哲学思想，构建了一个包含“神恩”和“自然”的大全体系。他将法律分为四种：永恒法、神法、自然法和人法。（1）永恒法。永恒法，即神的理性的体现，是上帝用来统治整个宇宙的根本大法，是宇宙万物一种善的秩序，一切其他的法都来自于永恒法。(2) 自然法。自然法就是理性动物对永恒法的参与，是作为理性动物的人分享的永恒法的成果。自然法是属于人的，这是由人类的理性决定的。但是，人类的这种参与仅仅是某种程度上的，人不可能理解永恒法的全部，所以人所认识的自然法是要不断地发展的。自然法有一些基本的原则，是上帝启迪人类的一些不言自明的道理。自然法的基本原则是“人应当行善避恶”。这是自然法的绝对第一的原则，是不可推导的。另外，自然法还有三个一般性的原则：第一，自我保存的倾向；第二，性欲以及养育后代的倾向；第三，与理性相一致的向善倾向。（3）人法。人法就是人定法，是世俗国家制定的法律，是专门用于人的法律。人法之所以是必要的，主要是因为社会中的人千姿百态，德行也相差很远，为了使有德行的人能够过上和平的生活，就必须有法律的约束。人定法是源于自然法的，人定法的规定是从自然法中通过演绎的方法得出的。因此，只有正义的法律才是真正的人定法。（4）神法。在这里，神法主要是指《圣经》。既然已经有了自然法和人法，为什么还需要神法？阿奎那认为这是因为：首先，人的终极幸福是认识上帝，而这种终极的圆满的幸福是人类自身无法实现的，只有借助于神法，这个障碍才能克服。其次，人类的理性是有限的，人类在作出判断的时候常常会为自己的情欲所迷惑，神法直接源于上帝的启示，具有永恒的正确性，所以神法可以成为人类行为的参照。第三，人定法只涉及人类的外部活动，但是对规制人类的精神世界表现乏力。神法正是可以规制人类内心世界的法律。第四，人的法律不能禁止和惩罚人的一切恶行，而神法可以惩罚违法和违背道德的一切行为。最后，阿奎那对这四种法律的地位进行了排序：永恒法最高，神法次之，自然法再次，人法最低。这四种法构成了一个和谐的整体，共同规制人们的内在信仰和外在行为。阿奎那和奥古斯丁对法的宗教解释虽然在体系构建上有所不同，但最终的落脚点都在于上帝的意志。

自然法学派与实证分析法学派的一个根本的区别在于自然法学在法的解释过程中，强调存在于法律规范之上的永恒法则，而神学主义的自然法学说和理性主义的自然法学说的区别在于这种永恒的法则是来源于上帝还是来源于理性。17、18 世纪的理性主义自然法学说认为，法律规范背后的公平、正义的价值是来源于人的理性，人的理性是自然法的最高来源。新托马斯主义自然法学家马里旦在论述其自然法思想时，重拾了中世纪上帝的至上性，认为自然法在本质上应当归结于上帝的意志。

马里旦继承了托马斯·阿奎那对法律的分类方式，将法律分为三类：永恒法、自然法和实在法。永恒法是指上帝用来支配宇宙万物的法，是最高的法；自然法是人类对永恒法的参与，它是处理必然地同“行善避恶”这一首要原则相联系的权利与义务的法则；实在法是在特定的社会中通行的一套规则，它是依赖自然法而取得效力的，处理的是偶然地同“行善避恶”这一原则相联系的权利和义务的法则。介于自然法和实在法之间，还有国际法和万民法，它们同实在法一样都是通过人们的理性判断而产生的，都包含了自然法的基本内容。

马里旦认为自然法含有本体论和认识论两种要素。从本体论要素来看，自然法根源于人的本性，是从人性或人本质中产生的有关人类的合适而正当的行为规则或理想秩序。① 马里旦认为，包括人在内的一切事物都有一种“发生作用的常态”，这种常态就是一种规律，是宇宙万物运行中所包含的必然倾向和规则。对人而言，这种规则就是服从自己的本性生活，最终认识上帝，参与上帝的生活。从认识论上说，自然法是一种不成文法，因此人们对自然法的认识是不完备的。人们只有依靠道德良知和社会经验的发展一点一点来认识自然法，并且只有依靠神的启示作为指引，自然法才能真正被发现。

马里旦的自然法理论中包含了人的要素，但是究其本质，自然法最终还是要靠神的指引来发现，而认识自然法最终还是为了共享上帝的荣光。因此，从本质上来说，他对法的解释依然充满宗教情怀，是以上帝意志为根本的。

### 三、政治理念：神授的王权

中世纪的神学思想家奥古斯丁和托马斯·阿奎那都是在教权高于王权的社会背景下创设他们的理论体系。为了维护基督教会的至上地位，最早开创教父神学体系的奥古斯丁用他的“双城论”为教会统治的合理性作了积极辩护，而阿奎那同样主张“君权神授”，使世俗王权成为“上帝的恩赐”。

奥古斯丁在其著作《上帝之城》中阐释了其“双城论”。这双城是指“上帝之城”(神国)与“世俗之城”(俗国)。“这两国的兴起，是出于两种爱好。俗国起源于爱一己而憎上帝，神国则起源于爱上帝而憎一己。前者只求人的光

① 参见张文显：《二十世纪西方法哲学思潮研究》，法律出版社2006年版，第47页。

荣，后者以虔求上帝为无上光荣。"① 可见上帝之城和世俗之城是对立的。上帝之城源于人们对上帝的全身心的忘我的爱，它是一个理想的国度，一个没有灾难的、充满和平和美好的天堂。上帝之城是精神的国度，它在人间的影像就是教会。人们只有在教会中才可以得到上帝的爱，教会是上帝之城在人间的一个世俗代表。世俗之城建立在人的低级欲望之上，是一个由人的原罪和恶发展的产物。世俗之城的人们欲望很多，必须用权力和法律来对人们进行统治。在这里，奥古斯丁坚持"君权神授"，认为世俗君主的一切权力都是来自上帝的，世俗君主不应当违背上帝的意志。教皇是上帝在人间的代表，因此，教权是高于王权的，教会可以管理所有的基督教徒，包括世俗君主。世俗王权和教会权力是两个体系。君主应当保护教会，不干预教会管理人们精神信仰的自由。世俗之城同样是要有秩序的：服从上帝，服从法律，服从命令，服从统治。这就是秩序，也就是世俗之城的和平和正义。

基督教神学认为，人都是有两重性的，因为人有灵魂和肉体，使人既追求物质上的利益，又希望灵魂上的得救。人的这种两重性决定了人既要过一种世俗生活，又要追求天堂里的和平。因此，人既是世俗国家的公民，又是天主之国的公民。对生活在两城之中的人们来说，只有在"末日审判"② 时两城才区分开来。在这里，奥古斯丁认为拯救人类进入上帝之城的责任归于教会。教权高于王权，世俗之国离开教会就会变成魔鬼统治下的地狱。世俗之国要维持其秩序，就要保护基督教会。奥古斯丁构建的"双城"及两城在精神和秩序上的相互关系理论为封建教会的统治找到了充分依据。奥古斯丁将上帝看成是万物的主宰，主张"君权神授"，君主必须尊重神意，王权应当让位于教权。

复兴的神学主义思想家马里旦继承了中世纪的神学政治论，将世俗国家的权力来源归结为上帝，认为王权来自上帝，君主制是最好的政体，君主是上帝的仆人，人民必须服从他的统治，但君主又必须效劳教皇。③ 唯一不同的是，在马里旦的国家理论中，人民成为了高于国家的尊贵的概念。他认为，政治社会是一个整体，国家是这个整体中最重要的部分；国家是由专门的人才组成的一个特殊的机构，它是一种上层建筑，是一个为人民服务的工具；人民高于国

① 谷春德、吕世伦：《西方政治法律思想史》，辽宁人民出版社 1986 年版，第 128 页。

② "末日审判说"又称"天国报应说"，认为人在死之后仍然有灵魂存在，要在上帝面前接受审判，根据在尘世的表现来决定是上天堂还是下地狱，以此警示世人多行善事。

③ 参见鄂振辉：《自然法学》，法律出版社 2005 年版，第 156 页。

家，国家的目的在于人民的共同福利——即众人的优良生活，主要是精神上的优良生活，一种超世俗的目的的完美实现。

马里旦在论述社会的概念时也体现了这种神权政治论的思想。他认为，社会这一概念是有神学性质的，强调这种神学性质并不是说每一社会成员都必须信仰上帝，成为忠实的基督教徒。社会的神学性仅仅意味着：上帝，作为人和自然法的原则、目的或首源，也是政治社会和权力的首源；自由和博爱的思想来自上帝的福音；正义和友谊的美德是由福音所批准的；获得尊重是福音所保护的基本人权；等等。对于不信上帝和基督教的人来说，只要他们相信人的尊严、正义、自由、博爱，他们同样可以融入这个社会，为实现人的尊严、正义、自由、博爱而进行合作。①

法的宗教解释视上帝为永远的第一位。神权政治论的思想无论是在中世纪自然法还是在复兴神学自然法学说里都有很好的体现。不同的是，中世纪的思想家们利用神权政治论所要维护的是封建的教会统治；而 20 世纪的思想家利用神权政治论所要维护的是资产阶级倡导的基本人权。

## 四、基本人权：基督的恩赐

奥古斯丁对人的独立地位基本上予以否定，他也没有对基本人权进行阐释。与奥古斯丁不同的是，阿奎那更多地从人的角度而不是从神的角度来看待问题，他肯定了人的理性的价值。

阿奎那在论述其自然法理论时强调，人类是具有理性的，他们懂得善恶，有自由的意志，能调整自我的行为使之更符合永恒法。所以说，自然法是属于人的，是人类独有的东西，这是由人类的理性决定的。自然法的基本原则是从人性出发，规定了人天生就有的、不可剥夺的权利，这就是基本人权。相对于奥古斯丁，阿奎那从否定人，进步到在神的体系下肯定人、承认人的理性，是中世纪自然法思想的一个巨大的进步。

复兴的神学自然法思想在关于基本人权的问题上有了更充分的思考。马里旦非常重视人权问题，他参与起草过很多联合国关于人权问题的重要文件，特别是联合国《世界人权宣言》。马里旦倡导的是新人道主义，这种人道主义以神学为中心，主张根据基督教教义改造世界；主张人既是自然的又是超自然的存在，人应进入超越自然的神圣世界。② 马里旦认为，人权的哲学基础就是自

① 参见沈宗灵：《现代西方法理学》，北京大学出版社 1992 年版，第 95 页。
② 参见沈宗灵：《现代西方法理学》，北京大学出版社 1992 年版，第 95 页。

然法。自然法规定了人类最基本的义务和最基本的权利，根植于自然法的人权本质上是上帝的永恒法的内容，因此它们是绝对不能让与的人权。马里旦区分了绝对不能让与的权利和基本不能让与的权利，认为生存权和追求幸福的权利这些自然法规定的权利是绝对不能让与的，如果政治体对它们的自然享有予以限制，共同福利就会受到危害。结社权、言论自由等是属于基本不能让与的人权，这些权利一般会由政治体对它的享有作出一定的限制，当然这种限制同样是为了维护共同福利。总之，马里旦关于人权问题的出发点也是以神为中心的，他在强调基本人权这个问题时为人权加入了一个“神圣”的大前提。

**五、价值互通：宗教对法的影响**

法与宗教教义、信仰、仪式的关系是法的宗教解释的重要内容。尽管用宗教来解释法律不断受到来自各方面的批判，但法的宗教解释在西方依然有强大的社会基础。宗教与法在价值层面上的互通和在程序上的互助，对于西方社会的法治有着重要的支撑。

从历史上看，西方近代出现的许多法律价值都来源于宗教教义。伯尔曼就曾从人类学的角度分析了法律与宗教的文化特征，认为两者存在共同的要素：仪式、传统、权威和普遍性。“西方法律体系的基本制度、概念和价值都有其11世纪和12世纪的宗教仪式、圣礼以及学说方面的渊源，反映着对于死亡、罪、惩罚、宽恕和拯救的新的态度，以及关于神与人、信仰与理性之间关系的新设想。在经历了若干世纪之后，这类宗教态度和设想已经发生了根本性的变化。今天，它们的神学渊源似乎已走向枯竭。但是，从它们中衍生出来的法律制度、概念以及价值却仍然得以保存，并且大体上没有发生变化。”①

宗教活动中的很多神圣仪式被运用到法律审判程序中去，增强了法律的权威性。在西方国家，宗教的这种神圣仪式被借鉴到了法律审判中去，以通过这种环境的严肃强化人们对法律的认真态度。例如，蒙面女神的雕塑象征着公平和正义，法官的黑袍和假发象征着尊贵、权威和独立，开庭前的宣誓象征着对服从良知的确信。这些简单的装饰抑或是程序，都会使参与庭审的人感到法律强大而神圣的力量。法律借助宗教仪式强化了其自身的权威，使人们更加确信法律程序的正当性，以及法律本身体现的公平和正义。因此，宗教与法律共享神圣的仪式，这种神圣的仪式对凸显法律程序的正当性有着积极的意义。

---

① ［美］伯尔曼：《法律与革命——西方法律传统的形成》，贺卫方等译，中国大百科全书出版社1993年版，第200~201页。

# 第二章　法的社会解释

最早从社会的角度解释法律现象的作品可以追溯到孟德斯鸠于 1748 年发表的《论法的精神》一书。他在书中采取社会—法律的视角，关注了影响法律、法律精神的各种因素，其中最突出的表现就在于他把自然地理环境如气候、土壤、地域等自然条件与感情、道德、宗教、风俗、法律和国家的关系结合起来考察。实证主义之父孔德首次提出“社会学”一词，把它同数学、天文学、物理学、化学、生物学并列起来，纳入到了他的实证主义哲学体系之中，他从实证主义哲学的角度解释了法律。孔德之后的百年，法的社会解释自欧洲日渐兴盛并渐次发展到北美，影响日盛，其代表性的学说主要包括社会控制说、社会连带说、利益说、实用说、实在说等，不胜枚举。各种学说虽对法律是什么作出了相异的解释，但无一例外地从社会的基线来研究法律现象，强调法律、司法判决的社会效果，解释法律与社会之间的关系，法律制度（秩序或体系）的社会组织形式，所有与法律制度及其外在表现人物之间的社会互动。诚然，法的社会解释本身应被视为学科交叉——社会学和法学这两门学科的交叉。在这里，法学成为了社会学的研究对象，社会学成为了法学研究的方法。

## 第一节　法的社会解释之语境

19 世纪末到 20 世纪初期，西方资本主义国家逐渐从自由资本主义过渡到垄断资本主义。垄断资本主义在经济上占据主导地位，导致了普通民众在绝对贫困缩小的同时相对贫困进一步加大，此起彼伏爆发的大规模的劳工运动迫使资本主义国家不得不注重从社会角度解决日益激化的矛盾。政府从原来奉行亚当·斯密的自由放任的经济政策、守夜人式的国家管理模式，改为奉行达尔文的社会进化论和凯恩斯的国家干预经济的立场，积极采取大量的社会立法和其他政治手段，全面干涉经济和社会生活。

在法律领域，20 世纪初期，随着“法律的社会化”运动的萌动，西方国家出现大量的社会立法，如劳工立法、最低工资法、环境保护法、住房法、公共交通法等。社会立法的发展打破了公法、私法的划分，使国家与社会、公共与私人的领域逐渐接近。各个私人组织，如工会、跨国公司、教育组织、新闻媒介联合体、医疗组织、原子能机构等正在形成一种与国家权力相抗衡的权力，并模仿国家的组织结构运作。这也意味着国家与社会、公共和私人之间的界限逐渐模糊。与国家力量相抗衡的市民社会逐渐兴起，法律原则从“个人本位”转向“社会本位”。法学必须回应法律对社会的关注和社会对法律的期待。

但是，在法学领域内，17、18 世纪在理性和古典自然法的引导下，法国民法典、德国民法典的相继编纂引起了法典编纂的热潮，这导致了以奥斯丁为奠基人的分析法学和概念法学的统治。分析法学认为法即是命令，国家法才是唯一的法律，权力是法背后的唯一力量。分析法学之父奥斯丁明确地将法定义为“法是无限主权者的命令”。凯尔森更是认为要将包含着任何政治因素和心理因素等一切的“非法律因素”从法律中排除出去，建立一种纯粹的法学理论。随着社会环境的变化，这种割裂法律和社会之间的关系的法的解释方法已然和轰轰烈烈的“法律的社会化”思潮不相吻合，日渐式微。

与此同时，在社会精神领域，随着工业革命的完成，瓦特对蒸汽机技术的改良使蒸汽机在纺纱、运输等各个领域都广泛得以运用，火车、轮船等交通技术的发明和推广使科学革命、机械世界观和实证主义观念深入人心，尤以孔德创立的社会学最为明显。他将社会学分为“社会静力学”和“社会动力学”，并将实证主义社会学思想植入到了他的法学思想之中。之后，自然科学中的实证精神逐渐渗透到了人文社会科学领域之中。除了实证主义精神的影响之外，达尔文的《通过自然选择，即在生存斗争中适者生存的物种起源》一书将生物进化论学说带给整个生物学界，并渗透到社会科学领域之中。以斯宾塞和卢曼等为代表的社会学家将社会比做一个有机的生物体，各个社会制度即是组成这一有机生物体的器官，受生物进化规律的支配。在对以往的法的解释方法作出批判后，法学界将目光从法律文本中移向社会，将法律分为“书本中的法”和“行为中的法”，试图立足社会，对法律作出全面的解释。

## 第二节　法的社会解释之理据

### 一、复合多元的思想基础

与复杂、多变的社会经济、政治和法律结构相适应，法的社会解释出现伊始即受多种哲学和社会科学乃至自然科学思潮的影响。从社会学创立人孔德所极力倡导的实证主义到詹姆斯的实用主义、霍姆斯现实主义哲学等，均映射到对法的解释的思想之中。同样，梅因的历史法学、达尔文的进化理论、边沁的功利主义学说等也存在影响。到了近现代，塞尔兹尼克更是受到了古典自然法思想的影响，认为应该将古典自然法的思维方式注入到法的社会解释之中。在庞德看来，社会法学家的哲学基础是多种多样的，以前他们是实用主义者，后来有的仍然是实用主义者，有的则是各种社会哲理派，激进的经验主义者或者新现实主义者，他们使用的方法是实用主义。在价值观上，法的社会解释立足社会本位；在社会和个人的关系上，法的社会解释强调社会整体利益和社会合作。①

（一）实用主义哲学基础

起源于美国19世纪后期的实用主义哲学运动的鼻祖查尔斯·皮尔斯在他的著作《怎样弄清我们的观点》一文中最早阐述了实用主义的原则，即“要确定一个思想上的概念，应该考虑从那个概念的真实性可以设想必然产生什么样的实际结果，这些结果的总和构成了那些概念的全部意义”。② 而实用主义大师詹姆斯更加清晰地将其界定为“实用主义是一种态度，确定一个方向的态度，这个方向是传统哲学的倒置。它所要查看的，不是前提、原则、范畴和假定，而只是结论，从结论上来看，看的是后果、成效，也就是事实”。③ 可以说，法的社会解释正是实用主义哲学的法学产物。无论是庞德所提出的社会控制论、行动中的法和书本上的法，还是霍姆斯所认为的法律是经验的产物、埃利希的活法论，均不是从制度或者理想出发而想当然的理论和制度，相反，它们具有强烈的实用主义特征。以庞德的法律社会学研究纲领为代表，不难看出其中的内在联系。庞德认为，法学研究的内容主要包括：（1）研究法律制度和法律学说的实际效果。（2）结合社会学研究和法学研究，为立法作准备。（3）研究使得法律规则生效的手段。（4）对法律史进行社会性研究。（5）研究如何使得各个案件能够合理和公正地得到解决。（6）如何使得法律目的更好地实现。就此而言，法的社会解释看重的都是法的作用和效果，强调法所促进的社会目的，强调法律是一种社会制度，是社会控制的手段，是社会连带关

① 参见张文显：《二十世纪西方法哲学思潮研究》，法律出版社2006年版，第91页。

② 戚伟诚：《论社会学法学的思想渊源》，载《法制与经济》2009年第6期。

③ ［美］詹姆斯：《实用主义》，陈羽纶、孙瑞禾译，商务印书馆1997年版，第31页。

系的结果。

（二）功能主义哲学基础

功能一词最早在数学上使用，意思是指“一个变量和其他一个变量或多个变量之间的关系，其他变量的数值决定变量的数值”。尔后，功能一词被运用到社会学之中，即社会是由政治、经济、文化、法律、家庭等各种社会制度所组成的一个有机整体，不同的社会制度发挥着不同的功能，法律制度的作用则在于保障各种社会制度的内在整体性和维持整体成员之间的社会关系和情感关系。社会学创始人孔德在最初就已经表明了自己是社会整体论者，他通过社会有机体论和生物有机体论之间的类比说明了社会和生物体一样，是一个有机的整体。其后，无论是孔德的继承人涂尔干的社会整体思想、斯宾塞的社会有机体论，还是庞德的社会控制论、赫克的利益论，均采取了功能性进路。当代最具代表性的德国社会学家、法学家卢曼作为系统论法学家思想的创始人，认为必须将作为社会结构之一的法和作为社会系统的全体社会置于相互依存关系的角度进行观察和研究。卢曼认为，无论是涂尔干还是马克斯·韦伯，他们都没有很好地解决法律与社会之间的关系问题。同时，法律作为社会系统的一种结构，其功能在于调节社会系统的复杂性，法律和社会之间的关系可以概括为三个维度，即暂时性维度、社会性维度和实在性维度。在这三个维度的基础上，法律的发展经历了三个阶段：古代法阶段、前现代社会法律阶段和实在法阶段。帕森斯更是明确指出法律具有社会整合功能，他认为“从一个较大的社会角度来看，一个法律系统的最主要功能是整合。它被用来减缓可能造成冲突的因素，并且被用来当做社会互相运转的润滑剂。事实上，也只有固守一套法律系统，社会互动系统的运转才能正常而且产生功效”。① 纵观法的社会解释论述，无论是把法的社会功能归结为社会整合功能、社会控制功能、动员功能，还是归结为简化功能和凝聚功能，都隐藏着功能主义哲学的身影。

（三）现实主义哲学基础

法的社会解释安身立命之本即是从社会角度解读法律和法律现象，用社会学的观点和方法研究法律的实际功能和效果。霍姆斯在《普通法》中提出：“本书旨在阐明普通法的基本观点。为此除了逻辑，还需要其他工具。某些事物表明制度的一致性需要某种特定的结果，但这不是事物的全部。法的生命不

① ［美］帕森斯：《法律与社会控制》，郑哲民译，载《法律社会学》，台湾巨流图书公司 1996 年版，第 81 页。

在于逻辑，它在于经验。”① 在这里，霍姆斯所谓“经验”指称法官根据时代的需要赋予古代的法则以新的含义，而这种过程大多是自发而非自觉的过程，在常人的观念中，似乎通过法律的规定就可以得到一个绝对准确的结论，这也是人们惯于用逻辑思考的理由。在司法活动中，法律经验特别体现为个体性的经验，正如卡多佐所言：“习性的自然且自发的演化确定了正确与错误的界限。如果对习惯略加延伸，就会将习惯与习惯性道德、流行的关于正确行为的标准、时代风气等同起来。”“生活塑造了行为的模子，而后者在某一天又会变得如同法律那样固定起来。”因此，法律属于实践。② 除了霍姆斯、卡多佐外，统一法学派中的霍尔的学说体现了典型的现实主义特征。霍尔认为，法是形式、事实和价值的综合体，他把法理解为“现实的、合乎道德的权力规范”，将“法即活动”这一概念统辖法的各个要素。虽然法律是由规则和概念组成，但如果不把法官、行政官员和强制执行员的日常实践纳入法的概念结构，就不可能理解为作为社会制度的法。斯通则认为法有七个特征：（1）法是由很多现象组成的一个整体。（2）这些现象包括规范、这些规范通过指定、禁止和允许一定的行为来指导人们的活动，并成为法官和其他官员所适用的法律指南，这些规范也包括内在行为。（3）法所包括的规范是社会规范，它指导人与人的行为。（4）法是一个系统安排的整体即法律秩序。（5）这种秩序具有强制性。（6）强制是制度化的，即他们是根据既定的规范实施的。（7）这种制度化的社会规范的强制秩序应该由价值观点效力来维护，并应有一定程度的实效。③

## 二、形态各异的“社会与法律”阐述

社会与法律的关系问题是法的社会解释必须回答的基本问题，不同学者对这个问题的答案各异其趣。

作为社会学的创始人，法国实证主义哲学家孔德（Comte Auguste，1789—1857 年）在对社会的阐述中认为，人类社会发展的规律是人类知识和智力从低的基准向着更高的方向发展，社会的出现是出于本能和人类团结的需要；合作原则无论是自发的或者是议定的，都是社会的基础；社会的目的是要在这一

① ［美］霍姆斯：《普通法》，转引自张乃根：《西方法哲学史纲》，中国政法大学出版社 1993 年版，第 251、253 页。

② 胡玉鸿：《西方三大法学流派方法检讨》，载《比较法研究》2005 年第 2 期。

③ 参见张文显：《法律社会学的法概念》，载《社会学研究》1989 年第 2 期。

伟大的合作计划中使得每个人各得其所；人的社会本能会自然地产生政府，因为人具有服从的本能，要把领导责任让给贤明的领导者。① 在任何情况之下，不论是和平的环境还是动荡的年代，都需要一个绝对的权威。政治上的依存关系是不可缺少的，政治的责任在于防止社会和知识的解体。可见，孔德认为社会的目的在于使每个人的利益都能得到最大程度的满足。他将他的实证主义思想糅合到社会学之中，因为实证精神同神学精神以及形而上学精神都是相互区别的，“它坚持从历史角度衡量不同见解的各种影响、持续的条件以及衰落的缘由，绝不做任何的否定。”② 而他所认为的社会学法学的目的之一就是实证主义精神的功利性和效用性，而社会学法学的精神则在于关注社会事实本身。

受达尔文进化论影响，英国社会学家斯宾塞（Herbert Spencer，1829—1903 年）在生物进化论思想的启示下，创立了“社会达尔文主义”，把进化论中的“适者生存”应用到社会学研究之中。他认为，社会是一个如生物体一样的有机体。在《社会原理》一书中，他认为社会是一个纷繁复杂而又不可分割的有机体。工人担任着营养职能、商人担任分配和交换职能、工业资本家调节社会生产、政府则代表神经系统。③ 对于法律而言，法律的发展规律正是社会发展规律的基础所在。他总结了法律演化过程之中的五个法律渊源：(1) 个人利益的一致性。在法律演化的第一阶段，法律发源于团体中占有优势的情感。(2) 传统习俗。在法律发展的第二个阶段，习俗构成了社会团体中每一个社会成员的行为规则。(3) 已故领袖的命令。在法律发展的第三阶段，已故领袖的命令在某种程度上补充了传统习俗的不足。(4) 统治者的意志。由于社会的日益复杂化，出现了以统治者的意志为形式来确定社会政治权威。(5) 重构形式下的个人利益的一致性。第五阶段是法律发展的最后阶段，在人们自愿合作的基础上，法律成为促进整个社会福利的工具。同时，斯宾塞对正义的理解也透露出他的社会学立场。他认为，正义即是每个人的自由只受任何他人享有的相同自由的限制，即一种权利的特定自由。权利包括人身不受侵害的权利、迁徙自由的权利、运用自然资源的权利、财产权利、交易自由和契

① 参见孙文恺：《社会学法学》，法律出版社 2005 年版，第 20 页。

② 谢向阳、淦家辉：《什么是孔德的实证主义——对孔德实证主义体系的再认识》，载《学术探索》2005 年第 2 期。

③ 参见张文显：《二十世纪西方法哲学思潮研究》，法律出版社 2006 年版，第 94 页。

约自由的权利、信仰和崇拜自由的权利、言论和出版自由的权利。①

可以说，斯宾塞的社会进化论学说和涂尔干的社会连带学说有着许多异曲同工之处，作为法国社会学家，涂尔干（Emile Durkheim，1858—1917年，又译杜尔凯姆、迪尔克姆）认为法律成长的沃土在于社会连带关系，在不同的社会之中，因为社会分工不同而形成了不同的社会连带关系，在分工简单的社会连带关系中和有机连带关系的社会中，法律发挥的作用均是不同的，而法的演变过程和社会连带的演变是同步的，决定社会连带关系演变的因素也是决定法演变的因素。对于法律的演变，涂尔干论述道：法律和道德不仅随着社会类型的变化而变化，即使是在同一社会类型里，如果集体生存的条件发生了变化，法律和道德也要发生变化。②

作为涂尔干的衣钵继承人，法国宪法学家狄骥（Leon Duguit，1859—1928年）在继孔德、涂尔干后，立足社会连带这一概念，提出了自己系统的社会学法学阐述。他认为，社会连带是一个永恒不变的社会事实：因为人们生活在社会中，因此必然存在社会连带关系；社会连带关系主要包括两种，同求的连带关系和分工的连带关系；社会连带是人类一切社会行为的基本事实和社会存在的基本条件，因此形成了包括法在内的一切社会规范基础。狄骥从社会连带的概念出发认为，应该拒绝形而上学的正义理论，斥责主权、权利、公法和私法等分析法学的基本概念，法学研究应该以社会连带为中心。③

欧洲法社会学之父、奥地利法学家埃利希（Eugen Ehrlich，1862—1922年）则在他的著作《自由法的发现和自由的法律科学》以及《法律社会学的基础》中谈到，社会先于国家、高于国家，因为社会和人类同时出现，是人类最广泛的联合，而国家则是后来才出现，只是社会联合的一部分。因此，在任何时候，国家都不是法律问题的中心，法律的中心是社会和社会秩序。“法的发展的重心不在立法、法学或判决，而在社会本身。”④ 尽管社会组织的内在秩序在国家法律规则中没有地位，但它支配了社会生活，除了少数人，人们都自愿履行这些关系所赋予的义务。社会秩序既是广义的法律，又是国家制定

---

① 参见［美］博登海默：《法理学：法律哲学与法律方法》，邓正来译，中国政法大学出版社2004年版，第102页。

② 参见［法］涂尔干：《法社会学方法的准则》，商务印书馆1995年版，第88页。

③ 参见张文显：《二十世纪西方法哲学思潮研究》，法律出版社2006年版，第100页。

④ 参见吕建高：《埃利希的法社会学思想》，载《当代法学》2002年第11期。

法律的实质，这也是他“活法”理论的核心所在。社会秩序即是法律，而我们的任务则是自由地发现这种社会秩序。在他看来，“活法”存在于各种法律文件、商业习惯和组织中。法官在制定法规则含糊不清时，就应该运用“法的自由发现”、“自由的判决方法”加以判决。他所谓的“自由的判决方法”实际上就是根据案件事实和正义感判决。虽然埃利希的学说存在理论上的缺陷，如活法的概念过于广泛，且被批判为具有心理的倾向，以及人们在诉讼中难以确定知道到底采用哪一种“活法”的法律作为诉讼指南。① 但他的活法论无疑极大地拓展了法学研究的视野，他本人也因活法论被称为欧洲社会学法学之父。

之后，德国法学家坎特洛维奇（Hermann Kantorowicz，1877—1940 年）继承了埃利希的观点，也认为法官在判决之中应该以“活法”为基础，不能仅仅局限于制定法；应该灵活地运用自由裁量权，积极创造出新的法律规则。可见，埃利希和坎特洛维奇均认为法律的研究应该回归社会本身，注重成文法研究的分析法学忽略了各种国家法之外的社会组织团体规则、习惯、民间契约和规范的研究，无疑脱离了法学研究的真正中心，“活法”才是真正支配人们社会生活的法。

德国政治经济学家和社会学家、现代社会学和公共行政学的重要创始人马克斯·韦伯（Max Weber，1864—1920 年）则从研究人们之间的社会行为入手，展开了他的法的社会解释。在他看来，人类行为首先是个人的，个人的行为同时也是有意义的，这样才能够同其他动物的行为区分开来。人的这些有意义的行为一般说来都是同他人和社会有关的，这样的行为就被称为“社会行为”。② 人们通过一定的社会行为，形成一定的社会关系。所谓社会关系则应该是一种根据行为的意向内容相互调节的、并以此为取向的若干人的举止，社会关系毫无例外地仅仅存在于发生在其意向方式可以标明的社会行为的机会之中。③ 而如何使建立在特定社会关系之上的社会持续保持良性呢？韦伯认为，除了靠人们内在的道德自觉外，还必须要依靠一定的社会规则，这里的社会规

① 参见［美］舒尔：《社会学法学》，刘海善、姜文彬译，载《国外社会科学文摘》1989 年第 7 期。

② 参见［德］韦伯：《论经济社会中的法律》，张乃根译，中国大百科全书出版社 1998 年版，第 1 页。

③ 参见［德］韦伯：《经济与社会》（上卷），林荣远译，商务印书馆 1997 年版，第 57 页。

则包括了习惯、惯例和法律三类。法律作为一种社会规则，在外在方面的适用能通过有形的和心理的强制机会获得保证，即通过一个专门为此而设立的人采取行为，强制人们遵守，或者违反时候加以惩罚，实现这种强制。可见，韦伯对法律的分析是从人们的社会行为入手，通过一定的强制使得人们的行为符合特定社会秩序的要求。他将法律分为实质不合理性的、实质合理性的、形式合理性的和形式不合理性的四种类型，以此来分析和阐述西方法律史上的特有理性化过程。他将法律放在广泛的社会环境下进行了研究，认为法律社会学是一门具有法律意义的社会行为科学，法律的具体内容并不是他研究的中心。他关注法律思想及其作用、法律和政治的关系、理性的法律与资本主义的关系等。

美国20世纪著名法学家庞德（Roscoe Pound，1870—1964年）在他的著名的"社会工程学说"和"社会控制学说"里表达了他对"社会和法律"的观点。他在1923年出版的《法律史解释》一书中第一次提出了"社会控制"一词，并在此后的《通过法律的社会控制》和《法律的任务》中对社会控制和社会工程作出了详细的解释。在他看来，在某种意义上，法律是发达政治组织化社会里专门化的社会控制形式——即通过系统的、有秩序的使用社会暴力而达到社会控制。在这种意义上，法律是一种制度，即他所称为的法律秩序的制度。① 在庞德看来，法学就是一门社会工程学，而正如我们所知，工程是指建筑的过程和建筑的活动，而不仅仅只是一个建筑的结果。工程是由很多紧密连接的过程和施工活动形成的，因此，要考量一个工程是否优良，要从工程的施工过程和工程的质量来评判。通过类比来看，法律即是一个社会工程，人们研究法律同样去研究法律是否有效，而不是仅仅考虑表层上的制度。庞德同时也提出了著名的法律作为一种社会控制的观点，认为：文明可以使得人类得到最终的发展，而文明通过两个维度来进行控制，对外控制物质世界，在内则通过控制人类内心的本性。这两个维度相互依赖、相互作用，使得人类这一庞大的群体可以安全、自由地生活。对人类本性的控制就是社会控制。庞德从历史发展脉络的角度认为，这种社会控制手段从古至今共有三种：宗教、道德和法律。在开始有法律之时，这三种手段杂糅在一起，无法进行分割，人类还是用一个词语来表达宗教仪式、伦理习惯和城邦立法，所有的一切都被作为一个整体。在这个时候的法律就包括社会控制的所有手段。当道德逐渐发展成为一种体系时，人类就试图将道德和法律等同起来，宗教在这个时候就担当了社会控

① 参见张忠利：《庞德的社会学法学思想》，载《吉林大学社会科学学报》2000年第6期。

制很大一部分的责任。但从16世纪以来，法律就成为了社会控制的主要手段。① 因为从那时开始，社会政治组织成为首要的制度，它要求保持一种强制的垄断力，所有其他的社会控制手段只能从属于法律。但同时，庞德也强调，法律从来就不是一个自足的、可以自我完善的体系，它需要通过和其他社会控制手段共同作用，构成一个均衡的、自由调节和相互支持的体系。庞德作为美国法律现实主义运动的早期代表，主张更加实用地依据公共利益来解释法律，并侧重于实际发生的法律过程。

“二战”之后，法的社会解释走向了多元化的路径，但均更加注重经验研究的重要性。布莱克和塞尔兹尼克均认为法律是社会控制的手段，而法律的功能则在于在相对复杂的社会中，承担维护公共秩序、确认权利和义务、促进相互合作、确认合法性以及树立道德标准等更多、更重要的职能。

## 第三节　法的社会解释之视域

### 一、法律的概念：多元的界定

在西方传统之中，“法”和“法律”的含义都是二元化的，“法”通常被指永恒的道德公理和正义原则，“法律”则指实际制定的法。通常都认为拉丁文的“Jus”除了规则和规范的含义之外，更暗含着权利、公平之意，“Lex”仅仅具有规则、规范之意。在希腊语、法语、德语、意大利语等中也均有这种区别。但这种二元的法律观与法的社会解释联系并不紧密、直接。社会学法学的大多数学者都将这两个概念通用，一般不做严格意义上的区分。孔德、斯宾塞、韦伯属于社会学家，庞德、卢埃林则是法学大师，彼此学术立场并不相同，他们为了表达自己研究的主题和阐明自己的观点，对法律的界定都采取了各种不同的概念，法的社会解释关于法的概念的定义是多元性的。

韦伯认为，法是得到（身体的或者心理的）强制力可能性保证的、目的在于使得人们服从或者对违法行为加以报复的、由为此目的产生特殊的工作人员而执行的秩序。在韦伯的观点中，“法”不仅包括了国家制定的法律，而且包括了非政府社会组织所制定的行为规则。国家、学校、教会都存在着法。庞德则将法分为“行动中的法”和“书本中的法”，法社会学家研究的法，是行为中的法。而美国著名社会学家布莱克则将法定义为：法是政府的社会控制。

① 参见沈宗灵：《现代西方法理学》，北京大学出版社2002年版，第289页。

换句话说，它是国家和它的公民的规范性生活诸如立法、诉讼和审判。法的社会解释采取多元化的概念来界定法，但共同点是不从法自身来理解法，而是从塑造法的环境和社会来理解法，甚至视法律秩序为生活秩序。

法的社会解释对法的界定在学术界影响极大。20世纪初期，马林诺夫斯基提出从“文化持有者的内部视角”或者是“当地人视角”看待法律，也就是研究者投身于他所要研究的人群之中，参与他们的社会生活，并尽量以当地人的眼光和思维方式去观察和思考周围正在发生的事情。这种观点把各种国家法之外的社会团体规则、习惯、民间契约和规范作为研究重点，不再视国家法、立法、执法、司法为法学的研究对象，对当代社会蓬勃发展的“民间法”研究具有重要的启示。

## 二、法律的功能：社会控制的手段

法的社会解释将法律最基本的功能定位于社会控制的实现。除庞德以外，布莱克在《法律的运作行为》一书中声称：法是政府的社会控制，是一个国家以及公民的规范生活，如立法、诉讼和判决。他首先否认了自然法学将抽象理性作为法，也反对分析法学将文本的法作为法。法不是规范的价值和理想，也不是规范的形式，而是政府的社会控制。① 其次，他认为，政府的社会控制主体必须是国家，对象必须是公民。在现代社会中，法律的社会控制大于其他任何社会控制手段。美国现实主义法学家卢埃林在论述法律功能时，同样清晰地将法律功能界定为六个方面，即：（1）清扫麻烦事件。（2）在潜在矛盾的环境中对行为进行引导。（3）在美国这样一个流动的社会中，对人们的行为进行再引导。对人们的行为进行再引导是为了建立新的习惯和期望，以适应不断变化的社会生活。（4）对发生疑难和麻烦事件的决定权进行分配，以及对这种决定权的形式进行调节。（5）对社会和集体的组织、工作提供激励，这是法律制度的一项积极功能。（6）司法方法的功能，建立和利用使得一切法律工作人员和机制出色进行工作的技能。可以看出，虽然他没有明确地提出法律是社会控制手段，法律的六大功能无一例外都指向社会控制。

此外，在以上法的社会功能之外，法的社会解释也看到了法的规范功能。首先，法律具有评价功能。法律的评价功能在于提供评价标准，即社会效果。如果法是一项社会工程，法学家、立法者在设计、实施工程的过程中，应考虑各个部分的总和，而非一个个孤立的部分；要考虑这一工程将达到怎样的程

① 参见孙文恺：《社会学法学》，法律出版社2005年版，第231页。

度，而非仅仅是如何运转。在庞德看来，20 世纪的法学家应把研究法的实际社会效果当做自己的任务，注重法律的适用和施行；判决是否公正及其理由；不断出现新情况及其应对办法；立法是否符合其目的及理由。而法的规范解释和概念解释把对法的评价和法的规范严加区别，被讥笑为一堆没有血肉的骨头。而法的社会解释强调法律的评价功能，即法律所达到的社会效果。其次，法律具有预测功能。霍姆斯认为，法官作出的司法判决才是真正的法律，他对法律的定义即是：我所理解的法律，不是别的东西，而是法院在事实上将要作出什么的预言。在他看来，法官是在凭借感情、判断、预感而不是凭借推理来进行判决。① 他的“法官预测说”意味着，法官在处理每一个案件的过程中，都要考虑以下因素：在本案中，法官将要做些什么？在具体案件中，有哪些因素值得法官重视？在面对每一个案件时，法官要考虑在过去相同和类似的案件情形下，法官是如何进行判决的？如果待决案件和以前的案件相同时，有哪些因素使得法官服从先前的判决以及在处理案件的过程中有哪些因素促使法官进行新的判决。霍姆斯在《法律的道路》一书中认为，我们所做的研究对象就是预测，预测法院这一公共力量影响所及。他在论述法律的预测功能之时，还主张从坏人的角度来预测法律，因为只有坏人关注物质性的结果，所关心的不是公理或者推论，而只想知道的是法官事实上作出什么样的判决。他的这一观点被称为“坏蛋理论”。

**三、法学的方法：定量研究与定性研究**

法的社会解释在方法上源于社会学，对经验方法十分重视，同时，法的社会解释在社会学看来，也属于经验主义的典范。从方法论角度看，法的社会解释的研究方法多种多样，但可以概括为两类基本方法：定量研究方法和定性研究方法。如果要划分更细，则可以分为实验法、观察法、个案分析法、历史比较法和调查研究法。其中常见的是个案分析法和调查研究法。例如，个案分析法就是通过访谈获得个案资料，访谈法包括问卷访谈和个案访谈或者结构访谈、非结构访谈。问卷访谈通常是问卷调查员按照问卷上的问题对被调查者进行提问，这种访谈是典型的结构访谈方式。个案访谈通常是研究者有目的、有计划地通过谈话的方式引导被访谈者将访谈内容切入到焦点问题。数据收集、访谈格式和内容、定性分析以及被访者四个方面是个案分析需要考虑的要素。个案分析有时也被简单理解为“讲故事”，动辄回到家乡讲述自己家乡的故

① 参见朱景文：《法社会学》，中国人民大学出版社 2008 年版，第 15 页。

事。但是，在个案分析法中，分析者不仅仅只是一个资料的提问者和收集者，更重要的是，他们是带着问题思考和叙事的知识创造者。调查研究法则是根据一定的抽样原则或者全面调查的原则，设计调查问卷，然后将答好的调查问卷回收，进行数据统计分析。实验法和观察法通常结合起来运用，在实验室中进行实验后，然后运用到具体场景和环境中。历史比较法则是在各社会学法学家思想中显著地体现出来。韦伯、庞德、涂尔干等无一不是从法律变迁和社会变迁的关系、法的社会成因、法的社会效应以及变化规律的角度来作出自己的解读。无论哪种方法，都体现了一种实践精神，这也是经验主义的灵魂。

### 四、法律的目标：社会实效

法律作为社会规范的意义就在于其实施之后，必然与社会产生互动，带来社会后果。通常，学者将法律的目标认为是应然效益，而实际产生的社会后果则称为社会效益。法的社会解释立足社会本身，强调法的实际效果、使判决生效的社会条件等社会效益。

法的理性解释把自由、平等、公平、效率等抽象的原则作为检验法律是否有效的标准。与此不同，法的社会解释视法律的目标为具体的、实践的、可见的，主张依可被检验的结果来判断法的实现，对于自由、公平等一系列应然的原则是否实现的判断，只有放在真正的社会效益研究中才会有实际意义。可以说，法的社会解释反对形式主义，强调行为中的法。在这里，法的效果与法的实效是相区别的。前者是指法的约束力，包括对人的效力、地域效力和时间效力，后者是指法律在社会生活中的实际作用。法的实施和法的实现也是有区别的，前者是指法律通过执法、司法、法律监督和法律遵守被运用到社会生活，后者指立法的目的通过执法、司法等活动而获得实现。在庞德看来，既然法是一种社会工程，一种社会控制的工具，既然法学要强调实现法的目的、法的效果，那么，法律社会学的任务就在于重点研究法的实效。他在《社会学法学的范围和目的》中提出社会学法学派的八大纲领：（1）研究法律制度、规则和学说的实际社会效果。（2）为立法准备而进行社会学的研究。（3）研究使法律规则发生实效的手段。（4）研究法律方法。对司法、行政和立法等活动进行心理学研究以及对理想进行哲学研究。（5）对法律史进行社会学的研究。（6）重视对法律规则的个别适用，即合理和公平地解决每一个案件。（7）在普通法系国家设立司法部的作用应主要在于研究法律的作用。（8）以上各点宗旨都在于使法律目的更有效地实现。通过法的社会解释实现法的最大限度地满足、调和相互冲突的利益的目的。而在卢埃林看来，法学研究的重点应该从规则的研究转向对司法人员实际行为的研究，尤其是对法官行为研究，强调“法是如何制定的”、“法是如何运行的”、“法的实际效果如何”等，主张法学研究从司法实践出发，为司法实践服务。在北欧，法的社会解释认为法不过是一系列的社会事实，是为了保证社会安全而建立起来的、以人为齿轮的庞大机器。这部机器不是由立法者的意志来推动的，而是在强大的综合情感和习惯的驱动下发挥作用的。注重对法的社会效益的研究贯穿着整个法的社会解释的始终。

此外，法的社会解释也需要立足社会的发展，在变化的社会中不断修正法学观点。如庞德在20世纪初曾提出文明社会在私法方面的五个法律前提：过失责任、履约义务、所有权、人身安全等。随着工业化时代的来临，他又在20世纪40年代补充了劳动法和社会立法的三方面前提，认为20世纪的法的理想图景应该是促进个人主动精神和实现社会合作的结合。他早期曾按照法的社会目的，把法的发展划分为五个阶段，即原始的法，严格的法，17、18世纪的衡平法和自然法，成熟的法，社会化的法。1959年在他出版《法理学》时，又补充了下一阶段的法即世界法，呼吁建立“世界范围的法律秩序”。法的社会解释将变化的世界和变化的社会理想注入法学研究，使之不断超越法律研究的范围，具有重要的方法论意义。在我们看来，这种解释首先可以指导司法实践，为司法实践提供具体研究分析的材料，并从中总结出本质的规律，促进民主、法治的成长。其次，可以促进公民法律意识的增长，塑造出崇尚法治的社会环境。最后，通过分析各种社会力量对法的影响，在社会发生变迁之时，及时修订法律，使法律符合社会变迁。

# 第三章　法的利益解释

法的利益解释是边沁的功利主义法学和耶林的目的法学发展的必然产物。利益（Interest）作为替代抽象的理性、正义和具体的规范、技术的法学概念，是西方法学为法的正当性，从法律内部寻找根据转向从法律外部寻找根据的结果。利益法学的概念由德国法学家赫克提出，他在批判概念法学的形式主义和虚无主义后，认为利益才是法律之源，强调法官不仅仅是适用法律的机器，更要关注各种纠纷中的利益博弈和平衡。继赫克之后，施托尔、米勒·艾尔兹巴赫、保尔·奥尔特曼等均为法的利益解释作出了贡献。作为社会学法学的代表人物，美国现实主义法学家庞德接过“利益”的旗帜，把社会利益作为法学的出发点，为西方法理学史涂上了浓墨重彩的一笔。

## 第一节　法的利益解释之语境

19 世纪末 20 世纪初，随着西方各国的工业革命的基本完成，自由资本主义逐渐被垄断资本主义代替，这一阶段的法律制度逐渐偏离传统资本主义的原则和精神。垄断资产阶级的兴起和发展也产生了维护自身权利和利益的强烈需求。这一时期，在立法领域，欧洲大陆主要国家的法典化已经完成或接近完成，概念法学以反对形而上学为名，抛弃自然法的主张，仅仅承认实在法，认为成文法典一旦制定出来即可自给自足，解决各种纠纷。法官只需根据适当的逻辑推理，即可以从现有的、由概念构成的法律条文中得出正确的判决，无须考虑法律的目的、公平正义的观念和社会的实际需要。在德国，在如何对待法典的问题上，法学家萨维尼和蒂博之间就是否有必要制定统一的德国民法典发生过激烈的争论。萨维尼反对统一民法典的制定，他认为法律犹如语言、风俗、习惯一样，是自然生长起来的，是民族精神的产物；法律必须根植于这个民族的习惯、风俗和习惯之上，但当时不具备制定统一民法典的成熟条件。萨维尼的观点并没有阻止德国统一民法典制定的脚步。1900 年，历时四年制定的《德国民法典》颁布、实施。由于民法典存在抽象的原则和法律漏洞，在司法领域，法官的解释和自由裁量就成为必要。但是，当时占主导地位的概念法学仅仅靠着“规范+事实=判决”的法律解释模式审判，在复杂的社会面前显得力不从心。当初主张制定法典的人所设想的依靠精确的法律概念和逻辑便可解决一切法律问题的理论已经不能满足变迁的社会。例如，《德国民法典》第138条规定：“违反善良风俗的法律行为无效。”在运用这一规定时，不可避免地涉及复杂的法律解释以及法官的作用等问题，扩大法官的自由裁量权就成为这一时期学术争论的中心。在这种社会背景下，赫克等一批年轻的德国法学家举起耶林思想的旗帜，掀起了一场反对概念法学的利益法学运动。①

法的利益解释的理论来源是功利主义思想和目的法学。功利主义是一种十分古老的学说，从古希腊时期的快乐主义发展到17、18世纪的边沁的功利理论。边沁第一个系统地将功利主义运用到政治、法律和社会改革之中。在他看来，人生的规律就是避苦求乐，它支配着人们的一切思想和行为，是整个人生的目的。他说“自然将人类置于两位主公——快乐和痛苦的主宰之下。只有它们才指示我们应该做什么，决定我们将要做什么。是非标准，因果联系，都由其定夺。凡我们所行、所言、所思，无一不是由其。我们所能做的是力图挣脱被支配的每一项努力，都只会昭示和肯定这一点。一个人在口头上声称可以绝对不受其主宰，但实际上他将照旧对其俯首称臣。”② 而所谓功利，就是客观事物给人们带来幸福或者痛苦的特性，功利原理也就是指某一行为是增多还是减少当事人的幸福。边沁还对功利进行了详细的分类和计算，而功利亦是衡量一切德行的标准，是人性的需要，一切社会德行应由此产生，正确和错误的唯一尺度是最大多数人的最大幸福，对最大幸福的追求是一种基本人性。

法的利益解释的另一思想渊源是耶林的目的法学。在耶林看来，目的是全部法律的创造者，每一条法律规则的产生都源于一种目的，而这种目的分为两种基本的形式：一是个人目的，一是社会目的。个人目的以利己为根据，社会目的以利他为根据。这两种目的之中，利己目的更为强烈。人类之所以能够和睦相处，就是因为有了利己的动机而后相互利用，由此产生了人类的各种活动从而建立各种社会制度，产生各种法律。而法律的目的则在于谋求社会利益。耶林认为，这种利益分析特别适用于司法活动，因为司法的重要活动就是确认立法者需要保护的社会利益。边沁的功利主义思想和耶林的目的法学为利益法

① 参见邹国勇：《德国“利益法学”思潮述评》，载《法学论坛》2003年第6期。

② ［英］边沁：《道德与立法原理导论》，时殷红译，商务印书馆2000年版，第57页。

学作了思想铺垫，之后赫克所作出的详细的利益解释和庞德对利益详细分类都受到了他们的深刻影响。至于目的法学与“自由法运动”的区别，目的法学、利益法学均认为：法官需要创造法律，但应该以法律保护的利益为限。

## 第二节　法的利益解释之理据

“利益”一词是法的利益解释的核心范畴。利益法学的创立者赫克也对“利益”进行了全面的分析和定义。作为西方法的利益解释的理论基础，如下学者的观点值得重视：

功利主义的奠基人杰里米·边沁（Jeremy Bentham，1748—1832 年）系统地阐述了他的功利主义原理。“功利原理是指这样的原理：它按照看来势必增大或者减少利益相关者之幸福倾向，亦促进或者妨碍此幸福的倾向，未赞成或者非难任何一项行动。我说的是无论什么行动，因而不仅仅是私人每项行动，而且是政府的每项措施。”① 对边沁而言，对任何一种行为进行批评的标准即看它是否倾向于给利益相关者带来幸福。所谓功利，就是行为的这种性质，它必须倾向于给利益相关者带来实惠、好处、快乐、利益或者幸福，或者防止利益相关者遭受损害、不幸、灾祸或者是痛苦。利益相关者可以是一般的共同体，也可以是具体的个人甚至是政府的一项措施。边沁在论述“利益共同体”时承认，共同体是虚构体，由那些被认为可以说构成其成员的个人组成。在他看来，“共同体的利益”是道德术语中所能有的最笼统的用语之一，往往失去意义。那么“共同利益”是什么呢？是组成共同体的若干成员的利益总和。②由边沁的论述可知，个人利益是社会共同利益或者共同体利益的基础，个人利益组成了共同利益。对什么是个人利益的表述，边沁认为，个人利益实际上就是能够给他人带来快乐的事物。同时，每个人都生活在一个社会共同体之中，每个人在展开自己的行动之时，也要考虑他人或者共同体的利益。因此个人利益的实现同时也要考虑在共同体之中的其他人的利益和共同体的利益。边沁将这一原则运用到指导立法之中，视为“立法艺术”，并将其作为法律分类的标准。他毕生致力于立法和法律改革，企图用功利原理指导立法和法律改革。边

① ［英］边沁：《道德和立法原理导论》，时殷红译，商务印书馆 2000 年版，第 58 页。

② 参见［英］边沁：《道德和立法原理导论》，时殷红译，商务印书馆 2000 年版，第 58 页。

沁把功利主义引入法理学，他的利益论带有明显的时代印记。他将个人利益置于至高无上的地位，个人的行为只要给自己带来利益，只要不损耗其他人的利益时就是合理的、正当的，法律也就无须对其进行干预；政府立法行为的直接目的就是为了共同体的利益，立法者绝对不能作出一些有损社会公共利益的事情；只要每个人都能够追求自己的最大幸福（利益）的实现，那么整个社会利益也就自然最大化，也就达到了繁荣昌盛的美好图景了。①

继边沁之后，目的法学的创始人鲁道夫·冯·耶林（Rudolph von Jhering，1818—1892 年）认为法律是由各个相互斗争的利益博弈后的结果，法律的目的在于谋求社会利益，个人的存在既是为了自身也是为了社会。他呼吁法律是利益斗争的结果，号召 19 世纪的德国资产阶级为权利（也即利益）而斗争。"这一斗争由权利被侵害、被抑制而发。无论个人的权利，还是民族的权利，大凡权利都面临着被侵害、被抑制的危险——因为权利人主张的利益常常与否定其利益主张的他人的利益相对抗——显而易见，这一斗争下自私法，上至公法和国家法，在法的领域的全部领域周而复始。"② 耶林在他的利益分类中推崇社会利益，被庞德称为"社会功利主义者"。但通常，学术界将利益法学的利益理论划分为耶林与赫克两个阶段：耶林认为法律是利益斗争的结果，但对司法过程中的利益、法与利益的关系没有进一步阐述。耶林之后的赫克把利益作为他的法理学的理论支点，开创了利益法学的时代。

菲利浦·赫克（Philipp Heck，1858—1943 年，中文又译为"黑克"）是图宾根大学的教授，他围绕利益与法的关系，撰写了大量作品，如《法律解释和利益法学》(1914 年)、《德国法制史：海事法、商法、义务法》(1929 年)、《财产法》(1930 年)、《概念学与利益法学》(1932 年)、《法哲学与利益法学》(1937) 等。他在 1905 年发表《利益法学与对法律的忠实》一文，首次提出"利益法学"的概念，并与其他法学家如马克斯·吕梅林、海因里希·施托尔等人一道形成了"图宾根学派"。

赫克把利益法学看做实用法学的一种方法论，认为法的利益解释是法官在进行判决时所应该遵循的原则。③ 赫克在批判概念法学的虚幻和不切实际的基础上认为，法律科学必须从实用主义出发，法官的工作即是在判决之时对各种相互冲突的利益进行权衡和平衡，而不仅仅是如概念法学所言简单地按照规则

① 参见胡玉鸿：《边沁法律思想之研究》，载《政法论丛》2005 年 10 月第 5 期。

② ［德］耶林：《为权利而斗争》，胡宝海译，法制出版社 2004 年版，第 15 页。

③ 参见［德］赫克：《利益法学》，傅广宇译，载《比较法研究》2006 年第 6 期。

进行机器一般的演绎和判决，利益是法律的原点。法官在关注单纯的规则之时，更要关注人们的社会生活以及生活中的价值取向。

赫克对利益进行了细分，指出“利益”是指人们在生活中所产生的各种欲求，这种欲求不仅意味着人们的实际需要，而且还包括了那些在受到刺激之时，可能进一步向前发展的、隐藏于人们心中的动机。因此，利益不仅仅意味着各种欲求，而且还包括欲求的各种倾向，甚至还包括使得各种欲求产生的各种条件。① 赫克的“利益”范畴涵盖范围极广，不仅包括物质利益，还包括了精神利益。此外，赫克还对利益进行了直白的和开放式的分类，认为利益既包含个体利益、群体利益、共同体利益、公共利益和人类利益，也包含观点性利益和物质性利益，公正、平等的利益等。在立法者价值判断缺席之处，各种利益处于相互竞争的状态。② 他的这种涵盖万物的利益学说遭到了学界的批判和诟病，被认为“这个利益的概念如此宽泛，而变得毫无任何价值”。③

赫克之后，美国社会学法学的代表人物罗斯科·庞德对法的利益解释予以完善和精确的分类，故在西方法理学的研究中，利益法学常常被视为社会学法学的分支。④ 庞德在他的《法理学》中将利益定义为：“人类个别地或通过集团、联合或亲属关系，谋求一种需求、愿望或者期待；因而利益也就是通过政治组织社会的武力对人类关系进行调整和对人们的行为加以安排时必须考虑到的东西。”⑤

庞德对法的利益解释的贡献在于他将利益分为三类：个人利益、公共利益和社会利益。

首先，个人利益。庞德认为，个人利益是直接包含在个人生活中以各种生活的名义提出的各种要求、需求或者愿望。另外，个人利益还可以通过其他形式表现出来，比如，在一个政治组织社会生活中基于这一组织的地位而提出来的各种要求、需要或者愿望；在文明社会的社会生活中基于这种生活的地位而提出的各种要求、需求或愿望。

个人利益又分为人格利益、家庭关系利益、物质利益。其中，人格利益涉

① 参见吕世伦、孙文恺：《赫克的利益法学》，载《求是学刊》2000 年第 11 期。

② 参见陈林林：《方法论上之盲目飞行——利益法学方法之评析》，载《浙江社会科学》2004 年第 5 期。

③ 参见吕世伦、孙文恺：《赫克的利益法学》，载《求是学刊》2000 年第 6 期。

④ 参见邹国勇：《德国“利益法学”思潮述评》，载《法学论坛》2003 年第 6 期。

⑤ ［美］庞德：《法理学》，邓正来译，中国政法大学出版社 2004 年，第 16 页。

及个人身体和精神方面的主张和要求，主要包括了六个方面的内容：

（1）保障一个人的肉体和健康方面的利益；

（2）关于自由行使个人意志的利益——免于受强制和欺骗；

（3）关于自由选择所在地的利益，即一个人选择他将要去和将在哪里的主张；

（4）保障一个人的名誉不在其周围的人中间受到诽谤，其地位不受其他人的侵犯；

（5）关于契约自由和同别人自由发生关系以及与此密切联系使得自己自由从事或者被雇佣合适的或者本人认为合适的任何职业的利益；

（6）信仰自由、言论自由。庞德认为个人自由的表现形式之间会发生冲突。

家庭关系利益则是由个人身体和个人生活密切联系的一些东西组成，包含了三个方面的内容：

（1）夫妻每一方都对整个社会主张或者要求外人不应该妨碍他们关系的利益；

（2）夫妻双方对另一方的各种相互主张或者要求；

（3）关于父母和子女的各种利益。

物质利益即个人基于个人经济生活的地位所提出的那些要求和主张，主要包括：

（1）对狭义的财产的主张，即控制有形物、人的生存所赖以的自然资源；

（2）企业自由和契约自由，即经营企业、任职、受雇、订立和执行契约；

（3）对约定利益的主张，即对约定欠款的主张；

（4）外人不得干预自己与他人之间经济利益关系的主张。

其次，公共利益。在庞德看来，公共利益是指在政治组织的社会生活中以该组织的名义所提出的主张、愿望和要求。公共利益包括了国家作为法人的利益和国家作为社会利益保卫者而拥有的利益。其中国家作为法人的利益包括国家的人格利益和国家的物质利益两种。

最后，社会利益。在庞德看来，社会利益是指存在文明社会的社会生活中，并以社会生活的名义而提出的主张、愿望。社会利益是庞德学说的核心。他认为社会利益是普遍又合理的，它基于人们在集体寻求满足的过程而提出的主张、愿望、需要和期盼，这些主张、愿望、需要和期盼应该被文明社会所认识到并且被文明社会所保护。紧接着，庞德又将社会利益具体划分为六个方面：

（1）一般社会利益，指为了排除社会上威胁安全存在的行为，以社会名义提出的主张、要求和需要，它具体表现为五种形式即个人的人身安全、人们身体健康之利益、和平与公共秩序、所有权不受侵害、交易的安全性，主要是指一般的商品交换行为不受他人的干扰。

（2）社会制度安全的利益，针对威胁社会制度的存在以及正常运转而提出的。表现为四种形式即家庭、宗教、政治和经济制度的安全。

（3）一般社会道德的利益，即文明社会中制止触犯人们的道德情感的要求，如制止某些不诚实的行为、禁止色情刊物等。

（4）保护社会资源的利益，指社会对已经存在的资源不得做无谓浪费的要求。个人的欲望是无限的，而社会资源却是有限的，因此必须对浪费资源的行为加以制止。这种利益主要包括了两个方面：一是对自然资源的利用和保护，二是对无法独立生活和有缺陷的人给予训练和保护。

（5）一般进步的社会利益，即为了满足人类不断向前发展的愿望而以社会名义提出的要求人类力量和人类对自然控制发展的主张，表现为经济进步、政治进步和文化进步。其中，经济进步包括了财产自由、贸易自由和反对垄断等；政治自由包括了言论自由等；文化自由包括了科学研究的自由等。

（6）个人生活的社会利益，即以社会的名义提出要求每一个社会主体的生活都能与社会一般生活标准相适应的主张，主要表现在：一是个人自我的主张的利益，如个人身体、精神和经济活动方面的利益；二是个人机会的利益，即所有人都公平、合理和平等的利益；三是个人生活条件的利益，即社会能够及时为每一个人提供在当时条件下最低的生活水平的条件。①

在对利益进行精确的分类和阐述后，庞德论述了法的利益解释的根本问题，即在特定情况下，利益和利益之间必然会发生冲突，那么如何对这些利益进行评价？在他看来，当利益发生冲突之时，应该创造出一个有利的对话平台，然后加以比较。进行比较的标准，是在最少的浪费和阻碍的情况之下，给予整个利益最大的结果。解决这种冲突的方法有三，即经验的方法、理性的方法和观点的方法。② 这也是庞德的法的利益解释的基本框架和方法。

---

① 参见［美］庞德：《法理学》（第三卷），廖德凯译，法律出版社 2007 年版，第 244 页。

② 参见陈林林：《方法论上之盲目飞行——利益法学方法之评析》，载《浙江社会科学》2004 年第 5 期。

## 第三节 法的利益解释之视域

### 一、法学方法论的革新：对法的概念分析的批判

法的利益解释是建立在对概念法学批判的基础上的。一般认为，概念法学的典型是法律实证主义，它否定自然法的价值判断，认为法的本质是不可知的。法学的任务是对实在法进行加工整理、综合分析，在假定法律秩序是完整的、毫无缺陷的法律概念体系——概念、逻辑、分析适用而构成的体系——的前提下，通过适当的逻辑分析，就可以得出司法结论。赫克认为这种法的解释方式是十分虚幻的和形式主义的，因为在现实社会中，没有一种法律制度是完整的，且逻辑推理的过程也不是总可以从现存法律规范中径直得出满意结论。

概念法学认为，法律科学的主要功能是从既定的法律规则中推出法律概念，或运用司法技术解释概念，将法律概念体系化并使他们隶属于新的法律规则。在这样的思维方式下，法官的任务即是认识各种法律概念和法律规则，然后按照逻辑方式把概念和规则运用到具体的案件判决之中。法官只要仔细而精确地解读各种法律概念，便可以获得全面的法律。庞德批判了这种法学认识，认为，“19 世纪把人从我们的法学思想中切割了出去。于是，正如耶林所指出的，这种情况在概念法理学中结出了果实。在历史法学派独霸法学领域的岁月中，概念法理学不仅仅在法学论著中而且在实际司法中都是极为凸显的。根据概念法理学，一个从历史上演化而来的概念乃是衡量司法行为的惟一标准。这种概念并不是被用来适应某个特定案件并为该案件带来一个结果的——据此，某项能够达到此一目的的法律便可以被赋予效力。特定案件的结果乃是无足轻重的。”① 在赫克看来，把概念作为司法准则无异于让法官成为一台将事实投入其中就能给出判决的机器，司法活动就成为了“运用概念计算”，所依据的虽然不是机械学的规则，但同样也是客观的逻辑规则，不含认识、感情因素。至于判决在生活中是否正确，法官无须考虑，因此也无须负责，这就必然导致法官在法律概念不明确时推卸自己的审判责任。而在现代社会，法官永远不应当也不可能成为被动适用法律的机器。从广泛意义上说，法官应该像立法者的助手，通过了解和贯彻立法者的意图行使审判权力。“创造法律是法官的功能

① ［美］庞德：《法律史解释》，邓正来译，中国法制出版社 2002 年版，第 176 页。

之一，"① 而创造的依据是利益。

但是，赫克在批判概念法学的时候，并没有抛弃法律概念，相反，他更加清晰、深刻地对法律概念进行了解释。他认为，没有概念，就没有法学和法律，也无法理解法学和法律。他对法律概念作了更细致的分类。总体而言，赫克把法律概念分为命令性概念、利益性概念；立法中形成的概念和在法律科学中形成的概念。在对命令性概念和利益性概念进行论述时，赫克批评了概念法学，认为它习惯将所有的法律概念都局限在命令性概念之中，从而忽视了利益性概念的存在。他认为：每一个法律词语都会激发起人们对利益的思考，"没有哪一个命令性概念可以脱离利益性概念而独自存在"。② 他认为，命令性概念与利益性概念紧密相连，并非完全独立的个体。在某些情况之下，两者合二为一之时，我们则称其为总概念。在对法律概念和法学概念进行区分时，赫克认为，两者服务于不同的受众，目的各异。前者主要是为法官服务，法官受法律概念的约束；后者更多地在进行法律解释和对法律漏洞以及法律原则过于抽象而对其进行补充解释和说明中所形成，承担着使人们更全面地认识和理解法律的任务。

德国法学家卡尔·拉伦茨教授在评价利益法学之时说道，它"通过对复杂的案情和多种需要同时考虑的利益按照法则本身的评价标准进行权衡分析，逐渐取代了依据呆板的法律规则进行形式逻辑概括的方法，确实对法律适用进行了方法论上的革命"。③ 赫克的法的利益解释作为一种方法论上的革新，使得法学研究步出古罗马法学家所言法学研究无须谈论"方法"的泥淖。在概念法学占据重要地位的19世纪，法学家、法律人均否认法的价值判断，认为法律概念形成了各种法律制度，并形成了一个封闭的系统。在这个封闭的系统之中，逻辑处于至高无上的地位，法律人仅凭法律的概念和精致的逻辑就可以解决任何法律。利益法学对法律作出"利益"解释，使法学研究一方面摆脱了概念、逻辑，另一方面重新回到了价值，但这时候的价值已不是被实证主义

① Philipp Heck, "the Jurisprudence of Interests", selected from "the Jurisprudence of Interests", Magdalena School (translated and edited), Harvard University Press, 1948, p. 42. 转引自吕世伦、孙文恺：《赫克的利益法学》，载《求是学刊》2000年第6期。

② Philipp Heck, "the Foundation of Concepts and Jurisprudence of Interests", selected from "the Jurisprudence of Interests", Magdalena School (translated and edited), Harvard University Press, 1948, p. 42. 转引自吕世伦、孙文恺：《赫克的利益法学》，载《求是学刊》2000年第6期。

③ 黄辉明：《利益法学的源流及其意义》，载《云南社会科学》2007年第6期。

法学批驳得体无完肤的古典自然法所鼓吹的抽象的理性、正义等观念，而是可以为立法者、法官把握和感知的现实利益。无疑，无论是边沁、耶林，还是赫克，他们对法的利益解释突破概念和逻辑的局限，独辟蹊径，是法学方法论上的一次历史性的革命，给陷入尴尬境地的法学研究注入了新鲜力量。同时，法的利益解释产生于《德国民法典》颁布之后，回答了法典的抽象原则的解释问题，适应了社会需要，推动了法学的发展。

## 二、对法官自由裁量权的重视：利益比较与衡量

19世纪欧洲的概念法学初始于针对西方近代法治过程中政府权力肆意和扩大、公民的权利自由逐渐被政府权力侵蚀而处于缩小的危机之中。为改变和防止这种危险的情形发生，出于保护公民权利的需要，概念法学极力鼓吹将法官定义为适用法律的机器，这就招致了利益法学的批判。但是，倡导和追随法的利益解释的学者不仅需要致力于解决利益的清晰定义和精致分类问题，而且必须对相互冲突的利益如何进行比较和衡量以及衡量比较的标准问题给出具有说服力的论证，因此，由谁来如何衡量利益就不可回避。利益法学将这种论证集中在法官自由裁量权上，提出了司法过程中的利益衡量问题。

赫克作为利益法学的先锋和旗手，将法官置于放大的中心地位。“利益法学是为适应法律的实际目的而创设的一种方法，其目标是发现法官在处理案件过程中应该遵循的原则。所以，利益法学不仅之于法官而言是重要的，而且对那些希望有效地实现法官功能的法学家来说也同样重要。”① 在他看来，法官不仅仅只是一台将事实和规则输入便可以得出判决的机器，而是一个将对各种利益进行评价、调和和最终作出判决的调和者。这样，法官就不可能不关注世俗社会中的各种利益，在具体案件的判决之时，要考虑各方当事人的利益，然后自主地按照法律中所隐含的评价原则的本意进行评估。法官不仅仅只是将事实情况合乎逻辑地适用于规则，而是必须在该方法并非是达到目的的唯一途径之时，根据价值取向对法律规则进行补充。

法官在进行判决的时候又是如何进行利益判断和调节的呢？赫克认为：“应该从两个方面着眼，一是在法律制度存在的背景之下，法官必然要受法律的约束，法官必然要进行利益的调节，并且要循着立法者的路子来进行调整各

① Philipp Heck, “the Jurisprudence of Interests”, selected from “the Jurisprudence of Interests”, Magdalena School (translated and edited), Harvard University Press, 1948, p. 33. 转引自吕世伦、孙文恺：《赫克的利益法学》，载《求是学刊》2000年第6期。

种利益冲突。当事人的争议使得法官面临着各种利益冲突，但法官对人们利益冲突所作出的判决要受立法者在既定法律中所体现出来的对人们利益冲突进行评价的限制。”① 从赫克对法官该如何在判决中扮演利益调节者、评估者的论述中可以看出，法官在具体的案例中所拥有的自由裁量的权力也不是毫无限制的，他必须从现行的法律规则中探求立法者的意图，揣摩立法者在制定规则之时，对各种相互冲突的利益是如何作出评价的。也就是说，对法进行利益解释的路径就在于，把利益视为法律的起源，法律的目的也在于利益；法官在具体判决之中，不是天马行空地按照自由意志对各种利益进行判定和调和，他们必须遵循一种“潜在的意义”。所以，“第二方面则是法律是不健全的，甚至在处理人们日常生活中所发生的冲突之时还会发生矛盾性。现代立法者对于法律的这种不健全可以说是耳熟能详的，因此他们不希望法官仅仅在字面上遵循法律的规定，更重要的是法官能够熟知法律中所包含的利益，并且在处理案件之时，尽量使得自己所做的利益判断能够与立法者所表现出的利益判断保持一致。法官不仅仅是在法律框架之内对案件事实进行判断，而且还应该在法律规则出现漏洞之时建立新的法律规则，以弥补法律规则的不足。换言之，法官不仅能运用一些法律命令，而且他还应该能够保护那些立法者认为应该保护的利益。”② 法律起源于解决纠纷，但法律本身常常是含混的，因此，法律在解决纠纷的时候还会制造新的纠纷。自然法学、实证主义法学、社会学法学等无不试图对法律作出精致、全面的解读，但都解决不了法律本身无可避免的含混和产生的新的纷争。而法的利益解释开出的药方就是在法律出现漏洞之时，法官需要根据价值取向对法律规则进行补充和填补。

### 三、对拘泥于法条的反思：认真对待法律解释

法官的自由裁量从来都是和法律解释相辅相成的，而法官进行自由裁量之时同法律解释也是相互包含、相互映射和相互支持的关系。目前，学术界对法律解释的方法已有成熟研究，从分类上看，有文理解释、伦理解释等。文理解释中又包括了语境解释、扩大解释、限制解释、当然解释和方面解释等。但法官作为这种法律解释的主体，不可能行使完全意义上的自由裁量。他必须是一个揣摩立法者意图的“考古者”，发掘和实施立法者在制定规则时候

① 吕世伦：《法理的沉淀与变迁》，法律出版社 2001 年版，第 556 页。

② 参见陈林林：《方法论上之盲目飞行——利益法学方法之评析》，载《浙江社会科学》2004 年第 5 期。

的“原意”。

利益法学将利益研究方法作为法律解释的方法，主要是一种原因解释。在早期，他们致力于私法领域的解释，推动了国际私法等的巨大发展，后来，他们的研究逐步扩展到了宪法、行政法、刑法等公法领域。如在刑法解释上，因为罪刑法定是公认的基本原则，法官在刑事案件中平衡各种利益的活动主要是根据法定刑进行量刑；在行政法领域，则应密切关注各种利益之间的平衡。① 从他们对法律解释的论述中，我们不难看出，他们提倡不严格限制于概念和语句的解释方法，而主张在法律解释时，对各种利益进行衡量。法律文本之中的语言是法律语言（一级语言），当它们在由法官进行案件适用时，就转换为适用案件的司法语言（二级语言）时，这就不可避免地掺杂法官的利益判断、价值取向、宗教信仰、情感等非法律因素。而概念法学则全然将其排除之外，很明显是一种纯粹的意向。

而在庞德看来，当各种利益发生冲突之时，解决的方法有三：经验的、理性的和观点的。所谓经验的方法即从经验中去寻找某种能在丝毫不损伤整个利益的前提下，使得各种冲突和重叠的利益得到调整，并给予这种经验合理发展的方法。所谓理性的方法则是法学家依据一定的时间和地点的文明社会的各种法的假设来进行评价。所谓观点的方法则是根据法律制度和法律条文应该是怎样的东西，把它们适用于争端时应取得什么样的后果等公认的传统权威性观点——理想的法律秩序模式来评价各种利益。庞德的法的利益解释进路对法律解释产生了很多影响。利益法学自诞生以来，逐渐开始主张利益冲突之时的法律解释标准有三：一则为经验，二则倚重理性，三则援引被公认为正统权威的观点。如果说赫克对利益的划分过于宽泛和广博，而庞德的社会利益学说发展到最后又不得不求助于“经验”、“理性”和“权威”，似乎是重新归于自然法在此岸的又一次轮回。庞德的社会利益学说被批判者认为是“无法司法”，法官可以根据自己的直觉和感觉来进行判案。哈特对庞德的批判就是：庞德认为必须有某种权衡和评估利益冲突的方法，以及某种量化的方法，但他始终没有提供这种方法。为了精确地找到法律中应当被衡量的利益，在现代社会，法的利益解释更倾向于数字化和科学的方法，学者们试图用一幅如同数学图标般的一目了然的模型，对各种利益进行清楚、逻辑化的权衡，如当代德国法学家

① 《中国大百科全书·法学》，中国大百科全书出版社 1984 年版，第 373 页。

阿列克西提出的变量数学式利益分析方法。①

### 四、对权利义务分析的超越：法律科学对“法益”的运用

在19世纪末20世纪初，德国刑法学家李斯特在探讨犯罪的概念、犯罪的本质时，提出了“法益”(Legal Benefit) 这一重要概念，将”法益“提升为刑法学体系的基本范畴。此后，法益理论贯彻到欧洲的刑法学研究中。“二战”之前，法益理论由德国传到日本，并在战后获得较大发展。② 目前，在德国和日本的刑法研究之中，“法益”一词被广泛地运用。近年来，国内的学者将这一概念引入到国内刑法研究之中，并试图将法益作为法学研究的基本范畴。从词源上看，“法益”既可以被理解为“法律化的利益”，也可以被理解为“具有法律意义的利益”。无疑，“法益”说的源头是利益法学和法的利益解释方法。

利益法学对法的利益解释是：法律是调整社会利益的，利益是法学的重要概念或范畴。赫克在一篇讲演中指出，对法作出利益解释的出发点的一个根本的真理是，法的每个命令都决定着一种利益冲突：法起源于对立利益之间的斗争，法的最高任务就是平衡利益，此处的利益包括了公共利益、私人利益，物质利益和精神利益等。赫克揭示了法律科学的特有功能。在他看来，概念法学认为法律科学的主要功能是精确界定法律概念，但没有看到法律概念的日常生活来源。同时，以法律概念构造法学体系，把人类生活本身和管理人类生活置之度外。而真正的法律科学就如同医学一样，是一门实用性很强的学科，其作用就是帮助法官作出正确的判决。这样，法律科学就肩负两个功能：一是为解决各种利益冲突提供法律规则，二是对现存法律规则进行整理和分类，即法律规则系统化。其中，第一个功能需要研究社会现实和人的实际需要，注意对利益、法律在现实生活中的运用。是社会生活本身而不是法律概念、法律规则的运用构成法律科学的研究对象。所以，“法律行为”、“权利”、“义务”等概念并非是解释现存法律规则、新的法律规则的基本概念，它们只是使法律规则变成庞大的系统的一个标签。因此，概念法学研究法律本身，而利益法学需要超越概念法学，超越抽象的法律概念、法律规则，把社会生活本身和价值观念作为法的利益解释的出发点。

---

① 参见梁上上：《利益层次的机构和利益权衡的展开》，载《法学研究》2002年第1期。

② 参见董兴佩：《法益：法律的中心问题》，载《北方法学》第2卷第9期。

我们认为，从本体论的视角看，利益是法律的核心与本体，一旦社会生活中重要的利益需要法律介入和保障，这种利益在立法和司法过程中就体现为“法益”——具有法律意义、能产生法律后果的利益，称之为“法律利益”。“法益分析法”即是将法益之间的平衡和衡量贯穿于立法、执法、司法、调解、仲裁、法律接受和法律监督等法律运行的全过程和各环节。在立法阶段，法益分析或法益衡量主要表现为法律草案拟定前的利益表达与利益综合，法案审议时的法益转化与法益分配；在法律实施阶段，主要表现为法益实现与法益维护，以及法律适用者针对具体案件的情形就特定的法益作出适当的调节。如果说，概念法学认为：法律是一般性的行为规范，其核心内容是权利、权力、义务和责任，法学思维始终以权利、权力、义务和责任为核心。那么，法的利益解释的兴起，就使“法益”作为一个新的范畴进入法学研究奠定的理论基础，权利、权力、义务和责任应被视为法益分化的形式。“法益”是法的本质，权利、权力、义务、责任是“法益”的法律体现。如果说概念法学通过概念演绎建立规则，那么利益法学就是通过利益判断创造规则，这种法的解释方法显然超越了权利义务分析法，是一种全新的视角。

# 第四章 法的规范解释

与法的理性解释有着内在联系的法的规范解释主要是由规范实证主义法学的法学家们来进行的。实证主义法学又分为规范实证主义法学与社会实证主义法学，前者集中精力解释法律规范本身，后者关注法律在特定社会环境下的实效，即法的社会解释。虽然实证主义法学的两个分支均被冠以“实证”之名，但无论是在解释的语境、理据，还是在解释的视域上都存在重大差异，他们对西方法理学的贡献和所受到的社会评价也大相径庭。

## 第一节 法的规范解释之语境

法的规范解释的兴起和发展缘于18世纪末西方近代立宪国家的建立、法学的历史使命的转变和功利主义哲学的传播。

18世纪末，英国、法国、德国等国的资产阶级革命已基本结束。启蒙思想家们倡导的“三权分立”、“天赋人权”、“人民主权”、“法律面前人人平等”等原则已被写进了人权宣言和宪法，近代立宪国家初具雏形。但是，这不能说明资产阶级在一夜之间就建立了人间天国，很好地保障了人民群众的自由、平等与追求幸福；也不是强调这些国家的民众已经脱离封建制度下的旧生活，开始发自内心地拥护新政权；而只是强调，在政治与法律领域，新的政权形式与合法性基础发生了重大变化。选举取代了世袭，民主制度取代了封建制度，思想家们不再以暴力、神意、自然正当来宣称政权的合法性，而是理直气壮地宣称，政府是依据宪法与正当法律程序成立的，政府更迭的依据是宪法。法学的任务已经由论证政权的合法性转向依据理性、民主、自由、人权等法治原则设计具体的、细致的、琐碎的法治制度。

而支撑资产阶级革命的古典自然法的优点在于，通过对理性的解释和再解释，用人类理智、自然法则、道德观念、一般人性来解释未来政权的价值基础，确立或巩固政治系统、法律系统的合法性。在资产阶级革命乃至国家建立之时，它为新制度欢呼呐喊的声音一直不绝于耳，作为一种理论资源与论证方式荡涤了旧世界的泥土和渣滓。当然，古典自然法具有革命的强烈倾向，并不等于说古典自然法就是完全革命的学说。正如20世纪的法学家凯尔森所精辟指出的那样，在历史上的大部分场合，自然法学同样是保守的，被用来为既存的旧制度辩护。古典自然法学重在论证法律制度来源的正当性、合法性，充满了对社会制度的批判精神；从实证、科学的观点看来，自然法、自然权利、社会契约是否真实存在本身也值得怀疑；尤其是古典自然法重点研究理性、人权、平等、民主这类抽象的政治、道德话题，没有把精力放在设计精确、细致、可操作性的法律制度和程序上，其理论偏好无法继续为资产阶级法治国家服务，以前的优点变成了致命的缺点，不再顺应时代，因此，在18世纪末，在资产阶级启蒙运动和资产阶级革命时期统治西方法学领域的古典自然法学逐步走向没落。

19世纪初边沁的功利主义法学的出现，适时填补了自然法流逝而腾出的理论空间。学术界一般认为，法的规范解释的代表、规范实证主义法学的创始人是19世纪上半叶英国法理学家奥斯丁，其代表性观点体现在他在伦敦大学讲稿基础上出版的《法理学讲义》一书中。然而，20世纪法的规范解释的代表人物之一、英国著名法学家哈特于1970年整理出版了边沁的《法律概要》一书后，学术界这时才发现，奥斯丁的很多观点与边沁有一致性或一脉相承之处。如果再考虑奥斯丁当年与边沁的亲密关系：边沁是当时的著名哲学家，功利主义哲学的创始人；奥斯丁做过军官与律师，但不太成功，后来搬到边沁家附近居住并与边沁来往甚密；1826年在边沁的推荐下，奥斯丁担任伦敦大学的第一任法理学教授，我们就有理由推断，奥斯丁的一些代表性观点，也就是早期法的规范解释论者的基本观点，或多或少地来自于边沁。也许是由于边沁作为功利主义哲学创始人的光环过于耀眼，同时也得益于奥斯丁在边沁的研究基础上作出了创造性的细致工作，迄今为止，法学界还是视奥斯丁为规范实证主义法学的创始人。

把边沁的功利主义同法的规范解释范式和规范实证主义法学联系起来是基于以下理由：

第一，边沁持有反对自然法学的哲学立场。他确信，“‘自然权利’理论是没有任何根据的，实际上自然权利只是‘华丽的胡言和夸张的废话’。”①

第二，边沁致力于推动以功利主义为原则的社会改革。依据边沁的解释，

---

① ［英］韦恩·莫里森：《法理学：从古希腊到后现代》，李桂林等译，武汉大学出版社2003年版，第196页。

上帝把人类置于痛苦与快乐这两个主义的统治下，功利标准是决定我们应该做什么、不该做什么的标准。就功利原则是否客观、能否通过某种方式证明的疑问，边沁在《道德和立法原理导论》里断言，由于功利原则是最高的原则，是证明其他原则的原则，因而其本身是不证自明的，给出这样一个证明既无可能，也无必要。边沁是个乐观的社会改革家，他提出了大量法律改革与社会的建设的方案。例如，他向国民议会提出建立圆形监狱和福利院，他还向世界各国呼吁编纂法典，并在 1811 年与 1815 年分别向俄国总统与美国总统写信自荐主持该项工程。

第三，边沁在论证改革的合法性的时候，没有借助自然法、法的理性这样一类认识工具。表面上看来，边沁在论证功利原则时，似乎与许多自然法学家有一定的类似，即依据某种论证归纳出“自然法则”，再依据该法则去评价法律制度或公共政策。这种典型的自然法研究范式假定实然法背后存在着“应然法”，实然法从属于应然法，并服务于应然法。但边沁的功利主义法学观与自然法学的本质区别在于，他试图为研究、评价法律现象提供更具操作性的工具的原则，而不是像传统自然法学家那样，主要关注一些法律制度与权利的正当性、忽视对这些内容的实证化研究。边沁认为，正义赖以存在的标准是功利。社会进步不是一件神秘的事情，更好的食物、更好的环境卫生状况、更好的教育、更大程度的机会平等这些既简单又显然令人向往的条件，正是它们构成了人类幸福的必要条件。他这种关注细节、关注实证的方法，使他的功利主义哲学在思想史上独树一帜。因为从严格意义上讲，边沁之前，从伊壁鸠鲁时代开始，哲学史上任何时期都有功利主义。然而，在他之前的功利主义者和边沁的区别在于，他们并没有利用类似边沁使用的方法，而是立足抽象的理性、人性、神性，用以说明变革的合理性、合法性。如果按照自然法学家的理论模式，要断言一个法律草案不符合“功利原则”，找出抽象的人性、理性来反对就可以了。但对于边沁来说，问题才刚刚开始。他会接下来详细审视：（1）法律草案的假定行为，对于任何人是苦大于乐还是乐大于苦？（2）法律草案假定的内容是否符合社会整体利益？（3）法律内容是否导致获利者多于受害者？（4）法律对违法人的惩罚是否有效？（5）立法的效果是否有利于最大多数人的最大幸福？① 边沁还对法典的形式提出了如下要求：完整性、普遍性、逻辑性与严密性。正是边沁关于法律本身的一系列细致工作，把他与自然法学

---

① 参见吕世伦等编：《西方政治法律思想史》（下），辽宁人民出版社 1987 年版，第 98 页。

家清晰地区别开来了。换句话说，自然法学家集中主要精力关注“自然法则”，但这仅是边沁用来研究法律的工具。他不像自然法学家那样，将“自然法则”作为研究法律的最重要目的。

第四，边沁的功利主义哲学奠定了法的规范解释和规范法学的哲学基础。对于边沁来说，功利主义原则不是抽象的道德法则，而是可以精细计算的数学公式。边沁的朋友、功利主义大师密尔在《边沁》一文中指出，边沁法律思想的主要贡献在：（1）他把神秘从法哲学中驱逐出去，从能导致精确具体的结果的实际角度看待法律。（2）他清除了法学一般理论和许多法律相关看法的混乱和模糊。（3）他论证了法典化、或者将所有法律转化为成系统的法典的必要性和可行性。（4）他系统研究了民法典将为之服务的社会的迫切需要。（5）他认为司法程序比法哲学其他部分来说，处在更糟糕的状况。他将司法程序的理论推进到很完美的程度，他建立了几乎所有的原则。

边沁功利主义哲学对后世影响极为巨大，它使法哲学由形而上的天国走向了真实的人间，由抽象的修辞走向了具体的计算。法学关注的重点不再是那些抽象的权利与理念，而是对奖赏、惩罚、利益、苦乐的精细计算。只有在这样的哲学氛围下，法的规范解释范式才有破茧成蝶的可能。功利主义哲学中的务实态度与实证方法，是贯穿在法的规范解释和规范实证主义法学阵营里的主基调。

## 第二节　法的规范解释之理据

法的规范解释与规范实证主义法学的产生和发展是密切联系在一起的，英国法学家奥斯丁、奥地利法学家凯尔森与英国法学家哈特是它们的理论代表。美国法学家德沃金（Ronald Myles Dworkin，1931 年—　）曾对规范实证主义法学，即法的规范解释范式的基本纲领和代表人物的观点进行了详细的分析。他认为，规范实证主义法学存在如下三个核心观点：（1）一个社会的法律就是由该社会直接或间接地决定某些行为将受到公共权力的惩罚或强制的一套特殊规则。实证主义反对法律权利可以先于任何形式的立法而存在的思想，认为权利都是法律赋予的，个人和团体在审判中并不享有法律规则明确规定的权利之外的权利。（2）如果法律不能很明确地处理某人的案子，这一案件就不能依靠“适用法律”来裁决，而必须由法官行使自己的自由裁量权。这意味该法官已经走出了法律之外，以某种其他标准引导、创设出一条新的法律规则。（3）说某人负有一项“法律义务”，就是说，他的情况在一条有效的法律规则的范畴之内，这一规则要求他去做什么或不得做什么。① 也许不同的法的规范解释论者的具体表述各有千秋，但基本内容类似，主要差别集中在如何检验一条规则是否为法律规则上。下文将结合这些核心观点，分析法的规范解释论者各自的理论偏好与侧重点。

（一）奥斯丁：分析法学

尽管英国法学家奥斯丁（John Austin，1790—1859 年）生前的名气与影响不算太大，并因听课学生太少而不得不辞去教职，他的《法理学讲义》一书也在他离开人世两年后才得以出版，但他去世后，他的理论逐渐引起了理论界的关注，甚至在 100 多年后，该书依旧被英国法学院视为教材。

奥斯丁耐心地分析了命令、义务、制裁、奖赏这些概念的内涵与相互联系。他认为，准确意义上的法，是一种命令，“来自一个具体实在的渊源，或者产生于具体实在的制定者”。② 也就是说，法律是政治优势者的命令，要求他人依一种特定方式行动，一项规则是一个以权力和意志为后盾的命令。在每一个政治社会都会找到一个政治优势者，社会的其他人习惯地服从这一政治优势者，而政治优势者则没有必要服从其他任何人。命令意味着，“如果一方不服从另一方所提出的意愿，那么前者可能会遭受后者施加的不利后果”。③ 法律权利“是由实际存在的由人制定的法所规定的。而且，它是相对于这一实际存在的人所设定的相应义务而言的”。④ 而制裁则是一个依附于命令的实际的不利后果。由于政治优势者不可能通过命令系统为所有不测事件提供解决办法，有时政治优势者的某些命令将不可避免地是含糊的、不清的，因而政治优势者授权那些实施法律的人们在处理疑难案件时具有一定的自由裁量权。

奥斯丁认为，“实际存在的人制定的法，是法理学的真正对象”。⑤ 他还精辟地概括了法的规范解释论者的共同信念，“法的存在是一个问题。法的优

① 参见［美］德沃金：《认真对待权利》，信春鹰等译，中国大百科全书出版社 1998 年版，第 34 页。

② ［英］约翰·奥斯丁：《法理学的范围》，刘星译，中国法制出版社 2002 年版，第 155 页。

③ ［英］约翰·奥斯丁：《法理学的范围》，刘星译，中国法制出版社 2002 年版，第 19 页。

④ ［英］约翰·奥斯丁：《法理学的范围》，刘星译，中国法制出版社 2002 年版，第 305 页。

⑤ ［英］约翰·奥斯丁：《法理学的范围》，刘星译，中国法制出版社 2002 年版，第 43 页。

劣，则是另一个问题。法是否存在，是一个需要研究的问题。法是否符合一个假定的标准，则是另一个需要研究的问题。一个法，只要是实际存在，就是一个法，即使我们恰恰并不喜欢它，即使它有悖于我们的价值标准”。①

为了论证对法律服从的必要性，他精巧地借用了上帝法的观念。他认为，如果上帝法是明确的，已经清晰地表达出来，而且，它的存在是无可争议的，那么我们必须根据其条文的明确含义来指引自己；如果人类的法律命令的确与上帝法背道而驰，那么为了遵守上帝法而反对人类法的动机是不可抗拒的。然而，上帝法并非总是明确的，因此我们不能仅仅以人类法不符合上帝法为借口不服从法律。如果违抗法院的刑罚，“即使这一刑罚规定与上帝法是相互矛盾的，上帝已经命令人类立法者不应禁止没有害处的行为，法院依然会根据我已指责其不具有法律效力的法，驳回我的辩护理由，依然会将我处以绞刑。”②

（二）凯尔森：纯粹法学

很难说凯尔森（Hans Kelsen，1881—1973 年）是属于奥地利的还是美国的法学家。他于 1881 年出生于布拉格的犹太家庭，在他 39 岁到 49 岁期间，参加了奥地利宪法的起草工作，并担任奥地利宪法法院的法官。在 59 岁，也就是 1940 年，他流亡到美国，并先后在哈佛大学等著名大学法学院任教。凯尔森具有立法者、法官与法学教授的专业资历，作为两次世界大战的见证者以及晚年流亡到美国的犹太人，他的著作兼具专业的广度与历史的深度。“二战”之后，凯尔森依就坚持自己早年的观点，没有做太大的修改。毫无疑问，凯尔森前后一致的态度与立场会增加读者对他理论的尊重。凯尔森一生著作多达数百种，其关于法的规范解释的观点主要集中体现在《法与国家的一般理论》与《纯粹法学》两书中。

凯尔森认为，法的一般理论主要研究“法律规范及其要素和相互关系、作为一个整体的法律秩序及其结构、不同法律秩序之间的关系，以及最后法在多数实在法律秩序中的统一”。③ 凯尔森坚信，他所构建的法学理论体系之所以纯粹，是因为旨在从结构上去分析实在法，而不是从心理上或经济上解释它

---

① ［英］约翰·奥斯丁：《法理学的范围》，刘星译，中国法制出版社 2002 年版，第 208 页。

② ［英］约翰·奥斯丁：《法理学的范围》，刘星译，中国法制出版社 2002 年版，第 210 页。

③ ［奥］凯尔森：《法与国家的一般理论》，沈宗灵译，中国大百科全书出版社 1996 年版，作者序第 I 页。

的条件，或从道德上或政治上对它的目的进行评价。① 纯粹法学既不同于纯属价值判断的正义哲学，又不同于自然法则决定的自然科学，只有将法学局限于对实在法的结构分析上，才能将法律科学与正义哲学以及法律社会学区分开来。② 与这种研究路径相适应的是，凯尔森持有相对正义论的观点，认为从柏拉图到康德，数不尽的思想家为"什么是正义"的问题绞尽脑汁，但问题依就没有解决，也不能解决。因此，他认为法律科学要排斥往往作为一种主观价值判断的正义理论。

凯尔森认为，法主要是由法律规范构成的。所谓法律规范，在他看来，是这样一个规则，它表示某个人应当以一定方式行为，而不意味着任何人真正要他那样行为。③ 这个定义强调的是，规范之所以有效力，是因为其属于更高级的规范体系，"一个规范效力的理由始终是一个规范，而不是一个事实。"④ 所有的规范的效力来源最终都可以追根溯源到一个基础规范，只有该规范不能从更高规范中得到自身的效力。基础规范"作为整个法律秩序的效力的最高理由，就构成了这一法律秩序的统一体"，⑤ 它"是被预定为有效力的"，而如果不进行这样的假定的话，创造原初规范的行为"就无法被解释为一个法律行为，尤其是创造规范的行为。"⑥ 凯尔森断定，除了位于最高层的基础规范和最低层的执行规范的行为外，"一个高级规范的适用通常就是由该高级规范决定的一个低级规范的创造"。⑦ 司法的过程就是适用和创造规范的过程。

毫无疑问，凯尔森关于法律规范体系的研究，主要是从形式上去解释法律，而不是从内容上设定法律的范围。值得注意的是，《法与国家的一般理

① ［奥］凯尔森：《法与国家的一般理论》，沈宗灵译，中国大百科全书出版社 1996 年版，作者序第Ⅱ页。

② 参见［奥］凯尔森：《法与国家的一般理论》，沈宗灵译，中国大百科全书出版社 1996 年版，作者序第Ⅳ页。

③ 参见［奥］凯尔森：《法与国家的一般理论》，沈宗灵译，中国大百科全书出版社 1996 年版，第 49 页。

④ ［奥］凯尔森：《法与国家的一般理论》，沈宗灵译，中国大百科全书出版社 1996 年版，第 125 页。

⑤ ［奥］凯尔森：《法与国家的一般理论》，沈宗灵译，中国大百科全书出版社 1996 年版，第 141 页。

⑥ ［奥］凯尔森：《法与国家的一般理论》，沈宗灵译，中国大百科全书出版社 1996 年版，第 132 页。

⑦ ［奥］凯尔森：《法与国家的一般理论》，沈宗灵译，中国大百科全书出版社 1996 年版，第 150 页。

论》成书于1945年，是在“二战”即将结束的时候，也是在他流亡到美国之后的第5年。结合他复杂的人生经历与渊博的学识，简单地以过于空洞与形式化来指责凯尔森的理论无疑是极端愚蠢的做法，完全低估了这位伟大法学家的智慧与良苦用心。

凯尔森不是没有看到邪恶的法律对人类自由与解放事业的损害。他对人本主义传统在法律中逐渐失落的事实的认识，是极为清醒的。凯尔森“不是为了从法律事业之中除去人文精神——这是人们解读他的著作的最普遍方式——而是为了使我们了解，除了人的设计之外，没有什么在推动法律向前发展”。① 这就是凯尔森的清醒与伟大，他严格地区分了理想与现实。试想一下，对法律的内容施加再多的形而上学的期待，把一切不符合人类道德理想的法都贬为恶法，这固然会在道德上赢得支持，但这能改变现实的法律吗？对凯尔森来说，“纯粹法学是一种相当逼近现实的法律理论”，② 他清楚地提示，法律是人为制定的强制性权力结构，对待这种结构的分析不同于对正义、社会进步与人类解放问题的讨论。

凯尔森的努力清晰地揭示了法的规范解释范式的基本信念与核心观点，即尽量地去解释法律科学，而不要将法学家个人的信念与期待加入其中。法学家个人或作为一个群体的道德信念阻止不了恶法的出现。总之，凯尔森之所以不赋予基础规范任何实质性的内容，是因为在现代社会里，主体已经迷失了方向。在权力的支配下，任何内容都可能被写进法律，凯尔森冷静地告诉了我们这个有点难以接受的事实。

（三）哈特：新分析法学

英国法学家哈特（H. L. A. Hart，1907—1992年）的著作代表着奥斯丁之后法的规范解释的最高水平。哈特于1952年起担任牛津大学法理学讲座教授，1969年辞去教职后集中精力整理边沁的著作。哈特在其代表作《法律的概念》一书中系统地梳理了法的规范解释的传统与代表性观点，并在与英国法官德富林关于色情与同性恋问题的论战中名扬世界，使自己的理论为更多法学专业研究者之外的人士所知。

哈特清醒地看到奥斯丁的理论贡献。他认为，奥斯丁用来建构其理论的基

① ［英］韦恩·莫里森：《法理学：从古希腊到后现代》，李桂林等译，武汉大学出版社2003年版，第342页。

② ［英］韦恩·莫里森：《法理学：从古希腊到后现代》，李桂林等译，武汉大学出版社2003年版，第345页。

本观念，例如命令、服从、习惯等，是必不可少的，“缺少这一观念，我们就没有指望去阐明哪怕是最基本形式的法律”。① 他还指出“命令这个概念与权威有极强固的联系，它远比强盗的以威胁为后盾的命令更接近于法律”。② 然而，他还是反对奥斯丁的法律命令说，他认为法律命令说主要适用于刑法，并且对义务没有进行很好的区分。

哈特对法律规则的分析比奥斯丁的观点更为精致。他依据规则在逻辑上具有不同种类，区分了“第一性规则”和“第二性规则”，并对规则是什么进行了更细致的一般分析，反对奥斯丁简单地将规则视为一种命令的说法。“第一性规则”是对社会成员规定义务的规则。例如，禁止抢劫、杀人或驾车超速的规则。“第二性规则”是规定基本规则如何制定和由谁制定、承认、修改或废除的规则。例如，那些规定议会如何组成和怎样颁布法律的规则。在第二性规则里，他进一步区分了承认规则、改变规则和审判规则，其中承认规则的效力是最高的。“承认规则提供了用以评价这一制度的其他规则的效力的标准，在（我们将试图阐明的）一个重要意义上说，承认规则是一个最终的规则：像通常一样，在标准是依照相对从属和优先的地位排列顺序的地方，其中之一将是最高的。”③

一个社会的承认规则可能相对简单，如立法机关制定的法律；也可能相当复杂，例如美国宪法可以被看做一个单一的承认规则，但对宪法的理解和解释历来存在众多争议。但无论承认规则是简单还是复杂，证明某一规则有效，应该从那一特定的规则开始，沿着错综复杂的有效关系最后追溯到承认规则。例如，纽黑文市的停车规章之所以是有效的，是因为它是市议会按照康涅狄格州通过的市政府法规定的权限和程序通过的，而康涅狄格州市政府法规定又是根据该州宪法所明确规定的权力和程序进行的，而康涅狄格州的宪法又是依照美国宪法的要求制定的。

哈特认为，对于最终的承认规则，其是否具有有效性不依赖更基本的规则或标准来检验。他认为，“承认规则提供了用以评价这一制度的其他规则的效

① ［英］哈特：《法律的概念》，张文显等译，中国大百科全书出版社 1996 年版，第 82 页。

② ［英］哈特：《法律的概念》，张文显等译，中国大百科全书出版社 1996 年版，第 21 页。

③ ［英］哈特：《法律的概念》，张文显等译，中国大百科全书出版社 1996 年版，第 106 页。

力的标准，在一个重要意义上说，承认规则是一个最终的规则。”① 对比之下，不难看出，哈特在这里所说的最高的、最终的承认规则就是凯尔森的纯粹法学中所说的“基本规范”，即在一个规范体系中，所有其他规范都能直接或间接地从其中取得效力的那一类规范。实际上，哈特对凯尔森的理论也进行过评论。哈特指出，“某些强调承认规则在法律上最终性的作用说，鉴于这一制度的其他规则的法律效力能够通过引证承认规则来证明，承认规则本身的效力却不能论证，而是‘推写的’或‘假定的’，只是一个‘假说’，以此来表达承认规则的最终性。然而，这可能是十分令人误解的。”② 这里的“某些作者”，显然包括凯尔森。哈特认为，一个规则是否存在可以由外在观察者进行事实性的判断。关于承认规则是存在的主张“是一个关于事实的外在陈述。”③ 在法律制度中承认规则是一种事实，是唯一的被人们接受才具有效力的规则，没有机械的检验标准可以检验某规则是不是承认规则。“承认规则可以由下述事实来认证，即它的领域就是立法机关、法院机关、警察和其他政府机构的活动。”④ 如果想知道一个特定的社会遵循什么样的承认规则，必须观察它的公民和官员们如何行为，用怎样的最终理由证明一条特定规则的有效性或批评其他的官员或机构。

哈特还讨论了对规则的服从问题，他区别了对规则自愿接受的行为和纯粹性服从或顺从的行为。他认为，一个社会既包括“从规则的内在观点看待法律规则”的人们，还包括“仅仅把规则作为一种可能惩罚的渊源而予以关心”的触犯规则的坏人。如果法律是公平的，真正关心所有人的重大利益，那么法律将在大多数时候获得大多数人的尊重。如果法律制度是只考虑到统治阶级利益的狭隘和独断的制度，这意味着，对法律持内在观点与外在观点人之间的平衡被打破，该制度将成“具有压迫性和不稳定性的制度，并包含着潜在的动

① ［英］哈特：《法律的概念》，张文显等译，中国大百科全书出版社 1996 年版，第 106 页。

② ［英］哈特：《法律的概念》，张文显等译，中国大百科全书出版社 1996 年版，第 109 页。

③ ［英］哈特：《法律的概念》，张文显等译，中国大百科全书出版社 1996 年版，第 110 页。

④ ［美］德沃金：《认真对待权利》，信春鹰等译，中国大百科全书出版社 1998 年版，第 39 页。

乱威胁”。①

哈特的著作流露出了类似凯尔森的对现代社会官僚化与技术化趋势以及人文传统的失落与极权统治的担忧。他认为，在拥有“集中组织的立法机关、法院、官员和制裁的法律世界”，在让社会变得更能适应变革、更确定、更有效率时，社会也面临着潜在的风险，即“集中地组织起来的权力完全可以被用来在简单的第一性规则体制所无法做到的形势下，压制许多人而不需要这些人的支持。”②

与传统的法的规范解释论者的观点有所不同，哈特承认最低限度的自然法。他认为，“假定生存是一个目的，法律和道德应当包括一个具体的内容”，否则，法律和道德“就无法促进人们在互相结合中所抱有的最低限度的生存目的。”③ 哈特属于见证了原子弹威力的那一代人，他清楚地意识到，当各国拥有原子武器时，国家之间的力量悬殊与不平衡也许会被一定程度恢复，但国际关系也不得不建立在相互克制的制度上，这种相互克制意味着法律应该具备一定的实质性内容。

哈特通过一些基于观察、甚至“在可能的条件下基于实验去确立”的事实，一定程度否认了“法律可以有任何内容”这一实证主义的经典命题。他还对凯尔森的纯粹法学进行了毫不客气的批判，认为依据“这些简单真理”就足够说明，为什么不参照任何特定内容或社会需要而以纯粹形式的观点作出的法律和道德定义，会证明是不适当的。④ 依据哈特的归纳，这些简单的真理包括：人的脆弱性、大体上的平等、有限的利他主义、有限的资源、有限的理解力和意志力五方面内容。他认为这些事实有利于说明最低限度的自然法的必要性，但他同时又不赞成“法律必须符合超过我们表明是自然法的最低限度内容的道德”。⑤ 在这点上，哈特还是坚持了法的规范解释论者一贯的原则，

---

① ［英］哈特：《法律的概念》，张文显等译，中国大百科全书出版社 1996 年版，第 197 页。

② ［英］哈特：《法律的概念》，张文显等译，中国大百科全书出版社 1996 年版，第 197 页。

③ ［英］哈特：《法律的概念》，张文显等译，中国大百科全书出版社 1996 年版，第 189 页。

④ ［英］哈特：《法律的概念》，张文显等译，中国大百科全书出版社 1996 年版，第 194 页。

⑤ 参见［英］哈特：《法律的概念》，张文显等译，中国大百科全书出版社 1996 年版，第 197 页。

即法律和道德的分离。可见，哈特对自然法的接受是极为有限的，甚至说，他接受的“最低限度自然法”是基于可以检验的人类的基本事实的，更类似于自然界的客观规律，与传统的自然法在立论基础与论证方式上存在着一系列重大差别。

## 第三节 法的规范解释之视域

法的规范解释的意义是不容忽视的，它是西方近代以来主流法学流派之一——规范实证主义法学派的基本方法与思路，它提高了法学的门槛与知识水准，使法学成为更加严谨、更具逻辑性的“科学”。它在为法学的教学与研究提供基本内容与框架的同时，还有助于增进法律工作者与普通大众对法律的理解。具体说，法的规范解释论者秉持以下基本立场：

### 一、法的二元分类方法与价值中立立场

奥斯丁的名言是：“法的存在是一个问题。法的优劣，则是另一个问题。”① 它一语道破了法的规范解释的学术立场。如本书“法的理性解释”一章中所述，从古希腊哲学的角度看，哲学研究包括对事物两个层面的追问：一个是动态层面，追问事物的基础、根据、起源或原因；一个是静态层面，追问事物本身的内在结构。由此产生“价值与事实”、“应然与实然”的哲学范畴。在西方法哲学史上，自然法学与规范实证主义法学看似对立，实则统一。他们围绕着法，主张“法的价值与法的事实”的二元分立，并各自以其中的一元为对象展开研究。与之对应，法的理性解释、法的宗教解释强调从人类理性、神意、宇宙精神等法律外的因素解释法，法的规范解释恰恰要排除这些因素对法律的影响，试图构建独立的、自足的、与非法律因素无关的知识体系。前者坚持法的价值判断，后者坚持法的价值中立。在法的分类上，法的理性解释、法的宗教解释与法的规范解释一样，把法分为自然法和实在法（人定法），但法的理性解释、法的宗教解释认为自然法高于实在法，是衡量实在法的标准；而法的规范解释在奥斯丁那里拒绝把道德因素纳入法的解释的视域，在凯尔森那里更是发展到把一切政治的、宗教的因素也排除出法律科学的殿堂的程度，以致法律成为了不包括任何实质内容的空壳。哈特反思了这种解释立场的弊

---

① ［英］约翰·奥斯丁：《法理学的范围》，刘星译，中国法制出版社 2002 年版，第 208 页。

端，逐渐有限地承认了自然法的存在和意义。这样，法的规范解释与法的理性解释、法的宗教解释犹如天平的两端，从对法律哲学发展的重要性上看难分伯仲。

国内外学者对法的规范解释范式最常见的批判是，该范式主张“恶法亦法”，进而导致恶法的流行。这其实是个误解，完全忽视了法的规范解释论者讨论该问题的具体语境与深刻内涵。

我们认为，对于恶法是否为法的问题，法的规范解释范式强调的是：法律规范是否存在与是否应该服从法律是两个不同的问题。哈特区分了广义的法律概念与狭义的法律概念。如果采用广义的法律概念，任何符合法律规则体系形式标志的规则都是法律，“即使其中有些规则违反了一个社会本身的道德”。① 狭义的法律概念是将违反道德的规则从法律中排除出去。哈特认为，法律形式经常被用来统治其他人，“恶人将制定要求其他人实施的邪恶规则”。对此，狭义的法律概念既不能“引导人们面对着有组织的权力的威胁而坚强地反对邪恶”，也不能“引导人们在服从法律的要求被提出时更清醒地认识到道德上的重大责任”。换言之，仅仅断言“恶法非法”决不能一劳永逸地解决恶法带来的法律与道德冲突以及当事人如何应对两难选择的问题。然而，如果采取广义的概念，坚守“把某种东西认定为法律上有效力，这并不包含服从的问题”的信念，有利于“人们遇到官员滥用权力时视觉清晰”，并自我决定是否服从法律。② 法律与道德的冲突以及在道德上极端邪恶的法律的出现，是极具复杂性与多样性的问题，法的规范解释论者倡导的“将法律的无效性和法律的非道德性区别开来的法律概念”让我们直面现实中的两难选择问题，认为“恶法非法”的狭义法律概念却对这些问题视而不见，无异于掩耳盗铃。

**二、实在法规范与法学研究的核心逻辑**

沿着法的二元分类，奥斯丁认为，“实际存在的人制定的法，是法理学的真正对象”。③ 为了集中研究实在法规范，法的规范解释运用逻辑方法，构建

① ［英］哈特：《法律的概念》，张文显等译，中国大百科全书出版社1996年版，第197页。

② 以上引文均见于［英］哈特：《法律的概念》，张文显等译，中国大百科全书出版社1996年版，第206页。

③ ［英］约翰·奥斯丁：《法理学的范围》，刘星译，中国法制出版社2002年版，第43页。

了自己的理论体系：

1. 它关注实际存在的法律规范，强调这些规范的稳定性、可行性与执行力。法的规范解释意味着从某种容易辨认、可具操作性的规范的角度来分析与描述法律。也许不同的法学家对法律是何种规范以及这些规范的地位与作用的理解有所不同，但他们的共同点是，都关注实际中真实的法律，而不是应当的或假设的法律。

在某种意义上，法律可能与社会实践相脱节，在有些个案中，严格执行法律可能会带来事实上的不正义。应该说，这是法律无法摆脱的邪恶，在法治状况良好的国家，其出现的频率相对较低，并在法律规范内还可能存在一定的补救方案。然而，一些道德哲学家或自然法论者往往抓住这些细节不放，动用种种修辞手段与道德话语抨击既有的法律体系，呼唤那些理想的、更正义、更完美的法律体系。由于不同人的价值观念与道德信条有所不同，何为“更正义、更完美”也就因人而异了。这种理解法律的方法容易在实践中造成对既有法律规范的漠视。

法的规范解释范式从法律作为具有操作性的规范的事实来理解法律，试图割裂法律与道德戒律、宗教信条、政治政策等其他社会规范之间的千丝万缕的联系，为法律在不同价值取向与文化背景的人群中以及不同知识背景的法律执行者中得到一致提供基本的保障。法的规范解释范式强调，法律就是法律，是立法机关通过特定法律程序制定并公布实施的规范。即使这些规范可能与实践脱节，它们依旧是司法者与执法者所参照的标准。其理由很简单，法律的修改与废止必须经过相应的程序，绝大部分法律工作者都没有获得变动法律的授权。从这个意义上讲，法的规范解释的兴起与流行，是法学作为一门独立学科与知识体系形成的标志。因此，法的规范解释早年的代表人物、英国法学家奥斯丁被后人尊称为“英国法理学之父”也就在情理之中了。

2. 它关注法律规范的内在构成。法的规范解释论者强调对构成法律的各个要素与概念的精细研究，并试图通过对基本法律概念、术语的精确界定来探究法律的原意与本质。无论是奥斯丁的“法律命令说”还是哈特的“法律规则说”，都为在内容上辨别法律提供了参照标准。

对法律规范内在结构的探讨，有利于确立判断法律是否合格的形式标准，进而提高立法质量。那些道德哲学家在呼吁、论证“理想的法律”时，有时过于强调法律的目的与理想追求，而忽视了法律形式上的要求。合乎目的的法律，既可以用好的形式又可以用坏的形式表现出来，因此，只强调法律的目的与价值追求，并不一定能保障最后的法律不是恶法。通过法的规范解释所确立的形式标准，至少可以把部分恶法挡在门外，或者揭露出来。

对法律规范内在结构的强调还有利于形成较为完整的法律知识体系，从而有利于法学教学与研究的开展。法律文献中各概念的精确内涵的确立，往往得益于法的规范解释论者的细致工作。法的规范解释因对法律概念有着深入研究，也被称为“概念法学”。

3. 它关注构成法律规范的各要素间的相互关系。完备的法律体系由多个具有不同功能的要素构成，各个要素的地位与作用有所不同。尤其是在疑难案件中，在纸面上的法条可能与实践脱节的时候，如何从法律要素的相互关系出发准确理解法律精神，是顺利解决纠纷的关键。如果在此时，抛开法律规范本身寻找法律规范之外的标准与尺度，例如，国家政策，社会公众的一般观念等，难免有法官造法之嫌疑。而法的规范解释范式不仅强调法律规范的完整性、严密性与可预期性，而且还试图理清其相互关系与效力等级，并通过系统的法律语义分析与法律解释技艺建立形式上相对客观、独立的法学知识体系，把复杂的法律问题归结为简单的法律要素，进而以最低的成本与最易的把握方式解决具体的法律问题，逐步建立整个法治的大厦。

### 三、法的科学主义立场与作为独立学科的法学

古罗马法学家乌尔比安对法学曾下过定义：“法学是神事人事，公正非公正之智术。”① 但他这种把神学与法学混为一谈，把正义视为科学而非价值的范畴，并没有获得后继者的阐释。15 世纪随着航海技术和新大陆的发现，自然科学尤其是天文学、物理学获得了极大的发展，西方科学主义思潮涌现。这种思潮强调通过经验事实来保证研究的客观性，推动了自然科学的发展，并对社会科学产生影响，运用实证方法研究问题和作出判断日益受到重视。由于法的规范解释的对象是规范形式，属于“法律实然”领域；法的规范解释论者出自法律实务机构，精通法律本身，对法律规范中的问题不刻意回避，使法学研究日益客观化，摆脱了理想主义的束缚。以法的规范解释为范式的规范实证主义法学的诞生，标志着法学作为独立的学科的出现。法的规范解释的优点在于，在法律系统的合法性不受到质疑的时候，法学家可以为梳理法律概念、完善法律条文、普及法律知识做一些看上去枯燥无味但却必不可少的细致工作。法学研究也因其客观、精确而成为科学。与此同时，理论法学与应用法学出现

---

① 参见郑永流：《安身立命，法学赖何?》，载刘士国主编：《法解释基本问题》，山东人民出版社 2003 年版，第 366 页。

了分离，刑法学、民法学、宪法学从法学家族中分化出来，法学由 19 世纪前期政治家或哲学家的法学日益成为 19 世纪中期以后职业法学家的法学。

在看到法的规范解释范式的历史意义时，不应该忽视，该理论也经常面临种种来自其他范式的挑战。一些权利论者对法的规范解释持批评态度。例如，德沃金认为，法律不仅包括规则，而且还包括原则，“律师们和法官们，在辩论和决定诉讼案件时，不仅求助于白纸黑字的规则，而且求助于其他的我称之为法律原则的准则。”① 20 世纪 70 年代以后，批判法学对西方法律思想史上的主流法律传统进行了激烈的批判。但是，越来越多的批判法学家在法律方面的知识背景存在欠缺，并企图用法律与其他社会现象相互关系的研究来取代对法律本身的研究。无论法学理论发展到哪一步，只要法律职业活动继续存在，法学教育没有被废止，法的规范解释论者的事业就不会中止。相反，脱离了法律实践的法学研究范式，例如批判法学运动，其理论前景却尚未可知。

对待这些外来的理论挑战，法的规范解释论者毅然地坚守阵地，在坚持规范实证主义法学的基本信念与分析方法的同时，，拉兹、麦考密克、魏因伯格等著名法学家不断引入新的理论资源。麦考密克认为，法学院培养的学者首先要精通法律技术，这些技术需要五个方面的条件，即简单明确的法律知识、对法律知识与法律事实本质的理解、对法律知识进行逻辑论证的能力、必要的社会学和经济学的知识以道德哲学或政治哲学为基础的批判性思考的能力。在这五个条件中，第二个和第三个是“分析法学的领域”，② 也是法的规范解释论者坚守的阵地。

---

① ［美］德沃金：《认真对待权利》，信春鹰等译，中国大百科全书出版社 1998 年版，第 71 页。

② ［英］麦考密克等：《制度法论》，周叶谦译，中国政法大学出版社 1994 年版，第 13 页。

# 第五章　法的效益解释

法的效益解释是从法律的投入与产出、成本与收益的角度去解释立法、司法活动以及法律制度的精神取向与改革方向的研究范式其主要观点体现在法律的经济分析学派中。法的效益解释在法学史上的意义极为深远。法的效益解释范式，在法学研究中充分引入经济学、数学的相关方法与研究成果，其讨论法律问题的方式与方法与传统法学理论有本质区别。法律人所熟悉的权利、义务、正义等核心法学范畴被关于效用、成本、收益的论述所取代。这不仅有利于更精确地理解法律现象，而且还有利于从系统论的角度全面认识法律制度的深远后果以及其能与不能。可以说，在人类法学史上，从来没有任何一个学派如此准确、真实地描述过法律里权利与义务配置的不同可能带来的各种后果，也没有其他学派对法律中行动着的主体价值偏好的认识，如此接近现实中的普通个人。

## 第一节　法的效益解释之语境

法的效益解释是经济学在法学研究领域的具体应用，众多法学家与经济学家都为该研究范式的成熟、完善、推广作出了巨大贡献。该范式的兴起得益于法学领域的法的规范解释逐渐衰落、经济学中旧制度经济学的日趋繁盛。

在 19 世纪初，法的规范解释在西方各国一度成为主流法学的研究路径，尤其是以规范实证主义法学为代表。立法者热衷于制定一系列规模庞大的法典，希望将社会生活规范得井井有条；司法者习惯严格执行法律，不做太多的解释。他们坚信，已经建立的法学概念和规范体系足以应对社会生活中方方面面的情况。然而，在 19 世纪末，大部分资本主义国家相继进入了高速发展时期，新科学新技术层出不穷，社会生活条件发生着日新月异的变化。由于成文法律规范的僵化与滞后，法律与现实脱节日益严重，理论界开始质疑传统的规范实证主义法学理论。在 20 世纪初，以埃利希的《法律的自由发现和自由法学》倡导的“活法”理论为代表的“自由法学运动”席卷欧洲大陆。该研究范式毫不掩饰地质疑规范实证主义的法学立场与法官的中立性，强调法官在法律活动中的能动作用，要求他们基于自身经验与社会上的各种利益要求，依据法律的目的发现或创造“活法”。

与欧洲“自由法学运动”遥相呼应的是美国20世纪20年代兴起的现实主义法学。20世纪初，格雷以及后来的霍姆斯发表了对司法过程持怀疑态度的文章，指斥了法官仅仅机械适用现有法律的教条主义做法。到了20年代末，这一怀疑的态度发展为“法律现实主义运动”。该范式同样对法律规范的确定性和稳定性持怀疑态度，强调一种注重法官做什么而不是说什么，注重分析法官的判决对更多的人的实际影响的“科学”态度，认为法官实际上总是根据他们自己的政治或道德喜好来判决案件，然后再选择一个适当的法律规则将判决合理化。所谓法律，不是体现在法律文件中，而是体现在法院判决中，故应该在真实的社会中，通过预测法官将要作出的行为来了解法律。该范式的代表人物弗兰克、卢埃林等试图通过集中研究制约法官作出判决的具体规则来阐述法律。例如，卢埃林曾指出，在初审法院中，证人的证词以及法官和陪审员对案件的印象和感觉往往是靠不住的。他的观点动摇了法院判决客观性的基础。

回顾法学学术历程，按照德沃金的观点，20世纪初美国的法理学致力于“使事实条理化和为社会变革设计战术的技术”。① 对事实的强调发展成为庞德所代表的社会法理学，他“将法律制度作为社会程序加以仔细研究，例如，这一理论不是将法官当做教条的神使，而是当做负责处理不同的社会和个人欲望的人。”② 依据庞德制定的法社会学的纲领，法社会学应研究法律制度与法律学说的实际效果，并关注法律生效的条件以及实现法律目标的可能手段，为立法做准备。庞德还对社会利益的构成以及法律在社会控制中发挥的重要作用进行了细致的分类与解释。对“社会变革战术”与法律目标的强调产生了美国战后的法社会学学派，一些其他著名的法学家也可以归入这个阵营。他们的共同点是将法律视为最大限度使社会向某些大目标前进的工具。

无论是欧洲的自由主义法学运动还是美国的现实主义法学、法社会学研究，其共同点都是反对规范实证主义法学，反对法的规范解释。在这些新的学术范式的火力集中攻击之下，法的规范解释和规范实证主义法学日趋式微。法

① ［美］德沃金：《认真对待权利》，信春鹰等译，中国大百科全书出版社1998年版，第16页。

② ［美］德沃金：《认真对待权利》，信春鹰等译，中国大百科全书出版社1998年版，第16页。

律作为社会控制的一个环节，由概念的天国流放到利益冲突与纷争的现实人间。这种种新学说、新认识工具对社会利益的强调、对法官个性在法律适用过程中的可能性影响的分析、对法律目的与实施效果的追求，都激发起研究者对人的行为模式、相互合作与竞争的程度以及各种既存法律制度对未来法律改革的可能影响等一系列问题进行细致分析。这些深入、交叉研究客观上为法的效益解释，也就是法律的经济分析，提供了理论准备。

但是，法的效益解释最初并不是由法学家而是由经济学家推动的。那些跨入法学领域的理论先行者们之所以用经济学方法来解释法律，与旧制度经济学的推动存在一定的联系。旧制度经济学最初形成于19世纪末，主要代表人物有凡勃伦、康芒斯等人。尤其是以康芒斯为代表的学术传统主要研究法律与经济活动的相互关系，为后来法律经济学的出现奠定了理论基础。康芒斯系统研究立法、司法与执法环节中不同的解决纠纷方式对经济活动的影响，他还通过大量的案例分析，揭示出法律体系的变化会促成经济行为的改变这一规律。鉴于旧制度经济学与新制度经济学的异同以及这些理论与法的效益解释之间的理论脉络牵涉到的理论派别与学术观点实在太多，本书在这里就不详细展开。

## 第二节　法的效益解释之理据

法的效益解释的基本理据主要有以波斯纳为代表的芝加哥学派的法律经济学和以布坎南为代表的公共选择理论。这两个学派都引用经济学的一般原理，对法律现象进行广泛研究与解释。不同的是，前者侧重于法律机制本身与司法中的一些具体的权利配置问题；而后者侧重于法律与公共政策的制定过程。究其原因，也许与两人的知识结构有关。波斯纳是有长期审判经验的美国巡回法院法官，而布坎南主要接受的是经济学方面的训练，似乎他没有作为法官或律师审理或代理过任何具体案件，因而他关于法律或权利具体制度安排的实践经验注定是有限的。

当然，法律经济学阵营还有一个制度主义法律经济学的派别，它关注法律与不同价值体系如经济、政治、道德、文化等之间的联系，重视风俗、习惯等社会规范的外部环境变化对个人行为与社会制度的可能影响，并试图“辨明经济体系中存在的许多隐性权力以使人们更好地认识他们所处的环境”。① 但

① 黄锫：《法律经济学：方法论、理论脉络及应用》，浙江大学出版社2008年版，第86～87页。

该学派更关注抽象的法律体系，很少从效益的角度对法律现象及法律系统内在结构进行详细研究，并且该学派相对于前两个学派来说学术影响小得多。本书对该派别不进行太多的介绍。

## 一、波斯纳：法律的经济分析

在法的效益解释领域，最出色、最引人注目的学者是美国的著名法学家与法官理查德·波斯纳（Richard Allen Posner，1939 年—　）。在他的代表性著作《法律的经济分析》中，他对法进行的效益解释不仅涵盖了几乎所有法律领域，还包括吸毒、性行为等多方面的内容。用他自己界定的范围，“经济分析还被用于以下领域：犯罪控制、意外事故法、契约损害赔偿、种族关系、司法行政、公司和证券管制、环境问题及当代法律制度中引人注目的其他领域”。①

波斯纳比较了他的观点与边沁的功利主义理论的区别。他认为，边沁所提出的最大多数人的最大幸福的观点，无法提出合适的方法计算某个法律决定和决策对幸福总量的影响，究其原因，“不同的快乐和幸福在很大程度上是不可通约的，不存在任何可用来衡量它们质量和数量的尺度。”② 这一点可能是功利主义最容易被批驳的地方。与波斯纳的学术观点与立场存在严重对立的权利论者德沃金也对功利主义提出过类似的批判。他指出，功利主义只在考虑内部偏好（内部偏好指对自己利益和机会的分配方式的偏好，外部偏好指对他人的分配利益和机会的偏好。可能社会中的某些成员不赞成同性恋、避孕、淫秽书画，他们希望的不仅是他们自己不沉迷于这种活动，而且别人也不去做这类事情，并认为一个允许而不是禁止这些活动的社会是一个糟糕的社会，这种态度就是外部偏好。——作者注）并忽略所有外部偏好的假设下才成立，也就是假设每个人的痛苦和快乐只来自于自己的利益安排，别人的利益和事务对他不产生任何影响。因而，在统计偏好的时候，不仅要计算持某种偏好的人的数量，还要统计他们偏好的强度，而这几乎是不可能完成的任务。波斯纳对边沁提出了进一步的批评意见，“作为思想家，边沁的主要弱点在于用功利原则制

① ［美］理查德·波斯纳：《法律的经济分析》（上），蒋兆康译，中国大百科全书出版社 1997 年版，第一版序言。

② ［美］麦金太尔：《德性之后》，龚群等译，中国社会科学出版社 1995 年版，第 82 页。

定政策的弹性太大，他对实证和经验分析缺少兴趣。”①

波斯纳的核心观点是“财富的最大化”：判断行为和制度是否公正或良好的标准就是这些行为和制度是否最大化了社会的财富。从财富最大化的角度看，“法律的基本功能就是改变激励因素”。② 在他看来，所谓财富指“在市场上进行交易时可获得价格衡量的、社会中全部物体的总和，既包括有形的物体又包括无形的物体”。③ 波斯纳承认，财富与幸福并不完全相同，不仅财富最大化不一定等同于幸福最大化，而且，“富国居民似乎并不比穷国居民更幸福”。④ 但他坚信，追求财富在道德价值上高于追求幸福。波斯纳在他的《正义/司法的经济学》中对此进行详细分析后提出，“财富最大化”理论是超越古典功利主义的道德理论。财富最大化不仅有利于促进经济自由，而且“为一种权利和救济的理论提供了一个基础”，“也会为分配和校正正义提供了一个更坚实的基础”。⑤

波斯纳认为，由于普通法应当寻求社会财富的最大化，因“经济学分析家可以用逻辑的方式演绎出一套能清楚表现和完善普通法内在本质的法律原则”，只要掌握了普通法的经济学特征，普通法原则就显得太简单了，“只要有少数原则，例如成本收益分析、预防搭便车、不确定条件下的决定、分享回避、推动双方受益的交换等，就可以解释大多数普通法原则和决定”。⑥ 针对过度追求效益可能会损害公平的担忧，波斯纳认为，法律的效益解释并没有忽略公平，相反，有时候对于公平的判断标准来源于是否符合效益的原则，“只要稍作反思，我们就会毫不惊奇地发现：在一个资源稀缺的世界里，浪费是一

① ［美］理查德·波斯纳：《正义/司法的经济学》，苏力译，中国政法大学出版社2002年版，第42页。

② ［美］理查德·波斯纳：《正义/司法的经济学》，苏力译，中国政法大学出版社2002年版，第75页。

③ ［美］理查德·波斯纳：《法律的经济分析》(上)，蒋兆康译，中国大百科全书出版社1997年版，第12页。

④ ［美］理查德·波斯纳：《正义/司法的经济学》，苏力译，中国政法大学出版社2002年版，第63页。

⑤ 以上引文见［美］理查德·波斯纳：《正义/司法的经济学》，苏力译，中国政法大学出版社2002年版，第74、69页。

⑥ ［美］波斯纳：《法理学问题》，苏力译，中国政法大学出版社2002年版，第451页。

种不道德的行为”。① 他进而指出，效益的背后是公平，法律的经济分析已经对某些非经济的公平理想作出了一定的让步。

## 二、布坎南：公共选择理论

公共选择学派用经济学与博弈论的方法来分析立法活动与政治过程，其主要应用范围包括“管制、立法结构以及政党和官僚理论”，② 主张该范式的学者拒绝接受传统政治学关于公共精神的任何乐观假设，不相信政府官员会为了公共利益在不考虑私人利益的情况下努力工作。公共选择理论认为，在政治过程中，“订立契约的动机也在于双方的互惠和获得那些只有参与教育才能得到的收益”。③ 公共选择论者发现，政治家为了在选取活动中获取更多的选票，往往尽可能地承诺满足各个利益集团与选民的利益，并在当选后通过扩张政府开支与增加社会福利来履行当初的承诺，这使国家税收不堪重负，造成“民主的赤字”。

“公共选择理论”的经典分析模型是“投票悖论”，也就是在有三个以上投票者的情况下，多数票规则很可能使不该当选的被选举人当选，或者出现循环多数票现象，难以产生最佳人选。“投票理论”起源于诸如博尔达、孔多塞和拉普拉斯等这样一些启蒙哲学家和数学家，④ 但该理论在当时并没有引起学界的重视。19 世纪中后期的刘易斯·卡罗尔和 20 世纪中期的邓肯·布莱克继承并发展了该理论，但不幸的是二者对当时学术界的影响也不大。直到后来的诺贝尔经济学奖得主阿罗在 1951 年出版的名著《社会选择与个人价值》才使得“这些悖论才获得相当的声誉并显得重要起来”，“人们的研究激情才像火山喷发一样，并撰写了大量的论文”。⑤ 公共选择学派用数理分析论证了通过民主投票获取最佳决策的不可能性，撕破了民主这一西方社会基本政治制度的

① ［美］理查德·波斯纳：《法律的经济分析》（上），蒋兆康译，中国大百科全书出版社 1997 年版，第 32 页。

② ［美］尼古拉斯·麦考罗等：《经济学与法律——从波斯纳到后现代主义》，朱慧等译，法律出版社 2005 年版，第 112 页。

③ ［美］波斯纳：《法理学问题》，苏力译，中国政法大学出版社 2002 年版，第 113 页。

④ 参见［美］尼古拉斯·R. 米勒：《投票》，载《新帕尔格雷夫经济学大辞典》（第 4 卷），经济科学出版社 1996 年版，第 829 页。

⑤ ［美］戈登·塔洛克：《论投票：一个公共选择的分析》，李政军、杨蕾译，西南财经大学出版社 2007 年版，第 30 页。

政治哲学与道德哲学面纱，认为“民主过程的结果会随着所决定的问题类型、代理的方法和所运用的投票规则之不同而异。”① 这种将投票、选举等具体政治活动的运行效果置于核心地位的研究思路，与传统的基于道德信念探讨民主问题的传统方式存在明显区别。

诺贝尔经济学奖得主、公共选择理论的创始人布坎南（James Mcgill Buchanan，1919 年—　）在其宪政经济学框架内，对政治决策过程中的政治家、官僚与选民的行为模式与相互关系展开了进一步的分析。布坎南认为，“公共选择是一种对政治的看法，它是把经济学的工具和方法扩大应用于集体的市场的决策的过程中产生的”。② 他倡导契约主义的宪政理论，“完全从人类个体的角度定位价值。个人是唯一的意识单位，一切价值评价都是以此为起点”。③ 他将宪政主义者分为四种类型：第一种是极端保守的宪政主义者，他们拘泥于现存的、一成不变的宪政规则；第二种是进化论的宪政主义者，认为宪政规则是在社会演化过程中缓慢进化形成的；第三种是自然权利论的宪政主义者，他们认为宪政改革必然服务于所谓的自然权利理想；第四种是契约主义宪政主义者，他们从共同体的个体参与者的选择推导和确立全部价值，拒绝包括‘自然权利’在内的外在价值来源。④ 在布坎南看来，所谓个体价值是通过交易过程表达出来的。正是因为个体价值的不可知性，宪政规则就来源于持有各自价值观的平等个体相互交易与博弈的过程。

## 第三节　法的效益解释之视域

与传统的自然法学假定人权与正义的正当性不同的是，法的效益解释并无太多形而上学的价值判断，而是基于人类社会可观察到的一些基本事实来构建法律理论体系。法的效益解释借助交易成本、效益最大化、博弈、均衡等概念来分析现象，传统的权利、义务、责任、正义等基本概念几乎被忽略了，甚至

① ［美］丹尼斯·缪勒：《公共选择理论》，杨春学等译，中国社会科学出版社 1999 年版，第 9 页。

② ［美］詹姆斯·布坎南：《自由、市场与国家》，平新乔等译，上海三联书店 1989 年版，第 30 页。

③ ［美］布坎南等：《宪政经济学》，冯克利等译，中国社会科学出版社 2004 年版，第 25 页。

④ ［美］布坎南等：《宪政经济学》，冯克利等译，中国社会科学出版社 2004 年版，第 24 页。

可以说，这些传统概念不再是分析法律问题的得力工具，而是被分析的对象。

**一、法的效益解释之理论假设**

（一）资源的稀缺性

正如经济学一代名家萨缪尔森曾经指出的那样，经济学理论从稀缺性假设开始，继承了经济学理论与分析方法的法的效益解释模式的“第一大基本假设非‘稀缺性’莫属”。① 资源的稀缺性是法的效益解释的理论前提。资源的稀缺性既包括自然资源本身的匮乏性，又包括这些资源相对于人类日益膨胀的种种欲求的有限性，还包括主体投入到法律活动中财力与物力的有限性。基于这些事实的判断，法的效益解释论者认识到，法律应合理地分配资源，这具体表现为优化权利配置，设立有效的产权规则等。例如，国家为立法活动支付的成本毕竟是有限的，因而国家不可能足够充分地开展立法调研与实施评估，也难以就任何新兴问题及时出台法律，这进而导致了法律的滞后性与不完善性。

资源的稀缺性注定了权利是有成本的，这意味着盲目确立权利的非正当性，认为权利的边界越广越好的“权利话语”是极端幼稚的。传统权利理论认为，消极人权是无须政府太多投入的，只要得到法律的确认，该权利就能实现。基于资源稀缺性的法的效益解释论者却断定，无论是积极权利还是消极权利，其贯彻实施注定要在一定程度上消耗总量有限的公共资源。例如，像游行示威这些典型的消极人权，其过度行使必然要求国家配制更多的警察来维持社会治安，因而其权利的成本通过政府聘用警察的公共开支转移到纳税人那里。

资源的稀缺性还要求对司法部门查清真相、实现正义的能力保持适度的怀疑。无论是证据的收集与认定，还是法律程序的开展与推进，都会消耗司法资源。由于法官与警察人数的有限性，国家不可能将所有纠纷都纳入到司法程序，也难以提供万无一失的社会治安，彻底杜绝各种违法现象。所以，法的效益解释论者认为，法律规则的设定应尽量具有操作性，不宜对司法过程作出太高的期待与假定。

（二）交易成本的不可避免性

交易成本指为某项合约达成一致而不得不付出的谈判、监督、贯彻实施的成本。由于信息的不完全性与不对称性以及市场运转必须消耗的成本，交易成本在契约的缔结、监督实施环节是无处不在的。“法律所创造的规则对不同种

---

① 转引自周林彬等：《法律经济学》，湖南人民出版社2008年版，第81页。

类的行为产生隐含的费用。”① 交易成本的大小决定了一项理念上看似可行的制度能否在实践中真正贯彻落实。

作为法的效益解释的奠基人之一，科斯在其划时代的经典著作《社会成本问题》、《企业的性质》中，将交易成本的概念引入到法的效益解释当中。应该可以说，交易成本分析是法的效益解释中最为独特的地方，也是研究路径区别于其他学术范式的标志。《社会成本问题》的核心观点被理论界归纳为科斯定理，即如果交易成本为零时，任意一种权利配置方案都会导致有效率的结果。但真实的状况是，交易成本永远不会是零，有时还过于庞大，因而有效率的结果就不可能出现在每个法律规则与权利配置方案中。科斯认为，当交易成本过高导致市场自发的交易行为不可能发生时，“法律规则就会替代市场发挥作用”，法院对各种权利义务的认定与判决，实际上是“有关经济问题的判决，并决定各种资源如何利用”。②

交易成本概念的引入，有利于评估、预测法律可能带来的种种结果。进一步说，正是因为交易成本不可能为零法律制度才至关重要。法律的质量也就会对社会效益产生实质性影响。最理想的法律制度与权利配置方案，就是把交易成本近可能降到最低的方案。

（三）理性人的假设

众所周知，自私自利的理性人假设，是亚当·斯密的《国富论》、《道德情操论》以来西方经济学最基本的理论前提之一。理性人意味着主体依据自己的偏好，动用种种可能的方式实现自身利益的最大化。依据此思路，商业活动中的缔结合同或违约，甚至一些故意的违法与犯罪现象，都是在当事人充分计算了潜在的成本与收益的情况下的最佳选择。

理性人假设的目的不在于研究人性本身，而在于为主体偏好的稳定性以及预测主体对法律规则的可能反应提供必要的理据。也就是说，通过理性人假设可以连接个体偏好与可能的行动。理论家们并非天真地认定，现实生活中的主体均为理性人，实际上，“随着行为经济学、实验经济学等研究所提示的在有限理性、有限意志、有限自利和环境相关方面证据的积累，理性概念迫切需要

① ［美］罗伯特·考特等：《法和经济学》，张军译，上海人民出版社 1999 年版，第 13 页。

② ［美］科斯：《企业、市场与法律》，盛洪等译，上海三联书店 1990 年版，第 105 页。

进一步的精练，理性选择理论有待进一步地发展。"① 然而，理论界进行研究时，不得不建构一个合适的逻辑起点。当他们通过经济学、心理学、社会学、人类学、法学等方方面面的工具分析人类行为时，“在对这些行为的描述过程中，需要建立更精确的假设前提”。② 如果不对人的本性进行合适的假定，理论家们将无法分析与预测特定的法律规则下主体可能作出的反应。

如果说法的效益解释中的理性人假设只是沿袭了经济学中的基本命题，那么将该假设引入到法律中应有一定的理论创新。一方面，法的效益解释论者在维护对主体理性能力的合理期待时，在经济人假设“涉及的偏好、信息、知识、认知能力、人性等方面”进行了新的假定，使得该理论更为精致。③ 另一方面，不容忽视的是，对于法学研究者来说，“公共人”假设也许更熟悉：他们希望法官以较高的专业素质与毋庸置疑的品行来主持正义；立法者为公共精神与荣誉感所鼓舞，尊重选民的意见并从社会利益最大化的角度设计法律规则；普通公民也积极参与公共活动，主动遵守法律。这些乐观的假设很容易被证明是不符合实际情况的。传统法学的这些理论局限性实际上为法的效益解释的兴起与壮大预留了足够的理论空间。

（四）通过博弈达致均衡

所谓均衡，是指各方利益主体因目标一致而达成的平衡状态。市场能否达到严格意义上的均衡历来遭到众多的质疑，但有理由相信，在市场机制下，各种人类活动会自发地趋向均衡。而均衡是在行动者的相互博弈中实现的，不同的是博弈论提出了各自不同的术语与博弈策略。一般来说，博弈分为“合作博弈”与“非合作博弈”两种。前者在参与者间达成有约束力的协议，后者却不能达成这种协议，“其均衡概念是建立在参与人在给定约束的条件下最大化其自身的效用的基础上的”。④ 应该说，“非合作博弈”对于法的效益解释的意义更为重大。该理论最初是由1994年诺贝尔经济学奖获得者纳什在1950年提出来的。由于纳什长期健康状况不佳，研究成果相对较少，后来的经济学家关于博弈论的研究成果层出不穷。实际上，由于博弈论影响过于深远，由博

① 魏建：《法经济学：分析基础与分析范式》，人民出版社2007年版，第241页。

② ［美］尼古拉斯·麦考罗等：《经济学与法律——从波斯纳到后现代主义》，朱慧等译，法律出版社2005年版，第144页。

③ 周林彬等：《法律经济学》，湖南人民出版社2008年版，第90页。

④ ［美］蒋里克·拉斯缪森：《博弈与信息》，王晖等译，北京大学出版社2003年版，第13页。

弈达致均衡的信念、博弈论的种种模型、尤其是“非合作博弈”实际上成为法的效益解释论者采用的基本分析方法。

“非合作博弈”理论告诉我们，在资源的稀缺性、交易成本不可避免性的前提下，人与人的相互依赖决定了每个人的最优决策依赖于他人的决策。这意味着个体理性与集体理性是可能存在冲突的。这种判断在理论上具有划时代的意义，实际上是对理论界长期固守的亚当·斯密所开创的传统的超越。亚当·斯密当年在《国富论》中预言，个体依据其理性追求自身利益的最大化的活动，最终将有利于社会整体利益的最大化。然而，依据博弈论的观点，这样的判断太过于乐观了。

通过使用博弈论，法的效益解释“不仅关注个体对法律规则的反应，更关注在法律规则之下行为人之间的相互反应”。① 在具体法律关系中，一方当事人的行动不仅取决于自身的主观偏好，更取决于他预测对方可能采取的行动后而自身理应采取的对策。例如，在合同中，一方当事人担心相对方可能会违约时，会主动要求采取担保等保障性措施。在一些具有外部性的活动或集体行动中，那些牵涉面越广的事情就越得不到重视。

## 二、法的效益解释之理论框架

法的效益解释的理论框架是在上文核心观点的基础上，对法进行成本收益分析与供给需求分析。

### （一）法的成本收益分析

成本收益分析是法的效益解释最为常见的分析工具，无论在立法、执法与司法活动中，都能为量化、比较、评估某项法律决定的优劣与可能效果提供具有可操作性的标准。

这里的成本指某项法律决定导致当事人或整个社会支付的费用，既包括直接支出的成本，又包括机会成本，即当事人因依据法律规则行动而失去的潜在机会，同时还要考虑到制定、实施一个类似相关法律决定而支出的成本，也就是边际成本。例如，一项法律制度的出台，国家在立法调研、论证过程中支付的人力与物力是直接成本；因新的法律制度导致当事人不便于通过法外机制寻求救济而遭受的损失叫机会成本；由于法律体系越来越完善，以后再制定新的法律的工作量相对较小，因而其边际成本呈现出不断下降的趋势。

这里的收益指因法律本身的完善与法律服务质量的改进给当事人或社会带

① 周林彬等：《法律经济学》，湖南人民出版社 2008 年版，第 162 页。

来的收益。例如，社会治安更好、某些权利得到保障、正义得到伸张等。当然，由于法律系统具有象征性价值，法律系统规范性、逻辑性、可预期性以及公信力的增强，本身也是一种无形的收益。

法律有时难以给所有人带来效益的改善，因而，通过对某项法律规定的成本与收益的分析，有利于合理地配置法律资源。例如，某地街头夜市里的流动烧烤店可能给环境带来一定的污染，同时由于流动性大，政府不便对其管理。然而，这些商家提供的食品又深受群众欢迎，在当地找不到类似的替代品。在讨论是否要对此类烧烤店实施管制时，法的效益解释论者会去分析管制可能带来的成本与收益，并将其与替代性方案的成本收益进行比较。具体说，管制带来的成本是：更多的警力投入、消费者饮食习惯的改变或生活质量的下降（无法购买喜欢的烧烤食品）、烧烤店老板的失业；管制带来的收益是环境质量的提高。替代性方案使用预计支付给管制活动必需的警力的工资来实施环境治理。如果治理环境的费用要远远小于为额外的警力支付的工资，管制显然是没有必要的。

值得注意的是，在这个个案里，决策机关最后不是基于权利的逻辑而是基于效益的考量作出了相关的法律决定，权利与正义问题似乎被忽略了。例如，流动烧烤店老板的经营权、消费者的食品选择权是否需要保护？当地警方是否有权力剥夺商户的经营权？烧烤店老板污染环境的做法是否合法？用纳税人的钱去治理某些商人经营性活动造成的环境污染，而不去追究这些商人的责任的做法是否具有正当性？

当然，在认识法的效益解释这种分析方式的优点时，不容忽视的是，有时候，法律的成本与收益的计算远非易事。尤其是把文化上、精神上或心理上的潜在收益计算进来后，且不说技术性偏差可能给成本与收益的分析结果造成影响，仅仅就何种成本收益应当被计算进来就是容易引起争议的事情。

### （二）供给需求分析

法的效益解释除了成本收益分析外，较有代表性的方案还有法的供给需要分析。这两种模式看上去比较类似，甚至因后者往往会涉及成本收益的计算而被等同于前者，然而，这两种模式的侧重点是不一样的。成本收益分析是通过成本收益的计算评估法律决定或法律制度的社会效果，或者在多种替代性方案中寻找收益最大化的方案；而供给需求分析是依据法律供给与法律需求关系的变化，寻找相互竞争的或具有替代性关系的法律服务的价格，也就是供需平衡点的变化。

所谓法律供给指国家不同机关之间生产的不同类别的法律，以及社会上行之有效的纠纷解决机制。而法律需求指人们对官方法律服务的期待。由于法律供给市场主要是国家垄断的市场，像其他的垄断性市场一样，因缺乏竞争而低效。在法律供给市场中，还存在着国家正式法律制度与民间法或其他替代纠纷解决机制之间的竞争。如果国家的法律服务质量实现太差，例如诉讼成本高昂、处理时间太长、明显违背社会公众的一般道德观念，民众会在一定程度抛弃正式的法律，求助于民间法或私力救济。因此，在官方法与民间法脱节或相互冲突的时候，往往就是国家有必要改进法律服务的时候。“由于法律各生产要素的相对稀缺程度不同、相对价格不同，各生产要素之间作为投入品存在一定程度的替代性。”① 为了降低成本，国家在不同时空提供差别化的法律服务，形成不同地区、不同领域法律的数量、质量与完善程度的差异。

为了加大法律的供给量，国家可以增加立法投入，加快法律的立、改、废进度，实施法律移植，配备更多的法官、检察官等法律服务人员。为了减少法律的供给量，国家可以提高诉讼费用与受案标准，增加法律程序的复杂度。

在法律市场里，法律需求也是经常变化的，社会公众的法律知识、对政府法律服务的信心、法律系统本身的质量等各种因素都可能影响到社会公众的法律需求。公民依据国家法律服务的实际收益，决定下一步是否继续接受该服务。例如，假设公民在一审判决结果出来后，发现自己消耗的时间、精力以及支付给律师的费用要超过打赢官司带来的收益，如果仅仅从物质利益上考虑，忽略输官司带来的“面子”的损失，该当事人就没有必要通过上诉继续接受国家的法律产品。

法律供给需求分析的视角有利于解释法律发展过程中的一些体制性、结构性问题。例如，波斯纳就试图用此模式分析法律职业化带来的一系列问题，他称法律共同体为“法律卡特尔”。供求需求的视角还有利于发现特定时期国家立法的目标与任务，评价司法与执法的质量。在具体个案中，法官也可以依据创设先例或进行法律解释带来法律供给数量与质量的变化，预测判决可能带来的社会影响。

但是，在看到法的效益解释的种种优点时，不应高估其适用场合。应该看到，效益仅仅是众多法律价值中的一种，追求效益也只是人类生活的一个侧面，不是生活的全部，就如同自私自利也不是人性的全部，人有时还具有利他精神一样。

值得注意的是，像波斯纳这样精通法律实务的法的效益解释论者是相对较

① 钱弘道：《经济分析法学》，法律出版社 2005 年版，第 194 页。

少的，法的效益解释阵营里有太多的经济学家，他们对数学模型的执着要远远超过对人类数千年遗留下来的法律原则的关注与尊重。尽管从应用领域上看，法的效益解释几乎涉及了所有法学部门，呈现出“经济学帝国主义”倾向，但该范式与法学的传统研究范式相比，如自然法学、规范实证主义法学、社会学法学等在学术地位与影响力上，还是有一定差距的。

和形而上的自然法相比，法的效益解释是极为务实的。它不去考虑初始分配或原初分配的正当性，只关注一些局部问题的改善。这些细致的工作固然有利于在细节问题上取得较为明显的成效，但由于缺乏自然法的全局性眼光与明确的价值取向，可能会犯下方向性的错误。法的效益解释在对几乎所有的法律部门与法学基础问题进行一系列深入探讨后，能够开拓的理论空间似乎越来越小。作为其理论基础的市场至上、效益优先的价值取向也越来越成为制约其进一步发展的阻力。

法的效益解释最容易忽视的问题是，基于该范式的利益分配方案可能是侵犯个体权利的或不正义的。德沃金认为，“个人权利是个人手中的政治护身符”。① 它之所以至关重要，“因为它代表了多数人对尊重少数人的尊严和平等的许诺”，② 这种尊严和承诺不能因社会福利最大化等功利理由或特定时期以社会政策加以剥夺。法的效益解释有时还难免涉及一些公共资源的初始分配与定价的问题，而这恰恰是需要充分的正当性论证的，是难以仅仅用效益来解释的。在可持续发展问题或在族群或代际间效用的分配上，法的效益解释欲想有所作为，就不得不依靠较为成熟与发达的民主表达、参与和决策机制，因为社会效益与个体效益往往是不能直接转换的，有时候对全社会效用最大化的利益分配方案很可能是以牺牲少数人的权利为代价的。一些民众对自由权或平等权的朴素认识或主张，也许会挑战法的效益解释论者精心设计的方案。

---

① ［美］德沃金：《认真对待权利》，信春鹰等译，中国大百科全书出版社 1998 年版，第 6 页。

② ［美］德沃金：《认真对待权利》，信春鹰等译，中国大百科全书出版社 1998 年版，第 269 页。

# 第六章　法的系统解释

围绕着法律的正当性的论证，20 世纪 30～40 年代的欧洲可谓人才辈出。在此之前，自然法学秉承本质主义的立场，把法律与理性、正义、道德和其他抽象原则的关系作为切入点，通过法律之外的因素说明法的正当性。法律的社会学分析用法律的实际效果来检验法律的正当与否，把社会功能、司法判决的有效性作为讨论的依据。这种理论与自然法一样，都被视为是“关于法律的外在观点”。分析实证主义法学从“命令”、“规范”的角度理解法的正当性，通过对法律规范的等级结构的分析，为法律规范的内在一致寻找理论根据，被视为“关于法的内在观点”。而在卢曼的“自我塑成的”系统理论看来，自然法理论和分析实证主义法学割裂了法律与社会的联系，而法律的社会学分析只看到社会，没有看到法律本身，缺乏法律与社会的内在一致。为了克服这些解释方法的固有缺陷，他提出了法的“自我塑成”理论，并经托依布纳的“反思型法”的发挥，对法作出了自己独特的系统解释。

## 第一节　法的系统解释之语境

现代社会是一个高度分化的社会，社会逐渐形成有着各自运行逻辑的不同领域。与现代社会不同，在古希腊城邦，审判并不是由专职的法官承担的，而是在由各色人等组成的公民大会里进行。政治家也不需要从事复杂的竞选，并且不需要一大帮谋士出谋划策，在公民大会投票选举出大部分人满意的领导者就行。政治上的事务和法律上的事务没有太大的区别。在经济上一个家庭既可以从事农业，也可以附带从事手工业，没有复杂的现代商业体系。在学科知识上也没有明确的分工。一个思想家可以研究法律，可以研究政治，还可以研究伦理。亚里士多德的作品涉及内容广泛，既包括社会科学，也包括自然科学，在现代社会则很难找到这样博学的通才。在古罗马帝国，出现了包含五大法学家的法律解答在内的罗马法体系。该罗马法体系成为现代法国和德国民法典的渊源之一，但罗马法适用范围有限，只限于狭窄的市民社会，尚不能成为与政治权力相抗衡的知识力量和制度力量。

而在现代社会，一个政治家如果没有系统地学过法律知识，是没有办法代理诉讼业务的。一个法律家如果没有学过医学，是没有资格去治疗疾病的，病人有病绝不会求助于一个法律家。

这些都是在我们的现代生活中经常发生的事实，相信我们都会有亲身的感受。由此启发，现代社会学产生了一种系统理论。系统理论作为完整的思想体系由美籍奥地利人、理论生物学家 L. V. 贝塔朗菲（L. von. Bertalanffy）创立。1968 年他出版的《一般系统理论基础、发展和应用》一书，被公认为是这门学科的经典。“系统”一词源于古希腊，意为部分构成整体。贝塔朗菲在他的一般系统论里，给出了一个能描述各种系统共同特征的“系统”定义，即：“由若干要素以一定结构形式联结构成的具有某种功能的有机整体。在这个定义中包括了系统、要素、结构、功能四个概念，表明了要素与要素、要素与系统、系统与环境三方面的关系。”① 尼克拉斯·卢曼将系统理论运用到社会研究，认为社会已经分化成有着各自功能的子系统，每个系统有着各自的运作规则，并且相互之间不能通约。社会各个功能子系统包括经济、政治、法律、科学、艺术、宗教。这些社会系统不具有相互替代性，也无法被统合到一起。由此形成了现代社会的多元化特征。

## 第二节　法的系统解释之理据

尼克拉斯·卢曼（Niklas Luhmann，1927—1998 年，又译鲁曼），当代德国著名社会学家，1946—1949 年就读于弗赖堡大学法律系，1960—1961 年赴美国哈佛大学社会学系进修行政学和社会学。回国后历任施佩耶尔行政大学研究员、多特蒙德社会调查局主任研究员。1968 年之后担任比勒费尔德大学社会学教授。作为西方社会理论史上最伟大的理论家之一，他是系统理论的集大成者，也是 20 世纪继马克斯·韦伯之后德国历史上最具创造力的思想家。他用了三十年的时间建立了社会思想史上一个最丰富、最浩瀚、最深刻的社会理论。卢曼的社会系统理论包罗万象，法律系统也是卢曼社会系统理论的重要论题之一。卢曼法律社会学的代表作是《社会的法律》。法律系统理论纲领的内涵是“法律是自己生产它所应用的所有区分和表述，法律的统一性不是别的，

---

① 参见百度百科：《系统论》。http：//baike. baidu. com/view/62521. htm？ fr = ala0_1_1，2010 年 7 月 21 日访问。

而是就在于自我生产及‘自我生成’这一事实”。① 卢曼应用系统理论分析了法律的运作，并用他的独特的论述风格阐明了现代社会法律系统一个根本性的特点：法律的自我参照性。法律的自我参照性意味着法律以自身为出发点，生产自身的“非法/合法”的区分标准、自我描述以及在自我描述的基础上进行自我调整。同时，法律系统由于存在于环境中，出于适应环境的必要，法律必须保持“规范上的封闭性，认知上的开放性”。因此，应用系统理论进行法律分析就形成了一个悖论性的结论：“法律的开放性立足于它的封闭性。”现代社会的高度分化，导致社会系统的独立性加强，但是同时社会子系统之间的依赖性也随之加强，如何在理论上协调这两个相互矛盾的事实，成为卢曼法律社会学的核心。而传统的法学理论要么过于强调法律与其他社会现象的关系，如自然法理论，根本否认法律的自治性；要么过于强调法律的独立性，将法律与其他社会现象隔绝开来，如纯粹法理论，在完全否定自然法的乌托邦时建立了实在法的乌托邦。而卢曼受生物学和控制论的启发，将科学理论应用于社会学理论，发现社会系统也具有“规范上封闭、认知上开放”的特点。法律系统功能的发挥既需要规范上的封闭性，只有保持规范上的封闭性才能维持自身相对于其环境的较低的复杂性，也需要认知上的开放性，只有保持认知上的开放性，才能使系统发挥简化环境复杂性的功能。法律系统既区别于其他社会子系统，又与其他社会子系统有着密切联系。法律系统是自我塑成的。

德国法学家贡塔·托依布纳（Gunther Teubner）生于1944年，为德国法兰克福大学的私法与法律社会学教授，曾在哥廷根、图宾根和伯克利学习法律和法律社会学并曾任教于法兰克福、不来梅、伯克利、佛罗伦萨、斯坦福等多所大学，主要作品有《法律：一个自创生系统》。他对卢曼的法律系统理论进行了完善。以卢曼的法律自我塑成理论为基础，贡塔·托依布纳在参照诺内特和塞尔兹尼克的“回应型法”② 前提下，并结合哈贝马斯的“沟通行动理论”和卢曼的系统理论，提出了“反思型法”。③ “反思型法”不仅强调法的实质理性，而且还通过法的自我参照性维持自身在形式上的统一，由此弥补了卢曼系统理论纯粹技术主义的不足。卢曼和托依布纳的“自我塑成理论”以系统分析的广阔

① ［德］卢曼：《社会的法律》，郑伊倩译，人民出版社2009年版，第12页。

② 参见［英］P. 诺内特、P. 塞尔兹尼克：《转变中的法律和社会：迈向回应型法》，张志铭译，中国政法大学出版社2004年版，第86～87页。

③ 参见［德］阿图尔·考夫曼、温弗里德·哈斯默尔主编：《当代法哲学和法律理论导论》，郑永流译，法律出版社2002年版，第416～417页。

视野为基础，摒弃了各种传统的本质主义的片面倾向，打破了主观意识和社会现实、自然法和实证主义之间的对立，实现了规范在程序上的封闭性和认知对社会现实的开放性的有机结合。自我塑成理论在方法论上有如下特点：首先，自我塑成理论以卢曼的功能—系统主义分析方法为基本方法。这种理论采取的仍是一种法律实证主义的看法，把法律区别于道德。同时，它也采取了法律现实主义的看法，把法律看做现实世界发生的某种东西，但它反对书本中的法律和行动中的法律的分离。① 因此实证主义的范围被明显地扩大了，它不仅包括“纸面上规范”，而且也包括法律人、法律机构、法律教义学、法律行为以及其他一切对法律功能上有意义的因素。我们会发现这又和将自然法论和实证主义成功结合起来的制度法学有着相似之处：魏因伯格将其实证法界定为一个非常丰富的领域，既包括规范，还包括司法、法律科学、法律原则和法律秩序的目的论背景，因为这些因素在法律实践中是行之有效的，所以它们必须被看成是法律现实的组成部分。② 伊斯顿认为，“系统分析现在仍然是研究一般理论的唯一通览全局的方法和高屋建瓴的视角”，“因此系统分析方法历来主张应有一个充分包容性的概念框架”。③ 应用系统分析方法能使我们看到法律与现实之间的广泛和复杂的联系，克服传统方法论中的各种化约论，特别是因果化约论。其次，自我塑成理论实现了“范式的转换”，用自我参照的概念取代了环境开放性的概念。④ 法律系统的各要素能够自我参照，实现自我确认、自我调整、自我生产。法律的“自我塑成”就在于法律沟通的自我参照性和循环性。

## 第三节　法的系统解释之视域

### 一、法律的功能定义

传统的法律理论认为法律是调整社会关系的社会规范，法律的功能在于解

① 参见［德］贡塔·托依布纳：《法律：一个自创生系统》，张骐译，北京大学出版社 2004 年版，第 6 页。

② 参见［英］尼尔·麦考密克、［奥］奥塔·魏因伯格：《制度法论》，周叶谦译，中国政法大学出版社 2004 年版，第 142 页。

③ ［美］戴维·伊斯顿：《政治生活的系统分析》，王浦枸译，华夏出版社 1999 年版，第 6 页。

④ 参见高宣扬：《鲁曼社会系统理论和现代性》，中国人民大学出版社 2005 年版，第 87 页。

决纠纷。而卢曼则认为法律的意义远远超出解决纠纷的范畴，法律的功能在于保障预期。

卢曼认为社会系统是通过人们使用所选择的各种符号之间的沟通建立起来的。社会系统与其环境之间的关系是非常复杂的。具体说来，这种复杂性首先体现在最简单的两个行动者身上，当任何两个人相遇的时候，世界就变成复杂的（Complexity）和偶然的（Contigency），这种偶然性不仅存在于自身，也存在于对方。自己的行动的实现不仅在于自己的行动，而且在于对方的行动的实现以及对方对自己行动的期待。这也就是卢曼所说的“双重偶然性”（Double Contingency）。为了克服“双重偶然性”，人类就需要一种复杂的预期结构，这种预期结构严重依赖于对“预期的预期”（Expection of Expections），法律和规范的功能就在于寻求直接预期和对预期的预期这两个层面的整合。也就是说法律的功能在于使复杂的预期直接化和稳定化。规则使意识从复杂性和偶然性中摆脱出来，为对预期的预期提供一定程度的确定性，并且这比预期的实现更加重要。① 基于此，卢曼将“一致地一般化的规范行为预期”视为社会系统的法。②“法律规范所涉及的是一整套通过标志而一般化的期望的结构。这里不仅给定了一般化的、不随情景为转移的指示，而且也总是包括代表某些不可视而且不可能变为可视的东西——这里指未来——的标志。”③ 未来在其未实现之前，始终是不确定的，也就是存在无限的可能性，法律规范的意义就在于在人们的期望上将未来的无限可能性降低为当下的有限可能性。这里的“一般化”指心理上的对他人的行为期待，但这种期待并不仅仅在于他人一定会按照自己的愿望去行为，而且还包括一种泛化的行为期待，即使他人作出异常行为，自己在心理上也不担心他人违背了自己的期待。如果用卢曼的意思说，也就是一般化“在其核心意味着对待复杂性的差别、简化持冷漠态度是无害的，而且就此而言，意味着对复杂性的缩小持冷漠态度是无害的”。④ 卢曼认为，单以命令和禁令、自然倾向的表现和外在的潜在强制是不能解释法律的，法律主要服务于复杂的、高度预先安排的行动，而且它只有通过对这类行动的偶然前提予以一致的一般化才能达到这一点。法律在根本上绝非一种强制秩

---

① 参见朱景文主编：《当代西方后现代法学》，法律出版社 2002 年版，第 386 ~ 387 页。

② 参见朱景文主编：《当代西方后现代法学》，法律出版社 2002 年版，第 391 页。

③ ［德］卢曼：《社会的法律》，郑伊倩译，人民出版社 2009 年版，第 65 ~ 66 页。

④ ［德］H. 科殷著：《法哲学》，林荣远译，华夏出版社 2002 年版，第 63 页。

序，而是一种预期便利（Afacilitation of Expectation）。① 也就是说法律更大的意义在于对预期的预期的一般化，而不是强制实现预期。

卢曼对法律的功能定义根本不同于自然法和分析实证主义对法律的界定。自然法以某种超法律的自然秩序或自然理性为假设，而分析实证主义者如奥斯丁、凯尔森将法律界定为使用暴力的规范性秩序。这两种定义在法律的背后预设了一个确定的政治结构，而卢曼的功能定义并未预设任何确定的结构。正由于此，对法律系统的分析才能使我们看到法律的功能在多层次结构中的实现，它既可能包括自然法，也可能包括强制秩序，都对实现预期的一般化有意义。前者如法官在判决中对一般道德正义观的援引，后者如暴力在强制执行中的作用，但是暴力只是作为法律的背景起作用。②

## 二、社会复杂性

未来世界在其未实现之前，始终是不确定性的。但是我们在生活中之所以没有感到恐慌，那是因为我们所面对的不确定性已经在相当程度上被减少了。我们不必全副武装地出门，因为社会规范会对抢劫者进行严厉惩罚。但是如果我们到了一个陌生而又缺乏法治的环境，我们发现会立即变得提心吊胆，因为我们不敢肯定别人是不是会侵犯我们。因此，我们需要了解新环境的各种情况，包括风土人情、法律规范、社会习俗、民众性格等，只有如此，我们才能稍得安心。这种让人不安的不确定性就是卢曼所说的复杂性。复杂性（Complexity）是卢曼对世界的一个基本的前提性界定。卢曼系统理论中的世界是包括了所有系统及其环境的复杂复合体，世界的复杂性只能以其所涵盖的各种可能性来自我标示，“世界的高度复杂性”内涵和外延，等同于“一切可能性的总和”。卢曼在强调系统与周围的环境以及世界的复杂性时还使用了“过度复杂性”、“无法概括性”和“无法控制性”等词句，即系统总是面临着环境的种种不确定和可能性。③

社会的复杂性的另一面实际上就是人的理性的有限性，卢曼认为传统理论由于过高估计了人的主体地位，甚至将人的主体地位提升到“中心”的高度，

① 参见朱景文主编：《当代西方后现代法学》，法律出版社 2002 年版，第 391～392 页。

② 参见朱景文主编：《当代西方后现代法学》，法律出版社 2002 年版，第 397 页。

③ 参见高宣扬：《鲁曼社会系统理论与现代性》，中国人民大学出版社 2005 年版，第 96～97 页。

使传统理论几乎都在人本中心主义的自我陶醉中，夸大人的意识能力。这种理论的突出表现就是西方的理性主义传统。传统理论实际上犯了两种错误：一方面夸大了人本身的意识能力，将人的意识规定为“中心”，另一方面又过于低估世界的复杂性。① 理性主义在自然法学派中表现得最为明显，特别是古典自然法学认为，人类可以通过自己的理性设计制定出一部完美的法典，这个完美的法典能够涵盖社会生活的一切领域。但是现代社会行政权和法官自由裁量权的扩大，否定了包罗万象、没有任何缺陷的法典的存在。当然卢曼并不是反对制定统一性法典，相反，法典化作为一种重要的复杂性简化手段对于法律是必不可少的。他只是告诉人们，除了对事件的控制，还有很多其他复杂性简化手段，如有严格道德规则保障的法官自由裁量权就是一例。

世界的复杂性，一方面“构成了整个系统在世界中维持自身的问题”，也即社会系统如何在复杂的世界中维持自身内部的统一和自治而不被复杂的环境所消解，另一方面“其高度的抽象一致性模糊了心理系统和社会系统之间的类别差异”,② 这使得我们能够在一个统一性的理论框架下对人的心理和社会的复杂性进行探讨。如卢曼对“双重偶然性”、“预期”以及“预期的一般化”的探讨，也可以说是社会心理学分析。也只有这样，系统理论才能承担起解释高度复杂世界的任务。

### 三、系统及简化原则

由于世界包含着无限可能性，但是只能实现其中的一部分，因此需要从众多的可能性中选择一部分，选择的过程就是系统。卢曼认为，“每一个系统的建构总是包含世界的一部分，只能让各种可能性中的一个有限数量得到实现。系统是在同一种复杂性相区分的意义上，建构起内和外的区别，也就是建构起秩序。系统的环境始终是过度复杂、无法加以概括和无法加以控制的。系统自身的秩序，相对而言，就其化约和简化复杂性，就其只允许系统自身的行动在较小范围而言，是具有相当高的价值的”③。系统对环境的简化是卢曼系统分

① 参见高宣扬：《鲁曼社会系统理论与现代性》，中国人民大学出版社 2005 年版，第 22～23 页。

② ［德］尼克拉斯·卢曼：《信任》，瞿铁鹏、李强译，上海世纪出版集团 2005 年版，第 6 页。

③ 参见高宣扬：《鲁曼社会系统理论和现代性》，中国人民大学出版社 2005 年版，第 94～95 页。

析的一个基本原则。人类社会面临的最基本问题是如何简化不确定的世界。系统为了自身的生存，必须实现系统和环境的区分，区分的过程既是一个对环境的可能性进行选择的过程，也是对环境进行简化的过程。用制度理论的术语来说，这是一个“释负”的过程。卢曼认为，“属于系统自身的秩序还具有对环境的设想，这就是系统的主观性的‘一种世界观’，系统对于世界的这种‘主观世界观’，只是系统根据较少的相关事实、事件和期望，根据其周遭世界中摘取出来的可能性获得的”。① 因此，系统提供给我们的“世界观”只是一种表象，其复杂性远远低于系统的环境，是系统对于无法控制的复杂性不得已的化约。化约的过程如果是一个能吸收不满的过程，那么这个过程也就能使秩序正当化。卢曼在其早期重要的作品《通过程序的正当化》中的基本观点就是强调程序已取代自然法发挥正当化作用，所表达的也是这个意思。

就法律系统而言，法律世界永远是对现实世界的一种不完善的“临摹”，法律事实永远不能等同于经验事实。卢曼指出：“古典自然法是对世界永恒秩序的一种临摹。古典的正义观念包含着一种包罗万象的完美无缺的秩序。”② 这意味着，古典自然法也不过是对人们追求的理想秩序的一种简化，也是人们在政治斗争中面对过度的复杂性的一种简化策略。

总之，卢曼认为：“系统就是记录、重构和简化世界的复杂性，通过这种简化的过程，行动者使世界变成更加适应人类需要的一种最低限度的秩序（Minimal Order）。”③ 而法律作为一种最重要的社会控制方式，正如卢曼所说的：一切集体的人类生活都是直接或间接地由法律来调整的。因此，法律社会学在法科出生的卢曼的思想中自然占有非常重要的地位。

### 四、系统的沟通、意义及沟通媒介

法律系统的构成要素并非人或人的集合体，而是法律沟通。社会系统以沟通为基本前提。沟通并非单纯的行为或活动，卢曼所说的沟通包含着信息、行动、理解三大因素。沟通是一个充满活力的过程。为了保障系统的自律性，社会系统必须将其与环境的关系简化，“简化”的过程也就是自我选择的过程，

---

① 参见高宣扬：《鲁曼社会系统理论和现代性》，中国人民大学出版社 2005 年版，第 95 页。

② ［德］H. 科殷：《法哲学》，林荣远译，华夏出版社 2002 年版，第 65 页。

③ 高宣扬：《鲁曼社会系统理论与现代性》，中国人民大学出版社 2005 年版，第 153 页。

这种自我选择的最重要程序必须通过社会系统的沟通才能实现。①

沟通具有如下特征：第一，沟通是社会系统得以进行自我生产和自我再生产的重要条件。沟通是系统内的沟通。第二，沟通作为社会系统自我生产的组成部分，它本身就是不断自我生产的。第三，沟通的操作和运作是紧密地同社会的操作相关联的，这就使它以高度自律的独立创造活动参与到社会系统与其环境的关系中，因而沟通也就成为社会系统将其与环境的关系加以简单化的一个基本手段。因此，人们的行动面临的复杂性，简化的基本步骤就是沟通。第四，沟通是社会系统与其环境遭遇中不得不选择的一个过程。第五，沟通既然作为选择过程和作为运用语言等符号的自我生产过程，它必然包括意识的活动。② 简化的过程也就是选择的过程，选择是人类有意识的活动，因此，沟通不可避免地使意识参与其中。就法律系统而言，法律系统也是一个沟通系统，因此法律系统并非一个人在其中会完全被宰制的客观结构，人也必须参与到系统的选择中，这种参与就表现为通过系统沟通的参与。

例如，一个行政罚款就是一个法律系统的合法沟通，其信息就是行政相对人的违法行为，其沟通的行为就是行政公务员出具罚款单，理解既包括行政相对人的对该行政行为的理解，也包括行政公务员对该行政行为的理解。同样，一个违法的罚款也是法律系统的合法沟通，只要可以应用“法”这个媒介，而不论其是合法还是非法，就是一个合法的沟通。沟通具有反思性，如果被罚者不服罚款，他可以向法院提起诉讼，由此导致另一个沟通；如果行政机关认为其处罚有误，可以就其原来的处罚行为再作出一个决定：撤销，这又是一个沟通。但是，这样的沟通必须在系统内才有可能，如果当事人仅仅向自己的家人抱怨处罚不公，这对法律系统是没有意义的，因此通过符号媒介的沟通具有封闭性。如此循环，就形成了一个庞大的沟通网络，也就形成了法律系统。

系统在沟通过程中逐渐发展出一种特殊的复杂性简化的方法，这就是“意义”。意义对社会经验和社会行动有一种赋形作用。在社会系统中，没有任何无意义的东西，因为对某种无意义的东西的界定已经使其具有意义了。“意义”与经验和行动是背景和图形的关系，图形放到背景中才会凸现出来。如果我们换一种说法，“意义”无非就是“可能性”和“现实性”的差异。

---

① 高宣扬：《鲁曼社会系统理论与现代性》，中国人民大学出版社 2005 年版，第 139 ~ 140 页。

② 参见高宣扬：《鲁曼社会系统理论与现代性》，中国人民大学出版社 2005 年版，第 140 ~ 141 页。

“意义”的意义一方面在于使我们简化了对环境的理解，方便了我们的选择，另一方面在使系统向环境开放出众多可能性，使系统具备了一种开放的性质。法律系统也通过简化选择建立了自己的意义。

媒介代码是将环境或系统内部的“可能性”和系统的“现实性”的差异转化为意义的中介。只有通过媒介代码的标示才能确定是否具有意义以及有什么意义，媒介代码对于法律系统来说具有帮助人们认识法律系统和其他社会子系统的区别的作用。由此，社会系统发展出简化社会环境的复杂性的“沟通媒介”。沟通媒介的功能在于使人们之间的沟通简单化。卢曼经常提及的沟通媒介有经济系统的货币、政治系统的权力、家庭系统的爱等几种。一方面，媒介总是以二元图式的形式存在，如科学系统中“正/误”，经济系统的“有/无”，政治系统的“有权/无权”。而法律系统沟通媒介的二元代码为“合法/非法”。代码表达了一种稳定的可能性，① 沟通代码稳定系统对环境的反应，代码能把沟通组织到各种可能进一步使系统反应有序化的媒介中。② 如法律系统的代码“合法/非法”以及分化出的其他各类次级代码，对环境的各种可能性给予正反两方面的定位，使其成为对系统有特殊意义的因素，参与系统的沟通。沟通媒介代码“预先构成可能的操作”，将环境的不可控制的复杂性转换为可控制的复杂性。另一方面，代码始终是二元和辩证的。③ 一种可能性总是预示着相反的可能性，“合法”总是预示着“非法”的可能性，这种“非此即彼”的二元对立思维是法律系统运作的重要特征。通过将各种事件纳入代码普遍化的沟通系统中，法律系统由此实现了“规范上的封闭”。同时，代码的二元辩证特征拓展了人们的潜在选择，④ 提高了系统的灵活性，使法律系统能够吸收外在环境的各种愿望和诉求，实现了系统“认知上的开放性”。因此法律系统中的二元代码是简化系统与其社会环境复杂关系的重要手段。

---

① 参见［德］尼克拉斯·卢曼：《权力》，瞿铁鹏译，上海世纪出版集团 2005 年版，第 36 页。

② 参见［美］乔纳森·特纳：《社会学理论的结构》(上)，邱泽奇译，华夏出版社 2001 年版，第 69 页。

③ 参见［美］乔纳森·特纳：《社会学理论的结构》(上)，邱泽奇译，华夏出版社 2001 年版，第 68 页。

④ 参见［美］乔纳森·特纳：《社会学理论的结构》(上)，邱泽奇译，华夏出版社 2001 年版，第 68 页。

## 五、法律系统的反思性及自我参照性

沟通媒介的使用使人类行动具有反思性（Reflexity），即检验作为行动自身一部分的行动过程的能力。① 反思性，对人而言，就是指思考评判自我的行为的能力。在系统论语境中，人们可以用货币获取货币，用权力决定怎样使用权力；对法律系统而言，反思性意味着用法律来思考法律的可能性，用法律行为来生产法律行为，用法律规范来生产法律规范。由于前后的法律事件构成一个过程，使贯穿于过程中的符号可能不断出现，也使作为二元媒介符号的“合法/非法”成为贯穿始终的反思手段。而托依布纳的话能更清楚地说明法律系统的反思性：“如果合法和非法的区别并非适用于特别之处，而且带有普遍性的要求，那么在某个阶段它将适用于自身。”“正是那个普遍性要求使它成为自我关联的。”②

自我参照性（Self-referential）是反思性的另一种表达，自我参照性也是自我生产、自我简单化、自我组织化③、自我指涉。任何系统都要简化环境的复杂性，适应复杂的环境，为此目的，系统必须表现出开放性。但这样一来，系统开放性又威胁系统自身的存在，系统不能采取与环境完全相同的规则来简化环境的复杂性而把自己降低到与环境相同的复杂性，如果这样，系统就毫无存在的必要了。因此，系统的生存要求系统自身具有自我参照的能力，使系统能够有效地实现其内在的功能和维持自身的稳定运作。这样，系统的开放性依赖于其封闭性。自我参照性意味着系统以与其环境不同的方式自我组织和自我生产。系统一方面必须解析环境的复杂性，另一方面以自身的功能和关系网进行区别于环境的特殊程序。自我参照也称自我观察，任何参照活动都与区分化和命名化有密切联系。④ 如系统通过其媒介代码“合法/非法”以及其他各类次级代码将环境输入的事件和系统内部的事件进行区分、命名。例如如果欠债不还，则以“非法”编码，并要求债务人偿还；如果债权人契约在手，

① 参见［美］乔纳森·特纳：《社会学理论的结构》(上)，邱泽奇译，华夏出版社2001年版，第69页。

② ［德］贡塔·托依布纳：《法律：一个自创生系统》，张骐译，北京大学出版社2004年版，第15页。

③ 参见高宣扬：《鲁曼社会系统理论与现代性》，中国人民大学出版社2005年版，第181页。

④ 参见高宣扬：《鲁曼社会系统理论与现代性》，中国人民大学出版社2005年版，第174页。

则以“合法”编码；如果契约经法律程序证明系伪造，则对原为合法的决定再编码。但是当事人起诉要求给其证明爱因斯坦的相对论，则法律系统将会拒绝其起诉要求，因为这属于科学系统的任务，非法律系统的功能力所能及。

“自我参照性”是理解法律自我塑成理论的关键。托依布纳区分了自我关联也即自我参照性的不同现象。

第一，自我观察。自我观察描述一个系统以一种不只是把他们按一定顺序连接在一起的方法影响其自身运行的能力。系统用一种系统特定的方法传达其未来发展的方式来重构其自身的运行。法律学说就是一种典型的自观察或自我描述，法律学说并不产生有效力的法律，而只产生对法律的运行及其机构的自我描述。

第二，自组织。一个系统自生自发地生产一种自治秩序的能力。如哈特的“第二性规则”能够产生第一性规则，这就是一种自组织。

第三，自我调整。自我调整是自组织的一个动态过程。如果一个系统不仅能够建立它自己的结构，而且能够根据自身的标准改变自己，那么就是自我调整。如当法律不仅发展了识别主要规则的次要规则，而且还有可以改变法律的规范和程序时，这时法律就可以自我调整。如果自我调整与自我描述在系统一致性的要求下结合在一起，并作为结构改变的标准，那么系统就有效地成为自反省的（Self-reflexive 系统）。也就是说当自我描述实际上指导法律的自我调整时，这时法律系统在整体上就是反思性的。

第四，自生产。指的是当法律的各个组成部分，如规范、要素、过程、边界等能够自己生产自己时，这时法律就是自生产的。这只是法律系统各组成部分的循环生产，也即法律行为、法律规范、法律过程、法律教义学分别独立的自我循环生产。自生产以系统受环境的影响为前提条件，系统通过从事件的流动中吸取和组成新的要素来再生产自己，然后它从中有选择地把他们连接起来加以使用。托依布纳在此指出，“自生产”的内涵多于哈耶克的“自生自发秩序”，因为它不仅仅给既存要素重新排序，而且从过程中提取新要素，这些新要素形成新系统。

第五，自创生。自生产也只是自创生的最低条件。自创生是各类自我关联的一个特殊合成。自创生不仅意味着系统要素，而且它的所有组成部分，包括系统的要素、结构、过程和边界、特性和统一性都不得不自生产。自创生只能在自我生产和自我描述相一致的时候才能发生：自我描述将系统与环境的区别引进系统，并且用以调节自我再生产。① 如果法律的自我关联的组成部分以这样一种方式连接，即法律规范与法律行为交互的生产彼此并且法律过程与法律教义学确立了这些组成部分之间的某种关系，法律就开始了自创生，这也就是自生产的各组成部分相互循环连接的“超循环”。② 说得更明白一点就是法律规范决定法律行为，而法律行为也可能决定法律规范的产生，如法官对法律的解释与法律文本共同决定了法律的内容；法律程序决定法律的产生，法律产生后又决定另外的法律规范和法律行为的生产；法律教义，也就是与现行法律意识形态匹配的法律理论，而不是法社会学理论也参与决定法律运作，如法学家对司法和立法的实际影响。这些过程相互联系起来的时候就是“超循环”。

至此，我们可以清楚地理解法律系统“规范上的封闭性，认知上的开放性”的含义了。规范上的封闭性意味着，只有法律事件自身才能改变法律事件。也许存在对立法的政治控制，但是只有法律才能改变法律，只有在法律系统的范围内，才能将法律规范的变化理解为法律的改变。只有法律事件才能保证法律的连续性。同时，法律又是一个认知上开放的系统。法律系统并不拒绝政治、经济、人的心理等环境因素的影响。相反，它要求在系统和环境之间进行信息交换，法律系统的自我指涉性运用系统和环境的差别，创造出信息，法律系统是一个应用规范的自我指涉来复制它自己并选择信息的法律运作系统。③ 托依布纳指出，法律自治的循环性不同于系统与环境之间的因果关系，法律自治指那种法律在其中生产自己的方式的独立性，并非指它对环境的因果独立性。④ 虽然外部环境的影响并不能取代法律系统内部的规范操作，但是能够通过法律系统自身的内部功能机制发生作用。

---

① 参见［德］贡塔·托依布纳：《法律：一个自创生系统》，张骐译，北京大学出版社 2004 年版，第 32～36 页。

② 参见高宣扬：《鲁曼社会系统理论与现代性》，中国人民大学出版社 2005 年版，第 46 页。

③ 参见［德］卢曼：《法律的自我复制及其限制》，韩旭译，http：//www. tecn. cn/data/detail. php？ id = 10861，2008 年 4 月 25 日访问。

④ 参见［德］贡塔·托依布纳：《法律：一个自创生系统》，张骐译，北京大学出版社 2004 年版，第 47 页。

## 六、法律自治发展的阶段

基于超循环的思想，托依布纳提出了法律自治的发展的三个阶段。① 第一个阶段是社会弥散的法。在这个阶段，法律话语的过程、要素、结构、边界与社会沟通的相关要素完全一样，没有分离。如现代社会中的团体内部的冲突规定、家庭内部的冲突解决规则也是一种社会弥散的法。这类法律虽然与实在法有很大的相似性，但是它们仍然与团体和家庭内部沟通区分开来。

第二个阶段是部分自治的法。这时法律话语开始界定它自己的组成部分并操作性使用它们。最典型的是哈特的“第一性规则”和“第二性规则”。哈特认为只有第二性规则开始决定第一性规则的产生的时候，人类就从前法律世界进入了法律世界。同时也产生了一个真正完全处于法律范围内的法律沟通，规则开始自己生产自己。第二性规则的引入是朝向部分自治型法发展的重要阶段。但是托依布纳认为，哈特的规则模式过于强调了法律系统的结构，如它的众规则、它们的等级制、新的法律自治空间的授权和创造，这种结构主义的取向过于狭窄，规则只不过是法律行为的副产品。因此虽然哈特引入了“第二性规则”，但这还不能等同于自创生，因为法律还没有彻底地生产自己，② 因此哈特的法律自治理论是不完整的。

第三个阶段是自创生法。只有法律系统的各组成部分自我关联的循环生产同时各组成部分的生产在超循环连接的时候，法律才是自创生的。理解自创生的关键在于自我描述，如组成次要规则、要求适用法律的法律行为、法律学说等。只有自我描述与自我构成一致时，法律的自创生才有可能。总的说来，法律行为、法律规范、法律过程和法律教义学在各自的自我生产基础上，再通过相互决定而形成循环连接，那么法律就是自创生的。

## 七、法律的不确定性

通过对法律系统的理论反思，我们会发现法律运作的不确定性。法律现实主义以及后来的批判法学都在根本上否认法律的确定性。如卢埃林对法官行为的分析使我们看到“纸面上的规则”可能不同于“现实中的规则”。他强调了

---

① 参见［德］贡塔·托依布纳：《法律：一个自创生系统》，张骐译，北京大学出版社 2004 年版，第 48～53 页。

② 参见［德］贡塔·托依布纳：《法律：一个自创生系统》，张骐译，北京大学出版社 2004 年版，第 11、51 页。

我们要从法律语言的研究转向法官的行为的研究，注意法官和律师在辩论中对纸上规则的用法以及这种规则的官方地位对判决的影响。① 既然规则对法官可能并没有决定性的作用，那么法官的行为可能在根本上表现出不确定性，因此法律也就可能在根本上是不确定的。托依布纳认为，这实际上是一种解构作业，这种激进派的法律批判“只是触及法律自我描述的上层建筑的现象，却从未触及根本性的法律悖论的心脏”。② 这个悖论的就是法律自我关联性或反思性所导致的反等级决定，如宪法的自我修正、法律冲突中的反致、司法解释对法律的修改，而正是法律的自我关联性以及大量的悖论导致了法律的不确定性。法律的不确定性源于其生产的循环性。法律自我关联性及循环性的发现使法律失去了外界确定的支点，如上帝、自然法、正义、政治意识形态等。法律的自我关联意味着行为与行为之间、规范与规范之间、规范和行为之间互相决定。就规范而言，“高级规范”依赖于“低级规范”，“高级规范”在法律理论中神圣不可侵犯，它的效力可能取决于“低级规范”的平凡性。因此整个法律系统内规范效力的一种互相决定、效力递归的状态决定了法律的不确定性。

法律不确定性的另一个重要原因在于现代社会的高度复杂性。“自我参照性”也是一个系统对环境的复杂性进行简化和选择的过程，环境的复杂性也迫使系统的简化程序表现出高度的复杂性，系统的选择也变得不可预测了。③ 正是为了应付环境的不可预测性，系统选择才出现不可预测性。托克维尔在对19世纪的美国进行考察之后指出，在美国“简直是没有一个政治事件不求助于法官的权威的”。④ 即使在现代社会，仍有一种哈贝马斯所说的“司法膨胀化”的趋势。这种趋势一方面加重了法律的负担，使法律出现功能失调；另一方面，由于法律现有的简化机制的限制，法律不得不发展出更多的复杂性简化手段。这些手段自身也开始显示出不确定性，如法官自由裁量权的扩大、法律中一般性条款及其适用的激增以及非正式审判程序的大量应用。因此，随着现代社会复杂性的增加，法律系统选择的复杂性也随之增加，因而也表现出高度的不确定性，尽管法律系统相对于其环境仍然是一种较高级的秩序。

---

① 参见付池斌：《现实主义法学与社会法学的思想交锋》，http://dzl.legaltheory.com.cn/info.asp?id=12993，2010年4月26日访问。

② [德] 贡塔·托依布纳：《法律：一个自创生系统》，张骐译，北京大学出版社2004年版，第17~18页。

③ 参见高宣扬：《鲁曼社会系统理论与现代性》，中国人民大学出版社2005年版，第91页。

④ [法] 托克维尔：《论美国的民主》，董果良译，商务印书馆1976年版，第58页。

尽管法律不确定性的本质在理论上构成对法律系统自我理解的挑战，但是在实践中法的不确定性仍会得到有效的处理。托依布纳认为“矛盾”和“悖论”的暴露并不会导致法律的解构，法律职业者不会因为被告知法律的不确定性的本质而否弃法律，作为个人的法律职业者与一个社会过程的法律的反身性意识之间有着根本性的差别。我们无法想象法官和律师会告诉他的当事人法律是根本不确定的，所以你打这个官司如同赌博，所以你根本不应该打。法官和律师在法庭上对法律的态度和一个理论家在学术探讨中对法的不确定性的态度是不能等同的。并且，法律话语对于包括法律理论话语在内的理论话语的操作显现出相对的关闭性，① 法言法语毕竟不同于理论语言，法律基于自身的功能需要仍会对法律理论进行有选择的吸收。法律理论实际上也就是卢曼所说的“二阶的观察”，即观察的反思性、对观察的观察。只有对观察的观察才会导致不确定性和偶然性。现代社会高度分化的结果就是法律职业和法学学术的分化以及法学学术内部的再分化，这又为“二阶观察”提供了可能。分化使现代的任何一位观察者都不能使用古典时期的线性时间概念以及与之相应的线性单项因果分析原则，去分析现代性所发生的一切事件和预测未来。正是由于二阶的观察，现代社会才导致复杂性的增加和社会风险的增大。观察的反思性结果揭示“双重偶然性”的激增及其不可预测性，同时也显示出现代性发展中所潜藏的自由可能性的激增。② 而在传统理论中，人们在单向因果的世界观指导下，只能够处于自身的立场和视角来对社会进行观察，这导致了他们的认识总是处于因果性范畴中，一个事件的发生总是有一个必然的原因，一个原因也必然导致某个特定的结果。法律职业者的观察，是一种单向度的观察，能表现出高度的确定性。因此，法律现实主义以及后现代主义法学的“批判性解构”对法律现实的影响始终是有限的。

---

① 参见［德］贡塔·托依布纳：《法律：一个自创生系统》，张骐译，北京大学出版社 2004 年版，第 19 页。

② 参见高宣扬：《鲁曼社会系统理论与现代性》，中国人民大学出版社 2005 年版，第 263～267 页。另参见胡水君：《卢曼的法律与社会理论：现代与后现代》，http：//www.civillaw.com.cn/article/default.asp？id=28029，2010 年 4 月 26 日访问。

# 第七章　法的理性解释

理性是理解西方法哲学的关键词汇，也是法的理性解释的重要范畴。西方传统文化注重超越性的精神思辨和批判意识，强调学以致知，即为学术而学术的精神，形成了超越现实生活、遨游于永无定论的形而上学问题的知识传统，故在法的解释层面上，理性始终与法相伴随。当然，这种关注于超验世界的形而上学的哲学传统在西方近代经验主义崛起的时代受到了强烈的挑战，并在20世纪哲学的一片“拒斥形而上学”的呼声中遭到根本性质疑。然而，西方哲学的这些时段性、地域性特点并不能取代西方哲学的总体特征和基本倾向。① 尽管解构形而上学的例子在西方哲学史上曾多次出现（从希腊时代的世俗化怀疑论哲学意志到20世纪末期的后现代主义），但是从宏观的角度来看，形而上学始终是西方哲学的不折脊梁和精神根基。② 西方哲学所独具的这种追求形而上学理想的超越性倾向和将知识本身作为终极目标的学术特点，是理解法的理性解释的重要前提。

## 第一节　法的理性解释之语境

“理性”乃是贯穿于西方文化的一根观念主轴，尽管近现代和后现代西方哲学思潮中质疑、解构、怀疑理性及理性主义的声音不断，但如果不真正理解西方的理性文化，也就不能理解这些异议的声音。要掌握法的理性解释，就需要把“理性”作为历史的概念和跨学科的范畴，从起源和开端予以梳理，因为“开端的确定所依据的，是在持续的往昔中始终被重复的事情”。③

---

① 参见邓晓芒、赵林：《西方哲学史》，高等教育出版社2005年版，第2页。

② 参见邓晓芒、赵林：《西方哲学史》，高等教育出版社2005年版，第3页。

③ ［法］弗朗索瓦·夏特莱：《理性史——与埃米尔·诺埃尔的谈话》，冀可平、钱瀚译，北京大学出版社2000年版，第6页。

## 一、逻各斯和理性

“逻各斯”出自希腊语 λoyos（logos）的音译，它含义丰富，汉语里很难找到相对应的词。著名哲学史家格思里（W. K. C. Guthrie）在《希腊哲学史》第1卷中详尽地分析了公元前5世纪及之前这个词在哲学、文学、历史等文献中的用法，总结出十种含义：(1) 任何讲出的或写出的东西。(2) 所提到的和与价值有关的东西，如评价、声望。(3) 灵魂内在的考虑，如思想、推理。(4) 从所讲或所写发展为原因、理性或论证。(5) 与“空话”、“借口”相反，“真正的逻各斯”是事物的真理。(6) 尺度，分寸。(7) 对应关系，比例。(8) 一般原则或规律，这是比较晚出的用法。(9) 理性的能力，如人与动物的区别在于人有逻各斯。(10) 定义或公式，表达事物的本质。①

“逻各斯”一词的原意是“话语”，也由此带来了规律、命运、尺度、比例和必然性的意思。从古希腊的赫拉克利特第一次提出逻各斯的概念以来，西方理性精神就开始贯穿在西方哲学和西方文化、思想之中。在古希腊哲学家那里，理性无论是表现为逻各斯、理念，还是纯粹形式，都是整个世界的绝对实体。人们追求理性、崇尚理性，将理性视为万物的主宰。为什么在逻各斯意义上的理性含有规律、命运、尺度、比例和必然性的意思呢？这就需要考察逻各斯产生的历史发展过程。

西方哲学史基本上都将米利都派的泰勒斯（Tyrus，公元前624—公元前546年）作为古希腊的哲学的开端。泰勒斯之所以被誉为“哲学之父”，是因为他的一句话：“水是万物的本原”。② 这句话之所以如此重要，是因为：第一，他是第一次突破传统的神话宇宙论而用自然物质本身来说明万物本原。第二，他将万物的变化统一为一个事物实体，从个别事物上升到一般的事物，即提出了事物的本质问题。第三，他第一次用哲学的方式而非神话的方式表述了关于本原（即万物由以产生的源泉和万物运动变化的原因）的思想。泰勒斯认为水是万物的本原是因为他通过经验的观察，认为万物是以湿的东西为养料，水是潮湿本性的来源，没有水，万物将无法生存。而水之所以能够滋养万物，在泰勒斯看来，是因为它是最能够形成各种不同的事物的，可以经受住各

---

① 参见张廷国：《“道”与“逻各斯”：中西哲学对话的可能性》，载《中国社会科学》2004年第1期。

② 邓晓芒、赵林：《西方哲学史》，高等教育出版社2005年版，第14页。

种不同的变化，水是无形的。①

泰勒斯的学生阿纳克西曼德（Anaximander，公元前610—公元前546年）进一步提出始基（即本原）这个概念。在他看来，泰勒斯之所以要将水作为万物的本原，是因为水具有“无定形”的性质；但宇宙间无定形的不单是水（还有火、气、土等），所以本原应该是一切“无定形之物”，也就是说只有各种无定形之物所构成的原始混沌体才是万物的本原。亚里士多德对此解释道：“它作为本原，是不生不灭的。凡是产生出来的东西，都要达到一个终点，然而有终点就是有限的［有定形］。所以说，无限者［无定形者］没有本原，它本身就是别的东西的本原，包罗一切，支配一切。”②

毕达哥拉斯派关于世界本原的观点进一步朝着抽象思维和逻辑推理发展。该学派提出万物的本原是“数”。他们认为“无形性的东西”连自己都是无定形的，怎能给世界万物定形呢？所以万物的本原应该是万物共同的有定形的东西即“数”。在他们看来，“‘数’是构成事物实体的基本元素。作为一切数之根本的‘1’是第一本原，而‘1’表现为点，由‘1’派生出其他的数乃至万物的过程则被表述为：点（1）产生线（2），线（2）产生面（3），面（3）产生体（4），体（4）构成水、火、土、气四种元素，这四种元素则以不同的方式相互结合和转化，从而产生出世界的万事万物。”③ 他们发现一切事物都包含着数量的关系，数与万物的联系超过了任何一种元素与万物之间的联系，根据这种联系，数不仅可以用来解释具体事物，而且可以用来解释抽象事物（米利都的万物本原还是感性物质意义上的开端）。正因为万物都是由数构成的，所以数是决定事物性质的比例关系或抽象原则。

赫拉克利特（Heraclitus，约公元前540—公元前480年）综合米利都派和毕达哥拉斯派提出了“火本原说”。赫拉克利特说：“这个世界，对于其他一切存在物都是一样的……它过去、现在、未来永远是一团永恒的活火，在一定的分寸上燃烧，在一定分寸上熄灭。”④ 火本原说虽然也是用某一自然元素来解释万物的本原，但是他特别提出了这种转化的方式是按照“一定分寸”进

① 参见邓晓芒：《古希腊罗马哲学讲演录》，世界图书出版社2007年版，第16页。

② 北大外国哲学史研究室编：《西方哲学原著选读》上卷，商务印书馆1981年版，第17页。

③ 邓晓芒、赵林：《西方哲学史》，高等教育出版社2005年版，第18页。

④ 北大外国哲学史研究室编：《西方哲学原著选读》上卷，商务印书馆1981年版，第17页。

行的。火的燃烧本身是无定形的，但是它燃烧的方式却是有定形的（一定分寸，如“火苗”、“火舌”），这样就“表现为一个无定形和有定形相统一的过程，即无定形的火在燃烧中自我定形”，“火是变化无常的，始终处于不断转化的过程中，但其‘分寸’、‘次序’、‘周期’、‘必然性’等却是永恒不变的，是万物所遵循的普遍法则。这种永恒不变的普遍法则被赫拉克利特表述为逻各斯”。① 这样从“火本原说”中赫拉克利特明确提出了“逻各斯”这个概念。正如邓晓芒教授提出的：“逻各斯”概念的提出是西方哲学史上一个里程碑式的创举。从此，规律、确定性、逻辑、理性成为西方文化的一个主轴。逻各斯在赫拉克利特这里不仅具有客观规律的含义，同时也具有主观理性的含义；并且在这里，逻各斯的客观含义（规律或秩序）与主观含义（理性或智慧）是统一的，所谓理性或智慧就在于对客观规律或秩序的认识和把握。

如果说上述哲学家的本原说还存在感性的色彩的话，巴门尼德（Parmenides of Elea，约公元前515—公元前5世纪中叶）最终抛弃了感性。在巴门尼德看来，存在是真理的对象，只有存在才是真实的，非存在是变化的、不真实的，只有存在才能作为世界的本原。巴门尼德的“存在”抽掉了一切感性特征和数量规定，要把握世界的本原只能由理性思辨和逻辑来把握，而不能由感性直观来把握。

在对哲学史上关于世界本源的观点的脉络发掘中，我们能清楚地看到逻各斯、理性是如何蕴含着普遍性、规律、命运、尺度、比例和必然性之深意的，是如何一点点地从感性走向理性、从具体走向一般、从偶然走向必然的。这就是西方理性思想的最初源头。当然，希腊哲学的顶峰还在于苏格拉底、柏拉图、亚里士多德最终奠定了古希腊哲学甚至整个西方哲学理性主义的传统，这将在本章后部分详述。

## 二、理性、感性和理性主义、经验主义

正如康德（Immanuel Kant，1724—1804年）在《纯粹理性批判》导言中的第一句话所说的：“我们的一切知识都是从经验开始，这是没有任何怀疑的……所以按照时间，我们没有任何知识是先行于经验的，一切知识都是从经验开始的。”② 人类对于世界的认识首先是从感性认识、个别事物开始的，但

① 邓晓芒、赵林：《西方哲学史》，高等教育出版社2005年版，第20页。

② ［德］康德：《纯粹理性批判》，邓晓芒译，杨祖陶校，人民出版社2004年版，第1页。

人的本性是不满足于感性、个别的认识。随着人类认识能力的提高，人们会自然地由对事物个性的、偶然性的认识升华到对事物共性、普遍性的认识。对事物共性、普遍性的认识简单讲就是理性认识。感性认识向理性认识的发展是全人类所共有的。

关于理性与感性（非理性）的区别，不同的学者从不同的角度提出不同的观点：从斯多亚派到圣奥古斯丁都将理性视为“神性”，非理性则是“非神性”；唯理论将理性视为认识源泉，非理性即为经验性；18 世纪法国唯物主义者和空想社会主义者认为理性是合自然性、人性，非理性就是非自然性、非人性；德国思辨哲学将超越主体经验的思辨力视为理性，将经验视为非理性。但一般而言，理性表现为人类超越自我有限生命，追求必然性、普遍性及永恒性的能力。非理性体现着生命的自然欲望和冲动，表现为追求感性、具体、有限性的特性。非理性的欲望成为确立对象的最初动力，理性则使非理性的动机合于道德、文化和社会理性的价值。人类理性是对非理性克服的结果，而非理性的灵感、直觉、顿悟又是在具有一定知识理性智慧基础上才能发生的。①

将理性与感性作严格的区分的是康德。康德认为，人的认识能力分为感性、知性和理性。他在《纯粹理性批判》中提出：“通过我们被对象所刺激的方式来获得表象的这种能力（接受能力），就叫做感性。所以，借助于感性，对象被给予我们，且只有感性才给我们提供出直观；但这些直观通过知性被思维，而从知性产生概念。”② 也就是说，康德认为所谓“感性”指人的认识的“接受性”，即一种被动接受的认识能力，也就是“直观能力”。在感性直观的基础上，人的认识能力还必须往高处提升，才能形成真正的科学知识。所以和感性相比，知性和理性都属于“高级认识能力”。感性只是一种被动的接受能力，知性则是一种主动地产生概念并运用概念来进行思维的能力，所以知性的特点就是在于自发性和能动性。理性是比知性更高一级的认识能力。知性一般是产生概念（范畴③）来进行判断的能力，理性则是进行推理的能力。判断

① 参见冯玉珍：《理性、非理性与理性主义、非理性主义》，载《哲学动态》1994 年第 2 期。

② ［德］康德：《纯粹理性批判》，邓晓芒译，杨祖陶校，人民出版社 2004 年版，第 25 页。

③ 范畴这个词最早是由亚里士多德提出来的。他在《范畴篇》里提出“十范畴”，康德则提出十二范畴。范畴简单讲就是纯粹概念（区别于一般概念），纯粹概念是指具有普遍性和确定性的概念，可以适用于所有的东西，也就是说任何东西都要用范畴加以考察，比如因果性。世界上任何东西都有因果性，那么因果性就是范畴。哲学的范畴之应用是最广泛的，当然在法学领域也应该有自己的范畴，比如我国法理学教科书将正义、权利与义务、自由、人权、秩序等概念归于法学基本范畴。

总是一次性的，它离不开经验对象，所构成的是一个个单个的知识；理性比知性更高一层次，知性要应用于经验，而理性是超验的，知性产生概念或范畴，而理性是运用概念进行的推理，推理则不和经验对象直接打交道，只和知性已构成的知识打交道，因而是可以向上或向下连续推下去的，作为一条法则，则是要通过理念（理性概念）而获得完备性的整体知识。①

理性主义、非理性主义是哲学上的两种理论形态，这种划分是近代哲学的产物，具有时代特征和政治倾向。如近代，理性主义成为先进思想界批判宗教神学、反对封建专制制度的重要理论武器，理性主义与科学主义的结合，推动了近代资本主义生产力的高度发展。到了德国哲学家黑格尔那里，理性主义发展到顶峰，理性成为无所不至、无所不能的万物创造物和人类历史的主宰。

具体而言，理性主义是指与经验主义不同的注重演绎、推理和理性直观的认识论派别。理性主义（Rationalism）一词来自于拉丁语（*ratio*），“经验主义”(Empiricism）一词来自希腊语（*empeiria*）。对近代理性主义和经验主义的“经典划分”是指笛卡尔、斯宾诺莎、莱布尼茨等大陆理性主义和洛克、巴克莱、休谟等英国经验主义者之间的对立和区分。他们争论的焦点就是：是经验论还是唯理论是真理？是感性知识还是理性知识是真理？他们之间的经典对立围绕知识的本性和如何获得知识的问题展开，主要涉及如下方面：（1）人类知识的根源是什么，是感觉经验还是先天的观念？（2）哪一种知识具有无疑的确定性和真理性，是经验的知识还是理性的知识？（3）通过哪种方法或途径能够有效地获得普遍必然的知识，是经验的归纳还是理性的演绎法？（4）人的认识能力是不是至上的，它是否囿于一定的范围和界限？② 理性主义者认为，普遍必然知识起源于心中固有或与生俱来的天赋观念，它们是自明的、无误的，通过对它们的理性演绎，就可以形成普遍必然的知识体系；经验主义者认为，一切知识都来自经验，普遍必然的知识只有在经验的基础上才可能获得。正是因为这样，他们才反对理性主义的“天赋观念”论，认为人心只是一块“白板”，它的一切材料都是由经验而来的，并无所谓的天赋观念。认识方法上，理性主义的“自明原则+演绎”方法与自然科学中的数学公理方法有密切联系，经验主义的“经验+归纳”方法与自然科学中的观察实验方法有密切联系。

---

① 参见邓晓芒、赵林：《西方哲学史》，高等教育出版社 2005 年版，第 211 ~ 215 页。

② 参见叶秀山等主编：《西方哲学史》(第四卷)，凤凰出版社 2004 年版，第 16 ~ 27 页。

## 第二节　法的理性解释之理据

法的理性解释中的“理性”具有独特的理论发展史，内容纷繁复杂。概括起来，大致有以下几个阶段：

### 一、理性的起源：作为古希腊自然宇宙观的“自然理性”

古希腊哲学开启了西方理性主义的传统。古希腊哲学通过对自然事物的抽象概括，来解释已知或未知的世界。实际上，这也是人第一次从无法抗拒的自然力量的压迫和屈从中超脱出来，第一次把自己从自然的宿命中解放出来。正如上文所述，古希腊哲学经过泰勒斯、阿纳克西曼德、毕达哥拉斯、赫拉克利特、巴门尼德等人的开拓已经显示了理性发展的一个最初脉络。苏格拉底、柏拉图、亚里士多德把哲学推到了古希腊时代的高峰，并最终奠定了古希腊哲学甚至整个西方哲学理性主义的传统。苏格拉底（Socrates，公元前470—公元前399年）提出的著名口号是：“认识你自己!”这实际上是要人把注意力从自然界转向自身，通过研究和审视人自身来研究自然。

柏拉图（Plato，约公元前427—公元前347年）在苏格拉底的基础上，提出“理念论”。“理念”在柏拉图这里是指心灵或理智所“看”到的东西（理念的希腊词是 idea 或 eidos，动词意指“看”，名词是指“看见的东西”或“显相”），是具有统一性和实在性的观念，即普遍的概念、共相。柏拉图将世界分为“可感世界”和“可知世界”。关于可感世界的知识是意见，意见分为对事物影像的认识即“想象”，和对事物的认识即“信念”，信念是“理念的影子”，想象是“影子的影子”。所以，想象更加缺乏确定性，它和真理“隔着三层”。① 关于可知世界的知识是真理即理智和理性，理智是关于数理对象的知识，理性是关于纯粹理念的知识。柏拉图的“理念论”强调主体与客体的分离，灵魂与肉体的对立。这也为中世纪的神学埋下了种子。

亚里士多德（Aristotle，公元前384—公元前322年）将理性主义推向了古希腊哲学的巅峰。亚里士多德将探索世界的本原问题归结为第一哲学，统一和综合了希腊经验性的自然哲学与理性思辨的逻各斯学说。他认为现实的世界是真实的，真实的现实世界仅仅是具体的、多变的、不确定的，而实体是不变的，是第一因。要把握真理就是要找到事物运用的原因，第一因不能通过感

① 参见邓晓芒、赵林：《西方哲学史》，高等教育出版社2005年版，第52页。

性，只能通过理性的概念、逻辑、范畴才能把握。

古希腊哲学的特点就是寻找世界的本原，而世界的本原是不能靠感性发现的，只有运用理性才能真正找到，因为理性才具有确定性、恒定性、必然性和客观性。所以，古希腊理性是一种自然理性或客观理性。

### 二、理性遭遇神性：作为理性的异化的“宗教理性”

到了中世纪，基督教哲学把柏拉图“理念论”中的二元分离思想推向了极端，它一味强调灵魂与肉体、彼岸与现世、精神与物质之间的对立，完全否定二者之间的统一，从而发展出一种彻底唾弃世俗生活的唯灵主义。中世纪的宗教哲学追问的核心问题是主观的精神世界、精神的本质，而不再是世界的本原。即便如此，宗教本身并没有完全否定理性，尤其是中世纪哲学中的经院哲学。中世纪早期的教父哲学是否定理性的，它强调超理性甚至是反理性的神秘信仰，即用信仰反对古典文化的理性。而经院哲学反对狂热的信仰，反对反理性的神秘主义，讲究繁琐的概念辨析和逻辑论证，试图通过逻辑的论证而不是单凭狂热的信仰来确定真理。但总的来说，中世纪的哲学更强调的是信仰，他们极力强调神性而贬低人性，人的理性只能依附于神的理性。

### 三、理性的回归：作为文艺复兴和近代理性主义的“启蒙理性”

如果说古希腊哲学是一种客观世界的哲学，即自然哲学和本体论，当时的理性是自然宇宙论即客观理性，那么中世纪哲学主要是主观精神世界的哲学，即心灵哲学。在那里，人类对上帝的信仰代替了对宇宙理性的崇尚。

启蒙理性就是在这个时候出现的。它旨在把理性从神话中解放出来，使人摆脱恐惧、成为主人。在这次启蒙中，理性、科学、个性得到了充分发展，人类恢复了自己的尊严。这个时期的哲学主要是立足于独立化了的主观精神去探讨主观世界和客观世界的关系。在此阶段，理性摆脱神学的束缚，逐渐形成了由笛卡尔（Rene Descartes，1596—1650 年）所开创的理性派哲学和由弗兰西·培根（Francis Bacon，1561—1626 年）所开创的经验派哲学两种迥然相异的学派，直到康德积极地倡导理性为自然界立法，确定了理性的统治地位，建立了理性主义的科学大厦，理性主义发展到了历史的高峰。

具体而言，西方哲学发展到了近代，随着认识论的兴起，人的主体地位得以确立，经验与理性的关系问题成为哲学研究与争论的重要问题和内容。理性主义和经验主义都致力消除现实世界和理念世界的鸿沟，只是两者站的立场不同。唯理派认为，现实世界是感性世界，而感性世界是变化多端的，是不确定的，是偶然的，具有逻辑必然性的理性才能认识事物和世界的本质。而经验派注重从感性经验和感觉里获得知识，如洛克（John Locke，1632—1704 年）的“白板论”就认为人心本来就是一块白板，所有的知识都是由外界印在我们心中所留下的。他们认为根本不存在现象后面的本质这样的东西，那都是人的习惯性联想。

是经验派还是唯理派是真理？是感性知识还是理性知识是真理？这种争论到了休谟（David Hume，1711—1776 年）发展到了极致，经验派占了上风。休谟提出怀疑论的经验论，他对因果律的可靠性和必然性进行了解构。休谟的一个著名论证就是关于因果性的论证。如我们讲的太阳晒热了石头，太阳是石头热的原因，石头热是太阳晒的结果，我们认为我们掌握了世界客观规律的因果律。但是休谟经过严格的分析认为，这种说法是不正确的。因为要把经验派贯彻到底，我们只看到太阳晒是一个事实，石头热是一个事实，你怎么知道太阳晒是石头热的原因、石头热是太阳晒的结果呢？我们看到的石头和太阳都是事实，我们没有看到原因和结果这样的概念。原因和结果、因果性这都是些抽象概念，凭什么能说客观世界有一个原因和结果？这就是休谟的分析。而因果性在西方哲学史和科学史上是一个理论的台柱，从亚里士多德开始的形而上学之所以要建立第一哲学就是要探讨事物的原因，亚里士多德提出著名的四因说：形式因、目的因、质料因和动力因。这四种原因就是解释万事万物的根本大法。此后，西方的科学精神或理性精神就体现在为事物寻找它的原因，就是我们通常所说的：要知其然还有知其所以然。所以说，休谟难题的提出实际上是将西方科学和理性精神的根基连根拔起。①

休谟的问题向欧洲整个哲学界，特别是向以理性为基点的科学知识提出了一个巨大挑战。为了回应休谟的这个难题，康德思索了十年。正如康德自己所说：“休谟第一次唤醒了我独断论的迷梦。”② 十年之后，康德发表了著名的《纯粹理性批判》提出了著名的“哥白尼式的革命”的“人为自然界立法”命题，并震惊世界。之后，他又发表了《实践理性批判》和《判断力批判》，最终形成了他的批判论的三部曲。

康德哲学在综合理性主义和经验主义的基础上，力图找到沟通经验与理性的途径。康德哲学的基本出发点，是既要继承和发挥经验主义的经验内在性原则，又不放弃理性主义对知识的确定性和普遍性追求，理性主义的独断论是在

① 参见邓晓芒：《康德哲学讲演录》，广西师范大学出版社 2006 年版，第 4～5 页。

② ［德］康德：《未来形而上学导论》，庞景仁译，商务印书馆 1978 年版，第 9 页。

经验之外去追求知识普遍必然的确定性。康德决定从经验中寻找某种确定性东西，即先验感性论。康德对休谟的回应产生了认识论上的“哥白尼式革命”，即人为自然立法：人首先定了一套法去规范自然界，让其守法，最后建立起科学知识体系。所谓“哥白尼式的革命”就是说不是太阳绕着地球转，而是地球绕着太阳转，在认识论上不是观念符合对象，而是对象符合观念。所以，康德建立了一个理性的法庭。①《纯粹理性批判》的根本指导思想就是要通过对理性本身，即人类先天认识能力的批判考察，确定它有哪些先天就具有的普遍性和必然性的要素，以及这些要素的来源、功能、条件、范围和界限等，从而确定理性能认识什么、不能认识什么。接着，康德发表了《实践理性批判》，将理性分为理论理性（认识论意义上的理性）和实践理性（实践意义上的理性）。《纯粹理性批判》主要是探讨人的认识能力，而《实践理性批判》是从人的纯粹理性现实具有的实践能力出发并以之为标准，批判和评价一般的（不纯粹的）理性在实践活动中的种种表现，从中确认纯粹理性的先天普遍规律，即道德律。简单说来，实践理性批判主要是论证人的理性在实践中的现实性是如何可能的。

在康德之后，黑格尔哲学出现了。“近代理性主义哲学的传统，是运用形式逻辑乃至数学、几何学的方法，去构筑一个逻辑上前后一致的体系，黑格尔是这一传统的集大成者。”② 黑格尔（Georg Wilhelm Friedrich Hegel，1770—1831 年）将康德的德国唯心论和理性主义发展到了最高点。黑格尔构建了一个无所不包的哲学体系。他的《哲学全书》由三大体系构成：《逻辑学》、《自然哲学》、《精神哲学》。在整个哲学中具有核心地位的是他的逻辑学。他的逻辑学完全是一个超感官的世界，即“纯粹理念”的世界。他的“逻辑学”体系是绝对精神（即上帝）在创造世界之前的一个全面的筹划，因而表现了宇宙的本质和规律，万物都是无形中按照这个范畴体系而运动发展的，它是黑格尔哲学的总纲。③ 黑格尔也必须回答感性材料与纯粹概念推理得出的理性知识的真理性之间的关系。针对这个问题，黑格尔提出了“思维和存在同一性”的观念。他认为，一方面，事物的本质只有在思想中才能得到规定，事物的本

① 关于《纯粹理性批判》是探索认识能力和认识本身的普遍必然性结构的观点，参见邓晓芒：《康德哲学讲演录》，广西师范大学出版社 2007 年版，第 1 讲；邓晓芒、赵林：《西方哲学史》，高等教育出版社 2005 年版，第 10 ~ 16 页。

② 王春梅：《对经验与理性关系的一种解读》，载《法制与社会》2007 年第 4 期。

③ 参见邓晓芒、赵林：《西方哲学史》，高等教育出版社 2005 年版，第 244 ~ 245 页。

质只能被思想把握。另一方面，人的主观意识在其发展中会上升到客观精神，这两者之间不存在不可逾越的鸿沟。他认为，感性和理性不存在两个领域的划分。二者的联系在于思想的超越性，这种超越性使感性经验能上升到纯粹思维（理性）。理性知识是感性经验知识上升，而这种上升是一种自我否定。所以，黑格尔的能动辩证法是他哲学体系中的一个特色。可以说，黑格尔的辩证法恰好是西方理性主义的集大成者。这个理性主义有两个基本构成要素：一个是逻各斯（logos）即理性，一个是努斯（nous），这个词本意是“灵魂”，具有能动性和超越性的意思。这两大精神是西方理性精神的传统，到黑格尔这里发展到极致。逻各斯精神及理性精神注重逻辑和规范性（对此方面的强调就发展出西方的逻各斯中心主义），努斯精神注重个体的超越性和个体的自由（对此方面的强调就发展出西方的自由主义）。黑格尔认为，逻各斯和努斯都是理性，逻各斯即理性好理解，那么为什么努斯也为理性？这个是黑格尔的独创。努斯即超越性，超越性首先是超越感性的东西。超越感性就是靠努斯精神，即能动性、自发性、自由的精神，跳出感性的束缚。所以，黑格尔讲理性，一方面是逻各斯即作为一种规范的理性，理性一旦成了一种规范，那就是一种规律、一种必然命运了。但是，理性还有一种能力那就是超越，超越感性。这里似乎就有了一个矛盾：逻各斯要规范，努斯要超越，要打破规范。这恰好是黑格尔整个辩证法的精髓：正因为它们是对立的，所以它们是统一的。也就是说，真正的规范要靠超越建立起来，感性是无法建立起真正的规范的；超越或自由并不是任意的超越，自由也不是任意的自由，必须在规范的基础上进行超越，两者是辩证统一的。反过来，如果逻各斯离开了努斯，它就会偏向一种形式化，成为一种“铁的必然性”，一种限制性的东西，一种束缚人的东西。后现代反对逻各斯中心主义，就是因为它束缚人；另一方面，努斯如果抛弃了逻各斯这个形式，就会陷入一种神秘主义，一种相对主义、主观主义，那一切都是偶然的、完全主观的、甚至最后倒向虚无主义。① 而黑格尔认为理性辩证地包含着这两个精神（逻各斯和努斯）。在黑格尔看来，哲学史到此也就终结了。“黑格尔自认为他自己的哲学就是绝对精神在其中达到自我认识的哲学，因而在他的头脑里，主体和客体、思维和存在都最后统一起来了。在他这里，哲学史终结了，历史终结了，以后的历史只不过是对他所发现的真理的一种再次确认或推广，全部辩证的发展在这一点上达到了最终的结束和静止，那能动

① 参见邓晓芒：《中西文化比较十一讲》，湖南教育出版社 2007 年版，第 208～211 页。

的生命活动就被窒息在这一封闭的体系之中了。"①

**四、理性的迷途：作为科学主义的"技术理性"**

18世纪中叶产业革命促使自然科学以神奇的速度发展。在这个时期对哲学思想产生巨大冲击的一个是为宇宙观提供基础的天文学；一个是为方法论提供楷模的数学。哥白尼提出了日心说，接着伽利略对神学宇宙观作了摧毁。在方法论上牛顿提出崭新的数学—力学的世界图景。理性主义关于要求科学找出普遍正确的和必然的定律并必须根据这些定律研究的思想在这一时期的自然科学中达到了历史上的一次高峰，可是也正是在这个时期，也为技术理性、工具理性与目的理性、价值理性分离而单向性发展埋下了种子。

技术理性也称工具理性，是与价值理性、实质理性相对应的理性。它们都属于理性系统，分属于理性系统的不同层次、结构。最初明确用工具理性和价值理性二元范畴的人是马克斯·韦伯。工具理性是"通过对外界事物的情况和其他人的举止的期待，并利用这种期待作为'条件'或作为'手段'，以期实现自己合乎理性所争取和考虑的作为成果的目的"。② 技术理性韦伯用的是德文 Zweckrationalität，其中"Zweck"是"目的"的意思，"rationalität"是"合理性"的意思。也就是说，技术理性主要是理性存在者为了达到一定的目的和后果，而合理性地思考、选择各种可能的手段、方式、途径，以便用最小的代价而达到最大的成效。所以技术理性也是功利主义最推崇的思维方式。因此，工具理性不是看重所选行为本身的价值或目的，而是看重所选行为能够作为达到目的的最有效手段、方式、途径以及由此带来的效果。价值理性（Wertratingalität），Wert 是"价值"的意思。也就是说，价值理性注重行为本身的"绝对价值"（即"绝对目的"）和正当性，而不在乎行为可能达到的其他目的（相对目的）。法兰克福学派创始人霍克海默（M. Max Horkheimer，1893—1973年）指出，主观理性"关系手段和目的，关心为实现那些多少被认为是理所当然的，或显而易见的目的的手段和适用性，但它却很少关心目的本身是否合理的问题"。③

---

① 邓晓芒、赵林：《西方哲学史》，高等教育出版社2005年版，第260页。

② ［德］马克斯·韦伯：《经济和社会》（上卷），林荣远译，商务印书馆1997年版，第56页。

③ ［德］霍克海默：《理性的失色》，纽约，1947年版，第3页。转引自韦文荣：《对西方工具理性批判的反思》，载《经济与社会发展》2010年第2期。

马尔库塞（Herbert Marcuse，1898—1979年）认为，技术理性作为一种逻辑或思维方式，是一种理解世界的方式或处理理论知识的方式。技术理性主要有以下主要特征：一是技术理性是在技术、理性、逻辑的基础上形成的；二是技术理性是以自然科学的模式来衡量知识，尤其是以定量化和形式化作为知识标准；三是技术理性把世界理解为工具，关心的是实用目的；四是技术理性将事实和价值严格区分。因而技术理性是一种单向度或肯定性的思维方式。①

总的来说，工具理性更多的带有科学主义的“色彩”，更强调主体与客体的分离，更强调人对自然的认识、利用和征服，更强调形式逻辑、数理逻辑的运用，更强调理性因素里面的“逻各斯精神”，而价值理性更关注人文精神，更强调主体和客体的统一，更强调辩证逻辑的运用，更强调理性因素里面的“努斯”精神。理性是一个不断辩证发展的具有历史生命力的事物，本身具有复杂的系统层次和结构。价值理性和工具理性均为理性的不同层次，它们推动历史在理想与现实、物质与精神、目的与手段的矛盾张力中前行。工具理性是现代性的鲜明特征，同时又是产生危机的根源。西方现代性的结果是工具理性过分膨胀，价值理性相对暗淡而打破了价值和工具间的二元平衡。工具理性已使人对象化、客体化，人不再是主体，不再是目的而成为手段。韦伯一方面冷静地指出，工具理性的合理性与其不可避免性；另一方面，由于他珍视自由、价值理性和人格尊严，所以他又反对工具理性带来的后果。② 可以说，工具理性的片面的发展以及由此带来的人的异化和物化，是理性的一个迷途，而这个迷途本身又是理性自身的发展带来的。当然，这个迷途的回归还得靠理性自身的力量。这就是下文将要提到的“理性的辩证法命运”。

### 五、理性的解构：作为后哲学时代的“非理性”的理性

传统哲学和理性在黑格尔的庞大理论体系之后因现代哲学和非理性的兴起而走向解体。许多哲学家提出哲学应由研究外部自然界转向研究人本身的内心世界，由倡导理性转向否定理性，鼓吹神秘主义的直觉，导致非理性主义的兴起；另一些哲学家虽然主张哲学可以研究自然界，但是反对探索事物的基础——本质，而只是描述和整理感性事实，声称要把哲学变成实证科学，也就

---

① 詹杨扬：《对技术理性批判的哲学思考》，载《现代哲学》2001年第3期。

② 参见王琨：《工具理性和价值理性——理解韦伯的社会学思想》，载《甘肃社会科学》2005年第1期。

是所谓的实证主义哲学。① 后现代思潮以反对理性和解构理性而走向非理性主义和实证主义。

理性似乎也无法逃脱辩证法的命运，理性从它诞生的那一天始，就没有停止矛盾运动，也就是黑格尔所言的反自身或自我否定。在古希腊时期，理性从感性和盲目中挣脱出来，发展出人类的一个轴心时代；到了中世纪，理性主义发展了极端，通过自否性和反自身走向了自己的反面——绝对理性主义即宗教理性。这个绝对理性主义又要反自身和自否定，历史进入了理性的回归——启蒙运动的发展。启蒙运动之后，18 世纪的法国哲学机械论又将理性变成技术理性主义，束缚了人的发展，出现了经验主义的对抗。休谟的怀疑经验论打断了理性主义的独断梦，并使康德重新树立起了理性主义的大旗，但到了黑格尔又走向了“绝对理念”(绝对精神)，理性主义再一次被体系化、封闭化和绝对化。西方 20 世纪 50、60 年代兴起的后现代哲学高举“拒斥形而上学”的大旗，解构和否定理性，弘扬非理性主义，理性再一次走向了反自身和自否定。但是正如戴维森在《非理性的悖论》一文中指出：“非理性是在理性范围之内的失败。”② 这似乎向我们表明，非理性并非存在于理性之外的东西，而是在理性范围之内的东西。但既然在理性之内，那么我们又如何会把它称之为“非理性”呢？戴维森把这个问题称为“非理性的悖论”，即非理性是一种错误的理性过程或状态。③ 无论怎么说，即使我们不同意戴维森的观念，但是，若要理解西方的后现代主义思潮，就必须对整个西方文化的基石——理性——有深入的了解，因为西方的后现代主义思潮或非理性主义本身是在整个西方文化中生长出来的，体内蕴含着理性的基因，流淌着理性的血液。所以，海德格尔（Martin Heidegger，1889—1976 年）一度要从东方文化中寻找拯救西方文化的危机的良方，但是他失望而返。他发现要拯救西方文化，还必须回到西方文化本身去寻找拯救之路。

## 第三节　法的理性解释之视域

正如理性与西方文明同源一样，法从诞生伊始就与理性相连。西方文化的

① 参见王春梅：《对经验与理性关系的一种解读》，载《法制与社会》2007 年第 4 期。

② D. DAVIDSON. The Paradox of Irrationality[A]. In Richard Wollheim & James Hopkins (ed.). Essays on the Philosophy of Freud. Cambridge[C]. Cambridge University Press, 289.

③ 参见江怡：《论时间推理中的非理性悖论》，载《厦门大学学报（哲学社会科学版)》2005 年第 6 期。

理性植根于那种试图超越经验性和实用性的现象世界，转而寻找万物的统一性根据或本原的哲学冲动；植根于城邦时代希腊人对法律、正义、命运、必然性等一系列普遍性范畴的尊崇之中。这种对普遍性范畴的尊崇使古希腊人习惯地认为，纷繁复杂的宇宙万象是受某种统一的根据所制约的，具有一种本质的规定性。同理，自由散漫的城邦生活要受某种法律体系所制约，普遍的立法原则构成了城邦这个公民集团的本质规定性。① 理性也由此与法产生了千丝万缕的联系。

## 一、理性与自然法

西语“自然”(Nature) 源于拉丁字（*natura*），该拉丁字是对古希腊概念（*physis*）的翻译。而古希腊的自然（*physis*）就静态层面讲，是指事物之本质；就动态层面讲，是指事物之起源。在古希腊哲学看来，研究事物之自然就是研究其本质及起源。这种哲学追问包含两个层面：一个是静态层面，追问事物本身的内在结构；另一个是动态层面，追问事物的基础、根据、起源或原因。

从法哲学角度看，法学对自然的思考与哲学对自然的思考一样漫长，并形成了自然法学流派。德国著名法学家考夫曼（Arthur Kaufmann，1923—2001年）认为：法哲学史在大的路径上，与自然法学说史是一致的。② 甚至可以说自然法学不外是法律本体论。而关于自然法学的分类，一般有古典与现代自然法学、理念式与存在式自然法学、自然秩序模式与“意志”模式等。③ 为了叙述的方便，我们遵循国内学术界通说，按照时间顺序，把自然法学分为早期自然法学、神学自然法学、古典自然法学和复兴自然法学，并按此顺序阐释理性与自然法的关系变迁史。

### (一)“理性”与早期自然法学

在自然法的早期时代，自然法被认为就是理性。在前苏格拉底时代，阿纳克西曼德（Anaximander，公元前610—公元前546 年）区分了存在与秩序（这就是今人所称的“应然”与“实然”的源头）之时，这种区分蕴含了“最早古老的法律思想”：因为根据时间秩序，万物为其罪恶彼此遭受了刑罚和惩处。④ 而在苏格

---

① 参见邓晓芒、赵林：《西方哲学史》，高等教育出版社 2005 年版，第 11 页。

② 参见［德］阿图尔·考夫曼：《当代法哲学和法律理论导论》，郑永流译，法律出版社 2002 年版，第 53 页。

③ 参见颜厥安：《法与实践理性》，中国政法大学出版社 2003 年版，第 218 页。

④ 参见［德］阿图尔·考夫曼：《当代法哲学和法律理论导论》，郑永流译，法律出版社 2002 年版，第 55 页。

拉底看来，法就是理性："应当由法律实行其统治，这就是说，唯有神祇和理性应当行使统治，让一个人来统治，这就在政治中混入了兽性的因素，因为人的欲望中就有那样的特性。因此法……可以被定义为'不受任何感性因素影响的理性'。"① 苏格拉底的学生柏拉图并不信任实在法，他寄期望于在理念中构筑一个自然法。

亚里士多德的自然法思想是他哲学体系中的一部分。他首次将理念与自然的概念联系起来，在他那里，我们首度发现了自然法和实证法的定义："城邦的法分为自然的与法律的（实证的）。自然的是这样一种法，它到处有着相同的有效性，不取决于对人来说是好还是坏。法律的则指，其内容原初是偶然的，但一旦由制定法律所确认，便有着确定的内容。"② 他的自然法不是自然状态下的自然法，而是城邦状态的自然法：（1）城邦法律分为自然的法律和创设（实证）的法律。（2）法律是城邦之秩序，此秩序是城邦之本质（自然）的展现，亦即由其可能性的理念（形式③）或真实性发展。（3）法分为恶法与良法，不良的法律将导致城邦的腐化衰亡。（4）人类世界之自然（性

① 参见［美］博登海默：《法理学：法律哲学与法律方法》，邓正来译，中国政法大学出版社2004年版，第13页。

② ［德］阿图尔·考夫曼：《当代法哲学和法律理论导论》，郑永流译，法律出版社2002年版，第62页。

③ 这里的形式是相对于亚里士多德的质料而言的。亚里士多德认为：理论哲学（真理）就是研究一般事物的原因，原因又分为四因：形式因、质料因、动力因和目的因。形式就是事物的本质，质料是事物基本的构成要素，目的因是指事物生成变化的目的，动力因是事物的起源。动力因和目的因又归于形式因，所以归根到底就是形式因和质料因。形式与质料的关系是辩证的，也就是说事物的发展表现为质料对形式的追求，但又不是质料主动的追求，而是形式给质料赋形，使自己在质料中实现出来。因此，形式就是目的或本质，质料是被动的可能性，形式是主动的现实性；形式并不是僵化的，而是能动的活动。因此，形式作为事物的目的，看起来似乎后于质料（作为结果），实际上先于质料（作为动机）。如房子的设计蓝图是房子的形式因，房子是蓝图的质料，而砖瓦木料是房屋的质料因；房子是砖瓦木料的形式因，泥土又是砖瓦的质料因。如此类推。对人而言，手脚等是人的身体的质料因，而人的身体又是人这个实体的质料因；个人是城邦的质料因，而城邦是人的形式因。所以，他认为，人的本质是一种政治、城邦的动物，城邦是先于个人和家庭的，正如人的身体先于手脚。因为若身体毁坏了，就没有真正的手脚可言。他还说：人如果要成为完满自足的人，必须生活于城邦之中，不能生活于城邦之中或不需要生活于其中既已自足者，不是野兽便是神。参见邓晓芒、赵林：《西方哲学史》，高等教育出版社2005年版，第63页。颜厥安：《法与实践理性》，中国政法大学出版社2003年版，第223页。

质）受到变动法则之支配。(5) 城邦的理念是自始就存在的，作为展现城邦性质之秩序的是自然法。这种自然法是符合城邦本质（自然）之秩序的。因此，亚里士多德说法律是城邦之秩序，而这种法则只有通过理性的运用加以认识和发现。城邦的具体存在虽然是经由人类的行动所形成，但是其根本原则却不随人类的意志而改变。

而古希腊雅典的斯多亚学派认为，支配世界的原则就是理性，自然法就是理性法，在服从理性命令的过程中，人乃根据符合其自身本性的法则安排其生活，即理性作为一种遍及宇宙的普适力量，就是法律和正义的基础。

古罗马的西塞罗（Marcus Tullius Cicero，公元前106—公元前43年）接受了这种观念。在他看来，“真正的法律是与自然相吻合的正确之理性，它对所有的人普遍适用，稳定持久地存在，它通过命令召唤履行义务，经由戒律防止作恶……限制这种法律的影响，有悖于上帝之法，部分废除它也不允许，完全取消它也不可能。但我们既不通过元老院，也不能经由人民解除这种法律对我们的约束……法律是永恒不变的法律，将适用于一切民族和一切时代，同样将有一个超越一切的共同的导师和主宰：谁不服从这种法律，谁就是逃避自我，因为他违反了人的本性，为此要遭受最严厉的惩罚。”① 我们可以这么认为，古希腊、古罗马时期的法哲学认为万物和一切行为受世界法则、世界理性统制，理性、正义是自然法的内容或基础。

（二）“理性”与神学自然法学

到了中世纪，托马斯·阿奎那（St. Thomas Aquinas，1225—1274年）将法律划分为永恒法、自然法、神法和人法。永恒法是指导宇宙中一切行动和活动的神之理性和智慧。自然法就是人用上帝赋予人的理性启示辨别善恶的法，因为理性能使人洞见永恒法的一些原则。神法就是上帝通过《圣经》启示给人类的。人法为“一种以公共利益为目的的合乎理性的法令，它是由负责治理社会的人制定和颁布的”，“为了使政府的命令具有法律的性质，这种命令就必须服从理性的某种要求，一种不正义的、非理性的而且与自然法相矛盾的法律，根本就不是法律。”② 这一时期的法学家们认为，理性的力量普遍适用于所有的人、所有的国家和所有的时代，而且在对人类社会进行理性分析的基

① ［古罗马］西塞罗：《论共和国》，转引自［德］阿图尔·考夫曼：《当代法哲学和法律理论导论》，郑永流译，法律出版社2002年版，第67页。

② ［美］博登海默：《法理学：法律哲学与法律方法》，邓正来译，中国政法大学出版社2004年版，第33页。

础上能够构建起一个完整令人满意的法律体系。

(三)"理性"与古典自然法学

启蒙时代的自然法理论被称为古典自然法学。尽管流行于17—18世纪这种自然法理论存在各种各样的形式，但无论何种形态，都是对早期自然法学的观点的继承与发展。古典自然法学的创始人格劳秀斯（Hugo Grotius，1583—1645年）认为，成文法源于自然法，自然法源于人的理性。在他看来，人天生就具有一种能使他们在社会中和平共处的社会生活能力，凡是符合这种社会冲动、符合作为一种理性的社会存在的人的本性的，便是正确的和正义的，否则便是不正义的，所以他将自然法定义为"一种正当理性的命令，它指示：任何与合乎理性的本性相一致的行为就有一种道德上的必要性；反之，就是道德上罪恶的行为"。① 古典自然法学都继承了古代和中世纪自然法思想中所体现出来的法的理性原则，尤其是斯多葛学派的自然法思想所强调的普遍理性原则。

古典自然法理论不完全是社会契约论，但社会契约论是古典自然法学的重要内容。在霍布斯（Thomas Hobbes，1588—1679年）之前，自然状态理论是一种神学理论，自然本身就是本性或本质的含义，理性要么等同于自然或等同于自然法，要么是其通往认识自然的途径。这时的理性是一种超验的、抽象的、永恒的、普遍的正义法则。但是，霍布斯对法的论证提出了一个新的路径。霍布斯认为，在自然状态中，人与人的关系是狼对狼的关系。霍布斯的这种自然状态描述已经将视角从神转向了人。他认为，为了避免自我毁灭的结果，上帝在赋予人"恶"的秉性的同时，也赋予了人以理性。自然法就是"理性所发现的戒条或一般法则。这种戒条或一般法则禁止人们去做损害自己的生命或剥夺保全自己生命的手段的事情，并禁止人们不去做自己认为最有利于生命保全的事情"。② 霍布斯的时代是新自然科学的世界观时代，这时的理性遭遇了经验论，本体意义上的理性转向了技术（工具）理性主义，这种机械论的宇宙观包括唯物论、因果关系、原子论等主要几个要素，心灵或思想只是物质作用的结果或表现，并无物质之外的目的因，宇宙由一些基本单位（如原子）组成。霍布斯法哲学观念也受到这种宇宙观的影响，他舍弃目的论

① [美] 博登海默：《法理学：法律哲学与法律方法》，邓正来译，中国政法大学出版社2004年版，第65页。

② [英] 霍布斯：《利维坦》，黎思复、黎廷弼译，商务印书馆1986年版，第96~97页。

探求的方法，改以一种机械因果关系来研究自然法及国家成立的原因，而这种探讨又是以个体而非整体为出发点。这就从理性的演绎法转向了经验的归纳法。因此，霍布斯的自然法与古代自然法的最大差异就是对自然法原因之预设的差异。他认为人之本性并不是政治性或社会性的动物，人类其实是反社会性的一种动物，从而也否定了社会或国家作为"形式"的整体观，取而代之的是政治原子论（即一种个人主义）。国家的产生是避免人性恶带来的自我毁灭，国家是个人为了自保出让自己的一部分自然权利而达成的契约，也就是说任何社会或国家的组成，以及主权者的权力皆来自个人，个人才是原初的完整独立的。霍布斯的自然权利论完全颠倒了人类关于国家与个人的关系，霍布斯因此被认为是近代个人主义的奠基者，同时也是现代自由主义的创立者。① 这样，在社会契约论下，主权者的特色在于命令与意志，而不是像古代自然法理论那样是理性和智慧。法律也不是因为其合理或真实而有权威，而是因为主权者（这个主权者是自己同意的）的权威而成为法律。这种思想也体现在后来的实证法学家的思想中。这种契约论的思想就成为了近现代自然法思想的主要理论。如洛克、孟德斯鸠和卢梭的思想基本都是沿袭这种论证方法。不同的只是他们对自然状态和人性的假设，经过他们的探讨，形成了比较完善的社会契约论和三权分立的政治体制。这对近现代西方国家的政治、法律影响极为深远。

在社会契约论中，法与理性的关系发生了微妙的变化，这里的人类状态发生了分化，即自然状态和社会状态的分化，或者说是自然状态向社会状态的过渡。在这个过渡过程中，有几点值得注意：(1)"意志"取代了"理性"。"这一点与现代自然法理论是以透过意志的决定来缔结契约、组成社会、证立规范，是完全相反的想法……古典的自然法论是一种'理性—认识—秩序'的自然法论，而现代的自然法论则可以说是'意志—决定—契约'的自然法理论"。② (2)"理性"转向了"权威"。在这个过渡中，"法律就成了达成目的（保证个人之自然权，安全等）的工具"，"理性便成为思考如何设计法律来达成特定目标的'工具理性'，这是一种理性概念的转化也可以说是窄化即从实质理性变成了工具理性。"③ 工具理性主义的出现及其在法学领域的运用，为法实证主义的出现和兴起埋下了伏笔。(3) 自然法出现了明显的区分。也如

① 参见颜厥安：《法与实践理性》，中国政法大学出版社 2003 年版，第 232 ~ 233 页。
② 颜厥安：《法与实践理性》，中国政法大学出版社 2003 年版，第 228 页。
③ 颜厥安：《法与实践理性》，中国政法大学出版社 2003 年版，第 235 页。

本节开始提到的那样，西方哲学对自然的静态和动态的把握，在法哲学这里逐渐演变成了对自然法的来源和自然法的本体的研究。前者如自然法学，始终必须预设一个源头，这个源头或是神，或是天赋的，或是人民权利的转让，或是道德等；后者如法实证主义，认为对法的研究，就是研究法本身的内在结构，甚至建构出逻辑一致、结构完备的法学体系。"二战"以后自然法的复兴其实也就是对法的源头的重新思考。

（四）"理性"与复兴自然法学

从19世纪中期到20世纪初，自然法理论在西方大多数文明国家中一直处于低潮。虽然在20世纪中期德国法学家施塔姆勒、意大利的法学家德尔·韦基奥等人重新论证了自然法学，但是直到拉德布鲁赫（Gustav Radbruch，1878—1949年）从实证主义法学派向自然法学派的转向，才使得自然法学派走向了复兴之路。正如考夫曼教授所说：自然法"在法实证主义看上去取得了最杰出的成果：19世纪末一系列伟大的德国法典，如刑法典、民法典、商法典……时，就已经显出颓势……而且必须考虑到，19世纪末20世纪初的实证主义者们，是从这样一个之于他们是顺理成章的假定出发，即立法者不颁布'卑鄙的'法律"。① 但是考验来临了，"卑鄙的"、"不道德的"、"罪恶的"法律被颁布了，"恶法不仅仅是课堂上的例子，而变成为现实，那种纯形式的法律概念已不听使唤了"。② 拉德布鲁赫说："康德哲学使我们认识到，我们不可能从'什么是'中得出，什么是赋有价值的，什么是正确的，什么是应该是（怎样的）。也从未有什么东西因为'它是'或者'它曾经是'，或者即使'它将来是'，就能说明'它是正确的'。从而我们也能得出对实证主义、历史主义和进化论的否定，它们分别是从现有事实、已有事实和将来中得出'必然'这一结论的。"③ 拉德布鲁赫认为，从法律现象中可以归纳出法律概念，却不能证明这个概念。法律概念是一个必然的、一般的概念，应该通过推导的方法来证明，并且法律概念是一个文化的概念，即一个涉及价值的现实的

---

① 如其理论本身的两大信条：一为法官不许造法；二为法官也不许在法律上沉默。在逻辑上必以第三种信条为提前，即制定的法律秩序是一个封闭的无漏洞之整体。还有另一个重要的事实：由于不公正的或不道德的法律，实证主义苍白无力。参见［德］阿图尔·考夫曼：《当代法哲学和法律理论导论》，郑永流译，法律出版社2002年版，第116页。

② ［德］阿图尔·考夫曼：《当代法哲学和法律理论导论》，郑永流译，法律出版社2002年版，第119页。

③ ［德］拉德布鲁赫：《法哲学》，王朴译，法律出版社2005年版，第7页。

概念。因此，他说："法律是一个有意识服务于法律价值与法律理念的现实，因此，法律概念直接指向了法律理念。"①

富勒（LonL Fuller，1902—1978 年）不仅将批判的矛头对准了实证主义，而且还指向了法律现实主义。他把法理解为"是把人类置于规范统治之下的事业"，② 并且坚持法与道德的不可分性，也就是应然世界与现实世界的联系。在此基础上，他提出了著名的法治八大原则，即法律的普遍性、法律的公开性、法律的不溯及既往、法律的明确性、法律中的不可矛盾性、法律要避免规定无法做到的事情、法律的稳定性、官方行为与法律规定的一致性。富勒还提出了程序自然法（内在道德）与实体自然法（外在道德）的区分，并注重研究程序自然法，这种观点表现了自然法与法律实证主义的融合。罗尔斯（John Rawls，1921—2002 年）用"原始状态"的"无知之幕"的假设来论证正义原则，而德沃金针对功利主义和实证主义，致力于恢复以个人权利为基础的自由主义传统。功利主义和实证主义认为权利是法律之子，但在德沃金看来，自然权利才是更根本的权利。他提出了法律规范包括法律规则和法律原则，并且赋予以"平等关怀与尊重的权利"为依据的原则以法律的约束力。总之，自然法复兴运动有着共同的思考模式，如自然法是超越于实证法之外的"法体系"或"法原则"；在一定的条件下，实证法会因违反自然法而丧失效力，而此时的实证法就不再具有法的资格，即提出"恶法非法"的观点；自然法的基础来自于某种客观的"秩序"。新自然法学派力图克服实证主义法学对古典自然法学的攻击，试图透过对客观法的分析，寻找"法"作为实证法的客观的标准，由此来区分真正的"法"和具有法之"表象"的规范（这种规范仅仅是权力的运作），只不过这种标准不再是抽象的"理性"而是道德了。

## 二、理性与自由、权利

法的理性解释在 18 世纪末 19 世纪初以康德和黑格尔这两位德国古典哲学巨匠为代表的德国哲理法学派那里发展到了极致。

康德的法学思想主要体现在他的《法的形而上学原理》（即法哲学）和《道德形而上学基础》这两本书中。其中，《道德形而上学基础》是法哲学的理论基础，而《纯粹理性批判》又是《道德形而上学基础》的基础。在《道德形而上学基础》中，康德论证了道德律（即绝对命令或定言命令）如何可

① ［德］拉德布鲁赫：《法哲学》，王朴译，法律出版社 2005 年版，第 31 页。

② ［美］富勒：《法律的道德性》，郑戈译，商务印书馆 2005 年版，第 124 ~ 125 页。

能的问题。绝对命令的内容："你要仅仅按照你同时也能够愿意它成为一条普遍法则的那个准则去行动"，"义务的普遍命令也可以这样来表述：你要这样行动，就像你行动的准则应当通过你的意志成为普遍的自然法则一样。"① 康德的道德律有三个变形公式：自然律公式、目的公式、自由公式。最终归结为"定言命令也可以这样来表达：你要按照能把自身同时当做对于对象的普遍自然规律的那些准则去行动。"② 道德律的这些公式都是可以从理性的本质中推演出来的。理性既然是普遍的、必然的，那么作为一个有理性的人的行动的主观准则要能够成为一贯的原则，就必须使得你的主观准则能像自然律即自然法则那样具有普遍性，这就是道德律的自然律公式。

关于目的公式的论证，康德说："对所有理性存在者来说，将其行动任何时候都按照他们本身能够愿意其应当用做普遍法则的那样一些准则来评判，难道是一条必然法则吗？如果它是这样的一条法则，那么它必定已经（完全先天地）与一般理性存在者的意志这个概念结合在一起了。"而"意志被设想为一种根据某些法则的表象规定自身去行动的能力。而这样一种能力只能在理性存在者那里找到。现在，用来作为意志自我规定的客观基础的，就是目的(Zweck)，而这目的如果单纯由理性给予，就必然对所有理性存在者同样有效。"③ 康德认为，作为主体的人的主观准则要成为必然的法则（像自然律那样具有普遍性和必然性），那这个"主体"一定与一般理性存在者的意志联系在一起，因为意志被设想为一种可以规定自身去行动的能力，而这种能力只有理性存在者才拥有。那么用来作为意志自我规定的客观基础，就是目的，欲望的主观根据只能是动机。也就是说，康德认为在一种实践理性中，我们设定的不是发生之物的根据（自然法则的因果律，这是纯粹理性即知性世界的范围），而是即使从未发生却应当发生之物的法则，也就是客观的实践法则。而客观的实践法则，是就一个意志之被理性规定而言它与自身的关系，即理性自己独自规定行为。所以康德说："如果应当有一种最高的实践原则和就人类意志而言的一种定言命令，那么它必定是这样一种原则，这一原则从本身就是自

① ［德］康德：《道德形而上学基础》，苗力田译，上海人民出版社2005年版，第20页。

② ［德］康德：《道德形而上学基础》，苗力田译，上海人民出版社2005年版，第30页。

③ ［德］康德：《道德形而上学基础》，苗力田译，上海人民出版社2005年版，第23~24页。

在的目的、因而对每一个人来说必然都是目的的东西这个表象中，构成意志的一种客观原则，从而能够充当普遍的实践法则。这个原则的根据是：理性的本性是作为自在的目的本身而实存的。"① 也就是康德认为"人格（Personen）"就等同于理性存在者，而无理性的存在者叫做"事物（Sachen）"。事物只具有作为手段的相对价值，而人格中的人性已经显示出他们就是自在的目的本身，而决不能只被当做手段。故"实践命令将是如下所述：你要这样行动，把不论是你的人格中的人性，还是任何其他人的人格中的人性，任何时候都同时用做目的，而决不能只是用做手段"②。这是如何演绎的呢？首先人性作为自在的目的本身并不是从经验中借鉴来的，是因为，第一，因为它的普遍性，也就是理性本身就是由普遍性的本质演绎出来的；第二，人性不是（主观地）被表现为某个人的主观目的，而是被表现为客观目的即理性存在者作为一个可能的善良意志的主体本身作为一个独立自主的目的，这一目的只能是所有可能的目的的主体本身，这个客观目的作为法则构成一切主观目的的最高限制性条件，这个客观目的来自于纯粹理性；第三，这样，从目的公式中的逻辑就能推出自由公式。也就是说这样一种理性存在者的意志只有在自由的理念之下才能是它自己的意志，从而必须在实践方面被赋予一切理性存在者。因为意志和主观的准则中本身就蕴含着自由的概念，为什么你的意志要选择这样一种准则，是因为你有自由。而"你要这样行动，就像你行动的准则应当通过你的意志成为普遍的自然法则一样"。这又是如何可能的？也就是说，你为什么选择自己的准则时要把它当做普遍法则，是因为你有自由意志。这样自由公式就论证出来了。

那么按照康德的逻辑，应该进一步追问："自由的公式"何以可能？康德的回答是因为人有理性，人有理性就有了自律，自律就是自己给自己立法，在根本上实现自我规定性，那就是人作为客观目的的存在，而客观目的存在又推出了自由。这就"似乎"陷入了循环论证。但是，这个"循环论证"仅仅是"似乎"的，也就是说它并不是真的循环论证。这里就需要引入康德的纯粹理性批判中已经论证的观点了，所以，《纯粹理性批判》是《道德形而上学基础》的基础。在《纯粹理性批判》中，康德已经区分了现象与自在之物了，

---

① ［德］康德：《道德形而上学基础》，苗力田译，上海人民出版社 2005 年版，第 30 页。

② ［德］康德：《道德形而上学基础》，苗力田译，上海人民出版社 2005 年版，第 30 页。

而理性分为理论理性和实践理性。理论理性论证了自然科学的形而上学（自然界）是如何可能，实践理性要论证道德律（人的世界）是如何可能的。康德认为，我们能够认识的只能是现象界，对于自在之物的本体界我们是不可认识的，我们只能思维。所以康德说，我必须悬置知识，以便为信仰（比如上帝、道德领域等）留下地盘。

回到康德对循环论证的解答，他要解决这个所谓循环论证的问题，就必须首先提出来两种不同的立场，一个是知性世界，一个是感性世界。从同一立场看，它确实是循环论证，但是如果从不同立场上看，那么它是有区别的。作为一种消极的自由，它是由理性推导出来的，并停留在知性世界；而作为一种积极的自由，作为一种道德律来说，它要影响或作用于感性世界。那么作为感性世界的根据，它就要提供绝对命令。而作为一种命令何以可能？道德律的可能性可以从理性本身推出来，但是道德律作为一个命令即现实性或实践性那就必须有一个条件，那就是人是有限的，人同时属于感性世界和理想世界，也就是人同时跨知性和感性两个世界。人有理性，所以道德律就是可能的；但人又是感性的，道德律在人的生活和行动中，要得到实现，必须要通过命令的方式，采取义务的形式。即“这个意志能够通过其准则把自己同时看做普遍立法的。现在，如果这些准则不是由其本性已经必然地与作为普遍立法的理性存在者的这一客观原则一致，那么根据这原则行动的必然性就叫做实践的强制，即义务。义务并不适合于目的王国中的首脑，但它却适合于、并且完全在同等程度上适合于它的每个成员。”① 如果人是纯粹理性的如上帝的话，就不需要命令，不需要义务，所以就纯粹理性即上帝而言，理性天然的就具有实践性，这也就是为什么康德的第二批判不是“纯粹实践理性批判”而是“实践理性的批判”，因为纯粹实践理性不需要批判，它天然的就具有实践性，但是人则需要采取命令的形式。所以，定言命令何以可能就在于人既有理性，同时又有感性。他只有通过命令的方式才能把理性本身的原则通过实践而实现出来。这样，康德就为法哲学作好了理论的前提，只有理解了《道德形而上学基础》，我们才能真正理解康德的权利法哲学。

我们再来看看权利的法哲学。康德指出：“与自然法则不同，这些自由法则叫做道德的。就这些法则仅仅涉及纯然外在的行动及其合法则性而言，它们就叫做法学的；但是，如果它们也要求，它们（法则）本身应当是行动的规

① ［德］康德：《道德形而上学基础》，苗力田译，上海人民出版社2005年版，第30页

定根据，那么，它们就是伦理的。这样一来人们就说：与前者的一致叫做行动的合法性，与后者的一致叫做行动的道德性……法则作为一般自由任性的纯粹实践理性法则，都毕竟必须同时是这任性的内在规定根据。”① 这表明，康德认为道德形而上学的内在伦理原则的外在行动和合法化就是实在法律的根据。对于自然法则，康德认为：“对于赋予责任（verbindenden）的法则而言，一种外在的立法是可能的，一般而言这些法则就叫做外在的法则（leges externae）。在这些法则中间，有一些法则，对它们的责任即便没有外在的立法也能被理性先天地认识，它们虽然是外在的法则，但却是自然的法则。”② 也就是说，康德秉持亚里士多德以来的实在法之上还有自然法的观念，又将自然法的理论归于权利的科学。

那么什么是权利呢？康德认为，首先，它只涉及一个人对另一个人的外在的和实践的关系；其次，它只表示他的自由和别人的行为的自由的关系；再次，权利的概念不考虑意志行动的内容，而仅仅考虑意志行动的形式，考虑到彼此意志行为的关系。③ 而意志行为的选择之所以被考虑，是因为它们是自由的，并考虑人们之间的行为，按照一条普遍法则，能否与他人的自由相协调的问题。

什么是权利的普遍法则？康德说：“任何行动，如果它，或者按照其准则每一个人的任性的自由，都能够与任何一个普遍法则的自由共存，就是正当的……所以，普遍的法权法则：‘如此外在地行动，使你的任性的自由应用能够与任何人根据一个普遍法则的自由共存’。”④ 这里的普遍法则其实就是上面我们已经讲到的定言（绝对）命令即道德律。可以看出，康德将法的原理归于权利，而将权利的原则又归于自由，而自由又是理性推导出来的。所以，康德的法的理念就是自由的理念，就是理性的理念。康德认为法权分为自然法

① 要理解康德的自然法，应该区分自然法的两个不同的含义：一个是指“自然法则”，一个是自然法权（又译自然权利）。自然法则就是自然规律，而规律中又有法则、法律的含义。自然法权既包含法律，又包含权利，通常译为自然法权。相比较而言，自然法则更强调客观的必然的规律，而自然法权更强调权利，强调自由。转引自邓晓芒：《康德论道德与法的关系》，载《哲学研究》2009 年第 4 期。

② 邓晓芒：《康德论道德与法的关系》，载《哲学研究》2009 年第 4 期。

③ 参见［德］康德：《法的形而上学原理——权利的科学》，沈叔平译，商务印书馆 2005 年版，第 40 页。

④ ［德］康德：《康德著作全集》(第 6 卷)，李秋零译，中国人民大学出版社 2007 年版，第 238 ~ 239 页。

权（即自然权利）和实证法权，自然法权是建立在先天原则之上的，实证法权则来自于一个立法者的意志。自然法权是实证法权的根基，而自由权是衡量一切具体法权的标准。康德正是通过追溯自然法权内在的道德根基，把自然法权与自然法则区别开，同时，也正因为此，自然法权是把自然法则引向其道德内核的桥梁。他要把自然法权的唯一基点建立在人的自由之上，以便从中引申出道德的内涵。而这种道德内涵就在于道德命令本质上立足于自由意志的自我立法，即道德自律。这就完成了一个根本性的倒转：法或法则不是天赋的，也不是上帝颁布的，而是人的自由意志的无条件的命令。对于西方而言，道德立足于法之上的传统结构被颠倒为法立足于道德之上的崭新结构了。也就是说康德不只是说，我们除了需要道德以外，还需要法；而且还说，我们之所以需要法，是因为我们需要道德。只有当我们在守法时不是为了其他功利的目的，而是把守法当做自己的义务，为义务而义务地守法，才真正具有了法的精神，也才使法本身具有了道德的含义。而这一切之所以可能，是因为人有理性；这一切之所以具有现实性，是因为命令即通过法的命令；而命令之所以必要，是因为人又有感性。简而言之，这一切的根源在于人性的本质是感性与理性的辩证统一，即人性是跨两界的。否则的话，我们守法就与动物遵守自然法则没有区别了。而且，更为重要的是，它是促使公民意识到自己的道德的一种训练。① 康德重视法治，他指出，最好的政体是人们根据法律行使权力，这样才能将人类引向政治上至善的境地，并通向永久和平。②

理解了康德，我们再来看看黑格尔的法哲学。从黑格尔的一句话中，我们能看到康德的影子："法的观念就是自由，即意志的自由。"他说："人间最高贵的事情就是成为人"，"但人却不总是高贵的，唯有成为一个真正的人才是高贵的。"怎样成为一个真正的人呢？他说，"法的命令是'作为一个人，并尊敬他人为人'"。③ 这样，黑格尔把法提高到人之成为真正之人的命令。唯有遵守这种命令，人才成为真正意义上的人。而法是什么呢？"任何一种包含着自由意志的存在，就叫做法。"④ 这种法（命令）就是作为人的意志的自

① 参见邓晓芒：《康德论道德与法的关系》，载《哲学研究》2009年第4期。

② 参见［德］康德：《历史理性批判文集》，何兆武译，商务印书馆1990年版，第16页。

③ 以上引言参见［德］黑格尔：《法哲学原理》，范杨、张启泰译，商务印书馆1979年版，第45～46页。

④ G. W. F. HEGEL. Philosophy of Right [M]. Cosimo, Inc. 1821, 33.

由。也就是说，黑格尔认为人只有拥有自己的自由意志才能是真正的人。那么黑格尔是如何论证的呢？其实黑格尔也是以“理性”作为他的法哲学的整个基点。他以理性为法学的出发点和归宿，认为法律不过是理性的一种外化物。必须以理性为“范型”，法的一切属性乃是理性所规定，法的一切概念均源出于理性。理性决定了黑格尔法律学说的思维空间和基本特征。而法的社会作用，只能是贯彻理性的意志，使理性的客观要求现实化。

黑格尔运用“理性”来论证法律的意义在于：（1）为法律要求的客观化寻找认识上的根据，借以证明实现自由、平等、法治、改革等要求并非人的主观愿望，而是社会的必然。（2）在具有必然性意义上的理性基础上思考和谈论法律问题，把强权、民意、民族精神等统统置于附属的地位，突出法的客观性和规律性方面的内容。（3）把以往建立于感性直观和自然因果关系上的法学改为概念至上的精神决定论的法学。① 也就是说，黑格尔认为法律的发展是它自身的本质属性，而决定这种发展的动力就是具有无限能动性的理性；法律发展的宗旨是不断解决理性与现实的矛盾、应然与已然的矛盾。他指出，现存的应然法一旦失去其必然性，违反了理性就变成不合理的，虽然它仍然可能存在，但是它已经丧失了本质，终将像脱却了果实的空壳一样被淘汰。这里西方理性的两个含义：逻各斯和努斯，在黑格尔这里高度发展。也就是说“法”这个逻各斯（强调法的客观性和必然性）就是自由的观念，也就是努斯的能动性和超越性。可以说在黑格尔那里，法律不过是理性的一种外化物，必须以理性为“范型”。法的一切属性乃是理性所规定的，法的一切概念均源于理性的观念。

### 三、理性与实在法规则

不管是自然法学还是实证主义法学，都运用了认知理性的思维模式。理性主义除了是与经验主义相对应的方法外，在近代以来，还以实证逻辑作为知识的标准，要求知识最终必须在经验事实或逻辑推理中获得合理重建。所以，是客观的实证或逻辑、而非个人，成为知识的标准，不能通过事实或逻辑获得重建的认识，就不是知识。所以从这个意义上讲，实证法学的方法论从根本上说同样是理性主义的方法论，只不过在具体运用中它同时吸收了经验主义的“经验+归纳”的方法。

① 参见舒扬：《简论黑格尔的理性法思想》，载《西北政法学院学报》1987 年第 4 期。

实证法学并不像自然法学派那样比较统一，其内涵既极为丰富，又不完全清晰。综合哈特曾经列出的法实证主义的代表性命题和澳大利法学家萨默斯提出的实证主义的十大含义，我们认为，实证法学的主要观念是：（1）法是命令。（2）法与道德间并无必然之连结，亦即法是什么，与法应该是什么，应分开处理，真正的法是实证法，各种形态的自然法则只是道德或正义理念，并不具备法律的性质。（3）对法概念的分析性研究是值得进行的，但它应与对法概念其他研究，如历史的研究、社会学研究、对法的评价等分开进行。（4）法律体系是一逻辑封闭之体系。法律裁判可以仅运用逻辑工具，无须参考社会目标、政策、道德准则等，直接由已预设之法律规则中演绎得出来。（5）对价值（道德）的问题是无法透过理性论证加以谈论决定的，也就是价值的不可知论。（6）实际上的法律与应当的法律应区分开。（7）司法判决可以从事先存在的前提中逻辑地演绎出来。（8）现存实在法的概念适宜于分析研究。在这里，我们对法实证主义主要是作为与自然法相对应的宽泛意义上进行的界定，即是广义意义上的实证主义，包括社会法学派、分析法学派等流派。①

全面兴盛于19世纪的实证法学深受欧洲实证主义哲学的影响，但是如果说实证法学是实证主义哲学在法律研究过程中的应用恐怕也是不对的。无论是实证法学还是孔德之后的实证主义哲学，都受到来自自然科学经验研究成果的重大冲击。准确地说，英国的实证法学是其经验主义哲学传统的延续，而德国的实证法学是其观念论哲学传统与理性自然法论的反映。两者追求的重点当然都是法律的实证性，都认为实证法才是真正的法律。不过，英国的传统强调的是事实与经验，德语世界的历史法学派强调的是“历史实证性”。②

实证主义哲学的集大成者是法国哲学家孔德，但法实证主义的奠基者霍布斯、边沁的著述早于孔德，并未受到孔德的影响。边沁在《政府片论》中说：“至于自然法（我相信它将出现），如果它什么也不是，而仅仅是一个术语；如果出了某种行为的有害的倾向之外，再没有其他手段可以证明该行为是对自然法的一种触犯；如果除了某项法律的不适当之外，再没有其他手段去证明该项国家的法律是与自然法相冲突的，除非是某些人的毫无事实根据的非难（他们认为这可以被称为一种证明）；如果一种用来把那些可能与自然法相冲突的法律和那些仅仅是不适当，但并不和自然法相冲突的法律区别开来的检验

① 参见吕世伦主编：《现代西方法学流派》，中国政法大学出版社2000年版，第145页。

② 参见颜厥安：《法与实践理性》，中国政法大学出版社2003年版，第247～249页。

标准，甚至连我们的作者，或者其他任何人也不曾作为虚构的经验标准提出过；总而言之，任何法律如果为一些人出于那种或那种原因而不喜欢，那么这种法律很少不会被他们认为和《圣经》的某些内容有矛盾；我看不出有什么补救的办法，除非这种学说的自然倾向是通过良心的力量迫使一个人站出来，用武力反对它偶然发现的不喜欢的法律，什么样的政府能够与这种安排并存……这就是功利的原则；如果它被准确地理解和坚定地应用，就会提供唯一线索引导人们通过这些狭窄的道路。"① 从上面一句话可以看出，边沁认为自然法没有为实定法提供可以辨别的标准，自然法只能诉诸人的良心，甚至最后不可避免地就等同于神法即《圣经》。在这个时候的欧洲发生了一场轰轰烈烈的产业革命，就在边沁发表《政府片论》的同时，亚当·斯密发表了他的名著《国富论》。反自然法哲学的倾向与追求科学技术以及由科学技术带来的财富增长的欲望相辅相成，人们企求的是最大多数人的最大幸福，而不是抽象的自然权利，功利主义已成为一种激进的社会思潮。

边沁的学生奥斯丁在这种思潮的影响下成为实证主义法学的奠基人。奥斯丁在其《法理学范围之确立》中，严格定义了法律，提出了著名的"法律命令说"，划分了法理学研究的范围。在《法理学讲义》中，他详细地分析了法律的最一般概念、原则和主要的法律分类。凯尔森提出了纯粹法学，纯粹法学的核心是从结构上研究法律，而不是从心理上或经济上论证法律的作用，也不是从政治上或伦理上探讨法律的价值。从结构上研究法律，是指研究法律一般概念、原则和原理。纯粹法学的研究对象是法律规范，即一个国家具体的实在法或"法律的实然"。凯尔森说："这一科学的唯一目的在于认识法律而不在于形成法律。一门科学必须就其对象实际上是什么来加以叙述，而不是从某个特定的价值判断的观点来规定它应该如何或不应该如何。""法学若要成为一门科学，就不能服务于当权的政治权力，而纯粹法学就是这样一种努力，它是以实然和应然的区别为基础，探究实在法的规范科学。凯尔森既不赞成自然法理论作为法律推理前提的先验的正义原则，又反对奥斯丁以主权者的权力为法律的根据。"② 他虚构了一个基本的法律规范或法律的基本规范，提出法律规范之间存在一个等级关系，在追求法律规范的效力过程中，每一个法律规范的效力都可以从上一级规范中获得，最后一直到基本规范。法律的基本规范是产生

① [英] 边沁：《政府片论》，沈叔平译，商务印书馆 1995 年版，第 210 ~ 211 页。

② [奥] 凯尔森：《法与国家的一般理论》，沈宗灵译，中国大百科全书出版社 1996 年版，作者序。

一切法律规范效力的根源，也是使法律规范成为一个完整体系的原因。至于基本规范的效力从何而来的问题，不同学科的学者会从不同角度来解答，政治学家可能会求助于多数选民的同意，社会学家可能会说是社会生活的构造或制度的原因；心理学家可能会将其归结为社会心理的支持或法律背后有关服从的行为倾向。但是，在他看来，这却不属于法律科学的问题。① 可以看出，凯尔森深受康德哲学的二元论的影响。二元论认为实然中归纳不出应然，由应然命题亦得不出实然层面的陈述。因此，一个规范在应然层面有效性的根据无法来自于任何事实，而仅仅来自于另一个规范。

新分析法学派的哈特于1962年发表了《法律的概念》，该书被视为新分析法学派法学产生的标志，有人认为哈特的著作代表了法律实证主义研究的最高水平。② 哈特与凯尔森一样都受到新康德学派的影响，主张应然和实然的二元方法论。而哈特在方法上受到维特根斯坦的逻辑实证论影响甚深，他针对奥斯丁的“法律命令说”提出了“法律规则说”，即第一性规则和第二性规则的结合，并且提出了著名的“最低限度内容的自然法”的观点。而这被认为是“二战”后分析法学对自然法学的妥协。当然，实证主义法学还有许多分支及其代表人物，如继哈特之后的拉兹、麦考密克和魏因贝格尔等分析主义法学家，还有社会法学派、制度法学派和现实法学派的观念，其中以拉兹为代表的研究方向主要讨论规范及其体系、为什么能够知道我们的行动的问题，其中包括规范与行动的关系、规范与实践理性的关系、规范与实践推理逻辑等问题，在本书的其他章节中将有专论。

理性与实在法规则的关系，可以从以下几个方面予以说明：

首先，虽然实证法学与自然法学存在巨大差异，但其共同点都是运用着相同的逻辑规则。从本体论上讲，自然法学与实证法学虽对法存在的根据，即法的有效性有着不同的认识，前者为预设的、不变的“人之本性”，后者为变动不居的“立法者意志”。但是，两者对法律的发现过程在理解上是一致的，即法伦理原则→实证的法律规范→具体的法律判决。而就连规范主义的法律实证主义也认为，具体的法律判决，同样是不考虑经验而是纯演绎地、“严守逻

① 参见颜厥安：《法与实践理性》，中国政法大学出版社2003年版，第54页。

② 参见［英］韦恩·莫里森：《法理学：从古希腊到后现代》，李桂林等译，武汉大学出版社2003年版，第351页。

辑”地出自凭借立法者命令的法律（法律材料）。① 从这里可以看出，实证法学也是运用了理性的原则，只是这个理性是认识论意义上的工具主义理性，尤其强调其中体系和逻辑的严密性；从方法论上讲，他们都是以应然评价实然、指导实然。不同的在于，自然法的“应然”更多地属于超验的或先验的东西，而分析实证主义则以人实际能力达到的规则及其使用确立“应然”的标准，这种“应然”标准最远的论证也仅是来自立法者的意志（包括人民的意志，但这个意志是通过民主的博弈确定下来的现实的法则）。所以，后者更多地立足于法律自身，前者则超出法律之外。

其次，自然法学赞成目的理性，实证法学赞成工具理性。在中世纪或以前，人们往往用超自然的因素来解释社会、政治法律制度，论证人与世界的统一性，而近代以来，发生了“世俗化”即人的转化。近代自然法从经验人的活动出发，探讨人性，建构作为逻辑推理前提的自然法命题，从而认为理性是现实的人的本质和能力，人凭借自己的知识能力，可以在人类自身生存的规则和必然性中发现、创造理性的法则。这实际上预设了实证法学，因为在近现代法律话语中，实证法学其实遵从了欧洲的理性传统，即将法律话语建立在可靠的知识的基础上。但与自然法理论不同，实证主义认为，只有能够被经验所证明的东西或根据可靠的逻辑形式推导出来的东西，才能够作为法律科学的对象。同时，与自然法论者对法律的怀疑和警惕相比，实证法学几乎对法律是完全信赖的。在他们那里，法律的合法性问题已经被转化成法律的确定性问题。他们所说的法律的合法性，或者是指法律是否来自一个合法的权力，或者是指法律体系内部规则之间的关系（如凯尔森的低位法服从高位规则），或者是指司法判决是否合乎法律规则的规定。这些都是在法律体系内部进行的探讨和追溯，至于这个体系的本原是什么，他们不作回答，或直接回答这不是法学研究的领域，或认为是现实的立法者的意志（最远的实证法通常也在这里止步了）。也正是在这一点上，自然法学与实证法学在根本上分道扬镳。所以，法律实证主义只把能够证实的实际存在的法律事实作为法律科学的研究对象，所以，他们一方面不排斥理性，认为正是因为个人具有判断自己行为的意义的理性能力，具有认识、利用法律的能力，所以法律才能发生效力，另一方面，他们并不认为人具有足够的理性能力去把握全部法律现实的内在精神的联系，完全排斥形成道德共识的可能性，更不赞成道德共识能够成为法律秩序的精神基

---

① 参见［德］阿图尔·考夫曼：《当代法哲学和法律理论导论》，郑永流译，法律出版社 2002 年版，第 121 页。

础。也就是说，他们赞成法律是理性的，个人具有运用法律的理性能力，这个理性是工具理性；但是他们不赞成将法律理性归结为抽象的人的主观伦理意愿，所以他们的理性脱离了价值理性、目的理性。他们与自然法学派的共同之处就是都将法律作为一种知识，属于认识的对象；不同的地方是，一方只以实际存在的法律为法学的对象，另一方则将法律的应有状态也纳入法学研究。从实证法的角度看，基本规范只存在是否有效的问题，不存在效力从何而来的问题。①

最后，从辩证法的角度看，自然法学与实证法学是相比较而存在的。就认识方法而言，自然法学运用的理性主义的"自明原则+演绎"方法与自然科学中的数学公理方法有密切联系，实证法学运用的经验主义的"经验+归纳"方法与自然科学中的观察实验方法有密切联系。而不管是自然法学还是实证主义法学的大多数法学家，都是受到康德的现象界与本体界的二分法影响，在法学领域都主张实然和应然的区分。尽管价值思考和实然思考是各自独立的，但在认识论范围内又是同时并存的，这就是二元方法论的本质。② 自然法学认为应然原理、价值判断不能运用归纳方法建立在实然论断的基础上，而是运用演绎的方法建立在同类性质的其他原理上。而法实证主义更注重从实然中采取概念分析法、逻辑推演、从人在感性经验的基础上，运用分析、综合、归纳、演绎、辩证研究等方法对实然法进行系统研究。就认识对象而言，自然法是从理性这个母体里诞生的，天然的带着理性的秉性，自然法学与实证法学说到底是两种不同的思维模式，但它们思考的是同一个问题的两个侧面。那些在自然法学看来，实证法的问题，也"让我们许多人心系辗转、感同身受的一些具体问题，如恶法亦法、市民不服从、抵抗权、明显不正义的资源或权力分配等，似乎经常也与法实证主义的概念有着密切的关联"。与戴维斯认为非理性是在理性范围之内的失败一样，我国学者颜厥安在研究法实证主义时，并不是探讨法实证主义的思想史，倒是以自然法论为研究对象，他说："法实证主义是现代世界对自然法论危机的一种回应，我们甚至可以说，法实证主义是自然法论之子。"③

总之，理性数千年的发展历程，经历了本体论、认识论、存在论、本质论、工具论等，并在法的内涵和法律规则的形式上，始终发挥着主导作用。

---

① 参见葛洪义：《法与实践理性》，中国政法大学出版社 2002 年版，第 53 页。

② 参见［德］拉德布鲁赫：《法哲学》，王朴译，法律出版社 2005 年版，第 8 页。

③ 颜厥安：《法与实践理性》，中国政法大学出版社 2003 年版，第 216 页。

# 第八章　法的人文解释

西方的人文精神在古希腊时期就已孕育。早在公元前5世纪，古希腊智者学派的普罗泰戈拉（Protagoras，约公元前490或480—前420或410年）提出了“人是万物的尺度”这一著名命题，把人从自然中分离出来，将人看做衡量万物的出发点和价值标准。苏格拉底（Socrates，公元前469—前399年）继承了智者学派的人文思想，将哲学从对自然和神的研究转变为对人自身问题的探索。苏格拉底之所以受到特别尊敬，“是因为他把哲学从天上带到了地上”。①“人文主义”一词的英文为Humanism，来源于拉丁文的Humanitas，最早出现在古罗马法学家西塞罗（MarcusTulliusCicero，公元前106—前43年）和格利乌斯（Aulus Gellius，公元123或130—约公元165年）的著作中。在古罗马时期，人文主义的意思是指“人性”、“人情”、“万物之灵”，也指一种能促使个人的才能得到最大限度发挥的教育制度。到了文艺复兴时期，人文主义有了更深刻的含义，一是指与神学相对立的人文学科；二是指关于“人”的学说。在文艺复兴时期人文主义思潮的影响下，法国15—16世纪的人文主义法学派（Legal Humanism）对法作出了系统的人文解释，以人文学科代替神学作为罗马法的解释路径，强调人的平等、自由和权利，关注法律中的公平、正义与理性。人文主义法学构架了一座连接古代罗马法和近代西方法律的桥梁，使人文主义成为了近现代法律精神的价值基础和法律制度变革的强大动力。人文主义法学派活跃的这一时期，被后世誉为“法理学的黄金时期”。②

## 第一节　法的人文解释之语境

罗马法的复兴是理解法的人文解释兴起和发展的切入点。公元476年，西

① ［英］阿伦·布洛克：《西方人文主义传统》，董乐山译，三联书店1997年版，第14页。

② 参见［英］戴维·沃克主编：《牛津法律大辞典》，光明日报出版社1988年版，第428页。

罗马帝国灭亡，西欧进入了中世纪。封建领主经济取代古典商品经济成为社会的经济基础，社会经济遭到了巨大的破坏，曾经高度发达的罗马法失去了适用的基础，除了在少数罗马人聚集的地区外，罗马法逐渐为人们所遗忘。基督教教会和封建领主王权的结合，建立起政教合一的专制体系，神学成为维系社会秩序和控制精神生活的纽带。

到11世纪末，随着商品经济的复苏和城市的兴起，原有的教会法和地方习惯法因其封建性、原始性和简陋性已经无法适应社会的发展，新兴的市民阶层迫切需要新的法律来规范和调整商品交易中的各种财产关系。商品经济的本质属性要求在商业交易中保护个人利益，尊重契约自由，体现个体本位，这与强调团体本位的教会法有着不可调和的矛盾。达维德指出，“随着城市与商业的复兴，社会上终于认为只有法才能保证秩序与安全，以取得进步。”① 与此同时，经济基础的改变引起了西欧政治结构的重大变革。封建割据局面的结束，君主统治时期的到来，使得加强王权和统一法制成为当时各个国家的基本要求，这需要有一种具有普遍适用性的新型法律替代当时分散的、地域性的日耳曼习惯法。

这一系列社会关系的变化最终引发了法律关系的变革，为罗马法的复兴奠定了基础。② 罗马法复兴是指12—16世纪欧洲大陆蓬勃开展的研究和继受罗马法（Reception of Roman law）的运动。罗马法复兴（Revival of Roman Law）、文艺复兴（Renaissance）和宗教改革（Reformation）三个英文名称以R开头的运动在欧洲文学史上被统称为“三R运动”，它构成了西方近现代社会的文

① ［法］勒内·达维德：《当代主要法律体系》，漆竹生译，上海译文出版社1984年版，第38页。

② 罗马法是指罗马帝国时代的法律，它的发展主要经历了四个阶段：公元前449年，罗马共和国颁布了第一部成文法《十二铜表法》；公元前3世纪至公元前1世纪，罗马市民法和万民法形成；公元前1世纪至公元3世纪，罗马法学家撰写了大量的法律解释和法理著作，帕比尼安（Aemilius Papinianus，约140—212年）、乌尔比安（Domitius Ulpianus，约170—228年）、盖尤斯（Gaius，约130—180年）、保罗（Julius Paulus，？—约222年）和莫迪斯蒂努斯（Herennias Modestinus，？—约244年）五大法学家的解答和著作具有法律效力；公元6世纪，东罗马皇帝查士丁尼（Justinian，482—565年）进行了系统的法典编纂工作，编纂了《查士丁尼法典》，以盖尤斯的同名著作为蓝本改编了《法学阶梯》，将公元1世纪至4世纪的40名罗马法学家的五十余种著作汇编成《学说汇纂》，查士丁尼在这三部法律汇编之外发布的168条敕令被后人汇编成《查士丁尼新律》。以上四部法律汇编在16世纪以后被统称为《国法大全》。

化基础。罗马法复兴起源于1135年在意大利发现了古罗马《国法大全》的真本，这一发现引起法学家的极大关注和研究热潮，但其深层次的原因在于罗马法本身的优势和特点适合于当时社会发展的实际需要。第一，罗马法适应以流通和交换为特征的商品经济的大规模发展。罗马法是一种建立在简单商品经济关系之上的、普遍的、确定的法律体系，其最大的特点是以私法为核心，详细规定了私人之间的人身权、财产权等法律关系。正如恩格斯所言，"罗马法是纯粹私有制占统治的社会的生活条件和冲突的十分经典性的法律表现，以致一切后来的法律都不能对它做任何实质性的修改"。① 第二，在王权和教权的矛盾冲突中，世俗王权必然选择维护世俗法律秩序的罗马法作为抑制教会权力的工具。如同赞恩所言，"学习罗马《法典》和《学说汇编》的热潮再度兴起的真正原因也许是因为罗马法中的部分章节可以用来帮助皇帝征战意大利。也就是说，对于那种法律存在着一种需求。这些精通罗马法的人们必须制定出凌驾一切地方法律之上的帝王法"。② 第三，市民阶层聚集的城市迫切地需要通过争取自治权来反对封建领主的统治，建立以自由交换为目的的商品经济法律体系，这是罗马法得以普遍适用的社会基础。罗马法得到复兴，是因为"在罗马法中，凡是中世纪后期的市民阶级还在不自觉地追求的东西，都已经有了现成的了"。③ 学习罗马法中既有的法律知识，比在社会经济生活中创造新的法律规则无疑更加便捷。

罗马法的复兴经历了三个阶段：注释法学派时期（11世纪初—12世纪中叶）、评论法学派时期（13世纪中叶—15世纪末）、人文主义法学派时期（15世纪末—16世纪）。法的人文解释的兴起正是建立在前两个阶段罗马法研究基础之上的。

注释法学派（The School of Glossators）活跃的12世纪是"一个法律的世纪"，"正是在这个世纪里，西方法律传统得以形成"。④ 开创这一学派的，是有"法学之光"之称的伊纳留斯（Irneius，约1055—1130年），他开启了在古典文献的词语下面的行间距空白处进行"行间注释（Interlinear）"的传统。此

① 《马克思恩格斯全集》第21卷，人民出版社1965年版，第454页。

② ［美］约翰·麦·赞恩：《法律的故事》，刘昕、胡凝等译，江苏人民出版社1998年版，第189页。

③ 《马克思恩格斯全集》第21卷，人民出版社1965年版，第454页。

④ ［美］哈罗德·J·伯尔曼：《法律与革命——西方法律传统的形成》，贺卫方等译，中国大百科全书出版社1993年版，第143页。

后，随着注释的发展，出于对整句话或段落进行解释的需要，学者们自然而然地将注释扩展至每页文字旁边的空白处，形成“页边注释（Marginal）”。① 将该学派定型并发扬光大的是阿佐（Azo，约1150—1230年）和阿库修斯（Accursius，约1182—1260年）。阿佐关于《国法大全》的注释在欧洲产生了巨大影响，当时有俗语称：“不读阿佐之书者，不能居司法之职。”② 阿库修斯对罗马法文献的注释被认为是标准注释书，在法庭上像法律一样有权威，以至于当时产生了这样的格言：“注释法学家所不承认的原则，司法者不承认。”③ 注释法学派主要是运用文法和逻辑等文本注释方法，对《国法大全》进行逐字、逐词、逐句的阐释，以考究罗马法的概念、术语和规则的含义。在注释法学家眼中，《国法大全》是“成文的理性”，如《圣经》般神圣，必须无条件服从，而且必须紧扣原文不得任意阐释。一方面，注释法学派的活动使法学从修辞学中分离出来，成为一门独立的学科。但是，阿库修斯的作品也使得注释法学派发展到了极致，以后的学者都是在他的注释之上进行再注释，脱离了罗马法的原著，研究活动也就失去了基础和原动力。另一方面，随着西欧社会的发展，以经院主义为哲学方法的注释法学无法满足实践层面的社会需要。“这样的一种方法，已经丧失了独立推理的全部精神，不可能再开花结果，必须让位于其他更有力的对手。”④

评论法学派（The School of Commentatores）正是在批判注释法学派缺陷的基础上应运而生的。评论法学派，又称后期注释法学派（The School of Post-glossators），反对注释法学派对罗马法逐字逐句的机械注释，而是重在阐明罗马法文献的含义。寻找法律原则是该学派的特点之一。长期的封建割据导致了大量地方性法律的并存和冲突，这对以流通为特征的商品经济的发展极为不利，社会需要一套统一的法律原则评判是非、解决纠纷。因此，评论法学派“将主要的精力放在法律间的冲突这一命题上，力争找出一条尽量使不同法律

① 参见［英］梅兰特等：《欧洲法律史概览——事件，渊源，人物及运动》，屈文生等译，上海人民出版社2008年版，第110页。

② ［美］孟罗·斯密：《欧洲法律发达史》，姚梅镇译，中国政法大学出版社1993年版，第265~266页。

③ ［英］梅兰特等：《欧洲法律史概览——事件，渊源，人物及运动》，屈文生等译，上海人民出版社2008年版，第112页。

④ ［英］梅兰特等：《欧洲法律史概览——事件，渊源，人物及运动》，屈文生等译，上海人民出版社2008年版，第114页。

都适应的原则”。① 积极介入法律实践是该学派的又一特点。评论法学派通过引入辩证推理的研究方法（即逻辑推理方法），把罗马法的原则与社会生活实际相联系，使之能够解决现实中日益复杂的法律问题。评论法学派的许多法学家积极投身法律实践领域，或担任政府和法院的法律顾问，或直接从事法官和律师职业，其学说对法院的司法活动有着巨大的影响。他们对司法实践活动中的问题经常提出学术性建议，运用罗马法的原则指导司法实践，正因为这样，该学派也被称为“建议法学派”(Konsiliatoren)。评论法学派的活动，将罗马法复兴从研究阶段推向了继受阶段，有力地推动了世俗法律在欧洲的恢复和主导，当时有这样的谚语评价该学派的代表人物巴尔多鲁（Bartolus de Saxoferrato，1314—1357 年）：“如果一个人不是巴尔多鲁主义者，他就不能成为法学家。”② 评论法学派还有一个特点是他们更加注重对法律现象的学理分析，恢复和发展了古罗马的法理学。但是，评论法学派为了将罗马法文献用于解决社会实践问题，过多地运用了人为的逻辑推理方法，甚至以诡辩曲解罗马法的本意，这注定了该学派将被新的研究方法取代。评论法学派的活动，既为人文主义法学的兴起奠定了法律基础，又成为人文主义法学派批判的目标。

## 第二节　法的人文解释之理据

法的人文解释的思想基础是人文主义思潮。14—16 世纪，西方社会掀起了以人文主义新思想为标志的文艺复兴运动。一般来说，历史学家将这段时间内文化和社会上的运动称为文艺复兴，而将思想和教育上的变革称为人文主义。Renaissance 本来的意思是“人的再生”。随着对古典文献的发现和研究，意大利的大学开设了教授古典语言、文学、历史等学科的课程，这些课程总称为“人文学”，教授人文学的学者被称为人文主义者。这些人文主义者批判中世纪经院主义神学掩盖了古希腊和古罗马文明的光芒，主张以人文学科代替神学作为理解和解释古典著作与古典思想的背景。这些新兴学科的研究方法积极地影响到了法学，人文学科的研究证明法学也是大众科学（General Science）的一部分，许多著名的人文主义者严厉批判了当时占据主导地位的评论法学

① ［美］约翰·麦·赞恩：《法律的故事》，刘昕、胡凝等译，江苏人民出版社 1998 年版，第 192 页。

② ［日］碧海纯一等编：《法学史》，东京大学出版会 1976 年版，第 102 页。转引自何勤华：《西方法学史》(第二版)，中国政法大学出版社 1996 年版，第 75 页。

派，认为法学需要有新的思维方式和价值取向。例如，但丁（Dante Alighieri，1265—1321年）指责评论法学派疏远新兴的真理式哲学，固执于对法律的文义解释和自我为中心的法律解释；彼得拉克（Francesco Petrarca，1304—1374年）批判他们拒绝接受其他学科的援助，将生命浪费在诡辩之上；薄伽丘（Giovanni Boccàccio，1313—1375年）则断言法律已经不是一门科学。①

人文主义的基本意识是一种以人为中心和准则的哲学，肯定人的价值，尊重人的尊严，关怀人现世的幸福，积极鼓吹人具有改造自然和社会的潜能。以人文主义视角解释法律的重要意义在于："用人文主义解释一切、评价一切、规范一切的结果，就是建立了一个以理性为中心、以科学为基础的权力与知识体系，确立了人的崇高地位。人是目的而绝非手段的伦理精神和道德理念被西方哲人奉为现代人类文明的基本标志，自由思想和权利学说成为近代政治法律文化的正统和主流。"② 马克斯·韦伯是20世纪西方社会最伟大的思想家之一，他在法学等诸多社会科学领域产生了深刻的影响。在《新教伦理与资本主义精神》一书中，韦伯提出并验证了一个著名的假设：在任何一项事业的背后，必然存在某种决定事业命运和发展方向的精神力量。透过人文主义对法的解释，我们可以清楚地看到，西方法律事业之所以能够取得如此伟大的成就并为世界所认同，正是因为其背后存在着人文主义这一无形的精神力量。

道格拉斯·欧斯勒在《人文主义法学派》中提醒人们注意，"区分罗马法的复兴和文艺复兴时期的罗马法是非常重要的，两者有完全不同的含义"。③在他看来，人文主义法学家在文艺复兴时期所理解的罗马法，已经和之前罗马法复兴运动中的罗马法大相径庭。这个时期，人文主义者开始将人文主义精神引入法学领域，以人的眼光看待法律问题，为罗马法的解释赋予了人文价值，人文主义法学派应时而生。在研究罗马法的过程中尖锐批判了评论法学派的精神基础，确定了一种认识法律的全新视角。

人文主义法学派的创始人是意大利人阿尔恰托（Andreas Alciatus，1492—1550年），他因反对评论法学派而遭到排挤，来到法国。在他的影响下，法国涌现出了一批优秀的人文主义法学家，因此，他所开创的人文主义法学派也被

---

① ［英］梅兰特等：《欧洲法律史概览——事件，渊源，人物及运动》，屈文生等译，上海人民出版社2008年版，第119页。

② 徐亚文：《"以人为本"的法哲学解读》，载《中国法学》2004年第4期。

③ Douglas Osler，Legal Humanism，http：//www. mpier. uni-frankfurt. de/Forschung/Mitarbeiter_ Forschung/ Osler-legal-humanism. htm.

称为法国人文主义法学派。阿尔恰托不满意评论法学派对法律文本冗长、琐碎的分析，倡导简朴、纯正的风格，力主对法律原则问题的自由推理，强调系统地阐释法律问题。他为自己设定的目标也成为此后众多的人文主义法学家坚持的方向，那就是“不仅从一位纯粹的史学家的立场出发同时也从一位法学家的立场出发所拟定的学术目标：从恢复罗马政治制度开始，整合法律与人文的研究”。①

人文主义法学派的主要代表人物是居亚斯（Jacques Cujas，1520—1590年），他的研究方法是对法律文本作出“历史”的理解，通过恢复罗马法的原有面目而领会其真正的精神。从此，“回到罗马法原文”成为人文主义法学家的共同呼声。居亚斯的作品，具有比较性、批判性和历史性三大特点。在他的带动下，“罗马法的‘历史学研究’与巴尔多鲁学派所代表的‘法律实物’分道扬镳了”。② 居亚斯的毕生目标，就是要“使法律成为一门合理的科学”。③ 在其28卷巨著《校对修正评注全书》中，居亚斯通过对《学说汇纂》手抄本逐本逐段地比较，复原了帕比尼安、乌尔比安、保罗、盖尤斯和莫迪斯蒂努斯等古代罗马法学家著作的大量章节原貌，使罗马法复兴发展到了对《国法大全》之前的原始法律文献进行研究的阶段，他因此也被后人称为“注释大师”和“历史—哲学主义分析学家”。同时，居亚斯还赋予了习惯很高的地位，他曾说，“除非制定法得到了习惯的认可，否则它对我们不具约束力”。④

德埃伦（Franc ois Douaren，1509—1559年）是阿尔恰托的学生，与居亚斯的学术观点经常相左，比居亚斯更加注重司法实践，但是，他仍然坚持了将历史学的方法应用到罗马法的研究之中，是最早从评论法学派随心所欲的注释和评论中将法学独立出来的人物之一。

德埃伦的学生德纽（Hugues Doneau，1527—1591年）没有继续罗马法的历史研究，而是更加关注古罗马法教科书的实际意义和被编入《国法大全》时所表示的真实含义。德纽坚信罗马法存在一个理性的结构，应当把法律作为

① 陈颐：《16世纪法国人文主义法学与法律科学的体系化》，载何勤华主编：《多元的法律文化》，法律出版社2007年版。

② ［英］梅兰特等：《欧洲法律史概览——事件，渊源，人物及运动》，屈文生等译，上海人民出版社2008年版，第202页。

③ Sir John Macdonell and Edward Manson，Great Jurists of the World，p. 99. 转引自何勤华：《西方法学史》（第二版），中国政法大学出版社1996年版，第107页。

④ De republica 1. 9：Carlyles，Medieval Theory，423. 转引自［爱尔兰］J. M. 凯利：《西方法律思想简史》，王笑红译，法律出版社2002年版，第177页。

一个整体进行系统阐释，他将法律区分为神法、公法和私法，认为“神法是关于上帝的，公法是有关公共事务的，私法是调整私人领域的”，① 罗马法学家所说的市民法本质上就是私法。德纽还第一次将私法区分为实体法和程序法，实体法是法律上属于每个人的权利，程序法是获得权利的程序手段，即民事诉讼程序。按照这种划分，他将自己的著作《民法注释》分为两部分，第一部分论述法本身，即“我们的法”，第二部分论述法的种类和形式，强调“我们的法遵守理性”。用现代的表述方式就是，首先实体私法，而后程序法。②

霍特曼（Francois Hotman，1524—1590 年）的研究风格不拘泥于运用历史学的方法研究法律，而是注重将罗马法研究和当时的法国法律研究结合起来。人文主义法学家在将罗马法与古罗马时期的社会实际联系起来研究的同时，深刻地发觉古罗马与 16 世纪欧洲的社会环境已经大相径庭，罗马法的规则不可能作为法国法的典范应用于当时社会。因此，霍特曼在《反特里波尼安》③ 一书中否定了罗马法的普遍有效性，他主张任何国家的公法必须与它的统治形式相联系，即便是私法，罗马法也是随着社会变迁而变化，它的许多规则实际上已经被废弃。他还认为，“善法具有伟大的价值，应当鼓励去学习和完善适合地方条件的法律”。④ 霍特曼还是一名反暴君论的理论家，著有反暴君著作《法兰西的高卢人》，坚决反对君主专制，主张王权应当受到限制，赞成三级会议形式的等级代表君主制，并强调等级会议对王权的限制作用。他还认为，法国的最高权力属于人民，人民从来就有权选择或罢黜国王，对王权的约束来自为制约王权而制定的法律、社会惯例、宗教信仰和正义原则。⑤

鲍道恩（Francois Baudouin，1520—1573 年）和居亚斯一样，致力于将历

---

① 参见 Peter Stein，Roman Law in European History，Cambridge University Press，1999，p. 80. 转引自陈颐：《16 世纪法国人文主义法学与法律科学的体系化》，载何勤华主编：《多元的法律文化》，法律出版社 2007 年版。

② 参见［德］格尔德·克莱因海尔、扬·斯罗德主编：《九百年来德意志及欧洲法学家》，许兰译，法律出版社 2005 年版，第 119 ~ 120 页。

③ 特里波尼安（Tribonian）是《国法大全》编纂委员会的主要成员之一，因此人文主义法学也被冠以“反特里波尼安主义”。

④ 参见吕世伦、程波：《近代法理念的萌动——西方人文主义法律思潮探析》，载《求是学刊》2007 年 11 月。

⑤ 参见徐大同主编：《西方政治思想史》，天津教育出版社 2005 年版，第 150 页。

史学研究方法应用于罗马法研究，他的名言即是“法学存在于历史之中”。①他注重探寻罗马法的起源，在关于《十二表法》的论著中，提出了这样的问题：“这些条文为什么在这个意义上被设定，而不是在那个意义上？”②

迪穆林（Charles Dumoulin，1500—1566 年）则认为，“法学应当是一门在当时频繁的神学和政治的斗争中的缓和物”，并主张“法律与公共事物和司法实际的合作”。③ 对罗马法普适性的否定，必然带来的是对同时期法国习惯法的重视和肯定。迪穆林在研究法国习惯法的著作中收集了大量的法国习惯和惯例，并强调当代的习惯法是法国立法的基础。

## 第三节　法的人文解释之视域

人文主义法学家虽然在研究重点或学术观点上有所差异，但他们都用人文学科的方法研究法律，以人文主义的眼光看待人性，把人放在法律制度的中心，对法作出了共通的人文解释，具有独特的世界观、人性论和法律观。

### 一、世界观：古典的视角

所谓文艺复兴，顾名思义就是让古典文化再生或复兴。他们信奉“让死去的东西复活”的名言，怀着极大的热情去搜集、整理和研究古典文化。人文主义法学的理想是“托古改制”，他们对古希腊罗马文化感兴趣并不是为了复古，而是宣扬一种全新的世界观。当人们摆脱了中世纪的文化枷锁以后，需要一个精神导师来帮助他们认识物质世界和精神世界。对古典文化的研究，使人文主义者眼界大开，起到了巨大的思想解放作用。在古典世界里，人文主义者“重新发现了人”。法学人文主义者的主要目标和整个人文主义者的主要目标基本相同：尽可能地理解古典世界。④ 他们运用历史的、考古的、哲学的和比较的等人文学科方法研习罗马法的目的，既不是为了像注释法学派那样机械地考究法律文献，也不是为了像评论法学派那样将古代法律牵强地应用于当时

① Sir John Macdonell and Edward Manson，Great Jurists of the World，p. 105. 转引自何勤华：《西方法学史》（第二版），中国政法大学出版社 1996 年版，第 104 页。

② Sir John Macdonell and Edward Manson，Great Jurists of the World，p. 105. 转引自何勤华：《西方法学史》（第二版），中国政法大学出版社 1996 年版，第 104 页。

③ 何勤华：《西方法学史》（第二版），中国政法大学出版社 1996 年版，第 104 页。

④ 参见［美］艾伦·沃森：《民法法系的演变及形成》，李静冰、姚新华译，中国政法大学出版社 1998 年版，第 97 页。

的司法实践，而是要复兴罗马法中的人文主义精神实质，以此来改造当时的法律制度。人文主义法学家在对罗马法的整理和研究中，发现了一个没有专制神权、没有教会特权、也没有精神桎梏的世俗法律世界。人文主义法学派关注的并非查士丁尼《国法大全》本身，而是可以回答当时哲学家和法学家关注的现实问题的罗马法精神。

**二、人性论：世俗的幸福**

在基督教会统治欧洲的漫长世纪里，人们把一切文明的产生归功于上帝的创造，人文主义者却在古典世界里惊奇地发现了人的存在和价值，尤其是在自然与社会关系中，作为主体的人对于自身的存在意义以及满足自身需求的自我价值。诚如布克哈特所言，“古希腊思想最吸引人的地方之一是，它是以人为中心，而不是以上帝为中心”。① 这样，继苏格拉底之后，人文主义者再次将世界的轴心从天上移到了人间，历史的主宰由神变成了人。布克哈特还认为，“个人主义是人文主义世界观的基础，而且文艺复兴的各个方面都是个人主义的表现”。② 个人的发现，必然带来人性的张扬。人文主义之父彼得拉克的一句“我是凡人，我只要求凡人的幸福”成为当时的战斗口号。承认人性的正当，就要满足人的欲望，尊重人的需求，尤其是对物质财富的占有，这就必然导致对平等、自由和权利的追求，而这三者正是纷繁复杂的罗马法的实质精神。在罗马法的原则中，“人文主义者推崇不损害任何人原理和遵守契约原理”。③ 正是这些罗马法原理的复兴和重建，将法律从神的旨意中解放出来，从而确立了人可以不受干涉自由独立生活、凭借自己意志与他人平等订约交往以及其他人同样享有这些权利的法律理念。

**三、法律观：公平、正义与理性**

法的人文解释的深远意义并不在于恢复了罗马法的辉煌地位，而在于复兴了法律公平、正义与理性的观念。在人文主义法学派眼中，由罗马法创立的

---

① ［瑞士］雅各布·布克哈特：《意大利文艺复兴时期的文化》，何新译，商务印书馆2004年版，第14页。

② ［瑞士］雅各布·布克哈特：《意大利文艺复兴时期的文化》中译本序言，何新译，商务印书馆2004年版。

③ ［英］梅兰特等：《欧洲法律史概览——事件，渊源，人物及运动》，屈文生等译，上海人民出版社2008年版，第123页。

“给予每个人应得的部分”的公平理念是人类社会应当普遍遵循的法律原则。意大利、法国和德国的人文主义法学家尽管在风格和观点上有差异，但有着相同的法律哲学，他们坚信法律对所有人都是有效的。① 他们在古罗马时期的自然法思想的熏陶下。强调法的正义价值，认为“正义的本性不是由人的意志所左右的，而是遵从自然的法则。”② 法的人文解释还认为罗马法的法则存在于理性的启示之中。当代葡萄牙法学史学者叶士朋认为，人文主义法学家“最大的独创性在他们对以一种古典罗马法自居的查士丁尼法的批判上。这种批判所要澄清的是，查士丁尼法实际上并非那种吸引他们的古典罗马法。后者乃是应答当时哲学家和法学家关注的问题的罗马法，也就是说，它是一种可以被系统化并简化成适应时代世界观的两三条理性原则的罗马法……第二次重新创建罗马法的运动便在 16 世纪展开了（第一次重新创建是由评注学派完成的），而这次是按照理性的模式创建”。③ 法的人文解释之所以强调用一种历史研究的方法，即将罗马法原文置身于古罗马时的社会环境中来研究罗马法律制度，就是为了通过对罗马法中包含的理性知识的增长来改革西欧中世纪后期的法律。从被重新解释过的罗马法中，人们看到：法律应当是公平、正义和理性的。

（一）用人权支撑法律

法的人文解释从人的视角出发，以人文学科为研究方法，从古典世界中发掘出来人权这一概念，并将人的本性、人的尊严、人的权利作为人权的立论前提，使人权成为人文主义的衍生物。有学者认为，人文主义法学的核心是“法律应当保障每一个人的尊严以及体现这种尊严的基本人权”。④ 人权理念的本原就在于人的本性是自由的。“本性自由说包括四个互相联系的方面，一是人在本性上是利己的、自私的；二是人在本性上是有尊严的；三是人在本性上是有理性的；四是人在本性上是能够并应该抵抗一切侵辱的。”⑤ 对人性的肯定与张扬，带来的是法律的人性化和对人类尊严的尊崇。人文主义相信在每

① 参见 Carl Joachim Friedrich: The Philosophy of Law: in Historical Perspective, The Univerity of Chicaco Press, Chicaco & London, 1963, p. 54.

② ［葡］叶士朋：《欧洲法学史导论》，吕平义、苏健等译，中国政法大学出版社 1998 年版，第 141 页。

③ ［葡］叶士朋：《欧洲法学史导论》，吕平义、苏健等译，中国政法大学出版社 1998 年版，第 141 页。

④ 侯健、林燕梅：《人文主义法学思潮》，法律出版社 2007 年版，第 5 页。

⑤ 夏勇：《人权概念的起源》，中国政法大学出版社 1992 年版，第 102 页。

个人身上都是有价值的，这便是人的尊严，人权和其他一切价值的根源就在于对人的尊重。人拥有成为万物核心的潜在能力，发挥这种潜力的先决条件在于人的自由。维护人的尊严和自由，关键在于尊重和保障人的权利。首先，人文主义弘扬了人的生命的尊贵。生命权是最基本的人权，是人的其他所有权利的源泉。其次，对人的需要和利益的尊重，促进了对财产权的保障。没有独立的财产，就没有独立的意志。财产权是个人独立、自治和平等的前提和享受其他权利的基础。最后，人的其他权利是追求现世幸福的更高层次和更加丰富的要求。在被尊称为“自然法之父”的格劳秀斯那里，人文主义法学思潮发展成为了古典自然法的“自然权利”思想，并演变成后世的“天赋人权”等人权学说。17、18世纪高扬人权旗帜的古典自然法学派正是吸收了人文主义法学派的人权思想，才一跃成为近现代西方法律制度的思想基石。由此可见，法的人文解释为后世的古典自然法学等许多法学思想提供了精神源泉。正如有学者所言，“实际上，近代以来，人权事业的进展一直依靠人文主义法律思潮的思想滋润”。①

（二）用人文催生法治

法的人文解释阐释了古罗马法的精神，宣扬了法律的价值，展现了法治的魅力。其一，人文主义法学复兴了古罗马时期的法治观念，促进了近现代西方法治思想的觉醒。德国法学家耶林曾经说过，罗马人三次征服世界，一次是宗教的征服，一次是武力的征服，一次是法律的征服。所谓法律的征服，不仅是把欧洲和一些殖民地国家变成了罗马法的世界，而且还将在古罗马时期就已十分流行的“一切服从法律”的观念复兴为现代法治社会的理论基石。其二，防范人性恶的观念奠定了西方法治的价值取向。人文主义法学家把蕴涵在古代罗马法中的自然法思想系统地表述出来，重申了政治权力的合法性要求。人文主义所发掘的人性具有丰富的内涵，人在本性上是利己的、自私的这一“人性恶”的判断，产生了国家—社会二元对立的思维模式。在这种思维模式的指引下，如果从人文主义的理念出发，为防止国家滥用权力侵犯人权，国家权力就必须受到法律的限制，这就推演出法高于国家的法律至上、法的统治的结论；如果从国家主义的理念出发，为确保国家利益得以实现，法律必将成为国家进行统治的手段和工具，这又会推演出王权至上、国家至上的结论。其三，人文精神促进了全社会的法律信仰。人权的充分保障，需要全社会具有稳定的秩序、全面有效的规则和制度化的救济手段。这一切，只有建立系统的法律制

① 侯健、林燕梅：《人文主义法学思潮》，法律出版社2007年版，第187页。

度才能得以实现。诚如达维德所说，“罗马法研究的恢复，其结果首先是在欧洲恢复了法的意识、法的尊严，法在保障社会秩序，使社会得以进步方面的重要性”。① 法律从此逐渐取代了宗教和道德，成为社会调控的主要手段。其四，现世的世俗社会是法治的真正根基。人文解释所发掘的法治思想是建立在民族国家和世俗社会基础上的现代法治理论。文森佐·格雷维纳（G. Vincenzo Gravina）在他不朽的著作《民法的起源》中指出，“人们对罗马法进行的法哲学研究，应该达到的目标是推动‘国家法’的发展，而不是单为研究罗马法而研究罗马法”。② 评论法学派强调罗马法的普适性，是因为他们反对的是封建割据时期封闭、简陋、落后的日耳曼习惯法，人文主义法学派重视习惯与习惯法的一个重要原因，就在于经过几个世纪的发展，罗马法的精神与原则已经深深地植入了自由经济的社会习惯之中。习惯法甚至确认，农奴逃到城市里一年零一天，就自动获得自由身份。所以当时流行一句话：“城市的空气使人自由。”③ 人文解释关注习惯法的原因是与法国摆脱神圣罗马帝国的历史传统、谋求成为拥有主权的民族国家的社会背景息息相关的。中世纪后期的习惯法，在一定程度上已经成为了新兴民族国家的社会基础，维护新的习惯法就是维护世俗国家的主权。近现代法治理论强调的正是在一个主权国家之内的法治，人文主义法学家以其对罗马法精神的阐释和对习惯法的研究，为主权国家法治理论的发展奠定了基础。

（三）用理性锻造法意

意大利历史学家维柯（G. B. Vico，1668—1744 年）把世界历史划分为三个时代：神的时代、英雄时代和凡人时代，这三个时代的发展是循环交替的，而非线性更迭的。与此相应，人类社会的法律也经历了三个阶段：第一种法是神的，因为人们相信他们自己和他们一切的规章制度都依存于神；第二种法是英雄的，即凭借强力的法；第三种法就是人道的法，是受充分发达的人类理智来下判决的。④ 人文主义法学推崇的法，正是人类理性所创造的人道的法。首先，人文主义法学派所要复兴的是体现着人类理性的古罗马社会的法律

① ［法］勒内·达维德：《当代主要法律体系》，漆竹生译，上海译文出版社 1984 年版，第 48 页。

② ［英］梅兰特等：《欧洲法律史概览——事件，渊源，人物及运动》，屈文生等译，上海人民出版社 2008 年版，第 123 页。

③ 徐大同主编：《西方政治思想史》，天津教育出版社 2005 年版，第 108 页。

④ 参见［意］维柯：《新科学》，朱光潜译，商务印书馆 1997 年版，第 494 页。

精神。拉丁法谚有云：与其说罗马法是帝国的理性，倒不如说它是理性的帝国。罗马法之所以有生命力，“非其有权力，实因其具理性之权威故”。① 其次，人文主义法学宣扬法律根植于人类的理性，促成了近现代西方法律传统的形成。“如果说在古希腊，自然理性引领法律发展；在中世纪，神学理性定于一尊；那么在近代，人类理性就是衡量一切事物的唯一尺度。人类理性被用来解释宗教、法律、社会和世界，人们坚信人类理性的能力，强烈地渴求法律的进步和发展，法律价值的内涵由此发生了深刻变化。17、18 世纪的古典自然法学派更是在‘人类理性’的名义下，创造出了人权、人民主权、法治、宪政等这些如今我们耳熟能详的法律语言，全面发展了社会契约论、天赋人权说和法治理论，并最终创造出了人权宣言、独立宣言和宪法。”② 最后，人文主义法学主张法律应当以人类意志自由（Free Will）为中心，推动了人类社会的历史进程。但丁认为，个人的高贵源于天赋的理性和自由意志，他说：“自由的第一原则就是意志自由；意志自由就是关于意志的自由判断。”③ 人文主义者一般也信仰宗教，但他们认为，教会只是一个人们出于共同信仰而形成的组织，不具有垄断人们精神生活和干预人们世俗生活的合法性，每个人都可以凭借自身的理性，对自己的信仰负责，通过对上帝的内心信仰和直接沟通得到救赎。在人文主义法学兴起之初，阿尔恰托的思想就已经通过察休斯（Ulrich Zasius，1461—1535 年）在德国传播。后来，德国又成为除了荷兰之外的法国人文主义法学家最集中的流亡阵地。人文主义的传播有力地影响了新教改革和接受它的统治者。④ 16 世纪初，德意志的社会思想产生了巨大更新，其结果是爆发了反封建、反教会的宗教改革运动。至此，通过人文主义的传播，罗马法中的理性精神得以复兴，并在宗教改革运动中得到了最终确立。

人文主义法学虽然恢复了罗马法的真实面貌，对罗马法中的人文主义精神进行了充分发掘，试图将新的价值观上升为普遍的政治和法律原则以改革当时的法律制度，但由于受到封建教会的敌视和评论法学派的抵制，人文主义法学

---

① ［德］K. 茨威格特、H. 克茨：《比较法总论》，潘汉典等译，法律出版社 2003 年版，第 120 页。

② 徐亚文：《“以人为本”的法哲学解读》，载《中国法学》2004 年第 4 期。

③ 《从文艺复兴到十九世纪资产阶级哲学家政治家思想家有关人道主义人性论言论选辑》，商务印书馆 1985 年版，第 19 页。转引自汪太贤：《人文精神与西方法治传统》，载《政法论坛》2001 年第 3 期。

④ 参见［爱尔兰］J. M. 凯利：《西方法律思想简史》，王笑红译，法律出版社 2002 年版，第 177 页。

思想并没有在社会改革和司法实践中占据主导性地位。然而，人文主义法学家以人权反对教权、以法治对抗专制、以理性否定神性的人文精神对后世的法学理论产生了巨大的影响。法的人文解释引导人类由蒙昧走向文明，在人的精神世界中植下了人权思想、法治理论和理性精神的种子，成为西方现代社会价值观念的基础和法律精神的核心，并深刻影响了全人类的社会制度。

# 第九章　法的文化解释

无论法学家对“同一个世界，同一种法律”(One World One Law) 如何欣赏，大众始终不大敢去设想：那将是个怎样的“美丽”新世界？因为，一旦人们对周遭的规则产生熟稔的依赖，对外界的法律势必出现文化的阻隔，这道心理防火墙很难被法学家的教条击溃，相反，法学家的理想却在文化沟通失败面前被嘲讽掉了知识的尊严。这个大千世界，究竟有多少奇异的法律？不同时代、地域、文明的法律能否产生关联的链条？法律规则及其文化逻辑的背后，到底潜藏着多少不为人知的秘密？这些好奇的发问，貌似孩童的痴语，竟然支配了西方法理学发展史上的一个重要领域——人类学视野下的法的文化解释。

## 第一节　法的文化解释之语境

殖民主义与后殖民主义的历史语境冲击，取代了民族主义和人类学的法律思想，造就了法的文化解释的时代背景。

在西方法学史上，为了解释、说明法律现象，法学家曾诉诸理性、宗教等抽象原则。在 18 世纪末的德国，一股民族主义的盛大思潮以柏林大学为中心，向欧洲进而向整个世界蔓延。这股思潮在哲学方面以黑格尔为代表，在文学方面以格林兄弟为代表，在法学方面以胡果、萨维尼为代表。格林兄弟广泛收集德国的土语、童话、民间故事和歌谣并编辑成书。萨维尼与格林兄弟交往甚密，从他们的民俗学研究中得到启发，认为世界上各民族各有其特性和倾向，在法律方面就表现为该民族的习惯法和民族法。① 萨维尼认为，法律的本原是“民族精神”，而民族精神正是特定文化呈现首尾一致状态的“主旋律”。可惜的是，萨维尼最终未能挣脱德国强大的“潘德克顿”法学传统，没有对各民族多样化的法律文化现象予以经验实证研究。

---

① 参见么志龙：《通向文化之路：从历史法学派到法律人类学》，载《比较法研究》1991 年第 2 期。

法得以走向文化解释之路，有赖于西方人类学的发展。欧洲15世纪航海业的兴起和地理大发现造就了殖民主义的历史机遇和随着而来的资本主义全球统治。及至19世纪中叶，一方面，席卷欧洲大陆的资产阶级革命风暴趋于平息，资本主义文明狂飙突进，越来越多的殖民地被欧洲列强占领，殖民帝国迅速扩张，必然需要对异乡文化予以功利性探知，以保障殖民主义的顺利推进，为殖民主义提供无可辩驳的正当性理由和知识基础，这就诞生了人类学。经过人类学的发掘，“文化”一词成为人文社会科学研究的重要词汇。被誉为“人类学之父”的泰勒在1865年出版的《关于人类早期历史和文明发展的研究》一书中，对“文化”的概念进行了初步界定。在《原始文化》中，他又作了进一步修正：“文化或文明是这样一个复合的整体，其中包括了知识、信仰、艺术、道德、法律以及人作为社会成员所获得的能力和习惯。”① 泰勒致力于研究的是人类社会文化的发展进化轨迹，因此，将不同类型的社会文化进行比较研究，以确立进化的序列就成为人类学的重要方法。另一方面，经过启蒙运动的洗礼，古典进化论成为人类学历史上的第一个正式流派。在这个学派眼中，包括法律在内的社会规范都属于广义的文化范畴，其进化遵循从低级到高级、由原始至现代的规律。人类学发展的早期，研究体质人类学成为最重要的课题，这是因为体质人类学的“科学”证据证明了“野蛮”的非欧洲人代表了人类种族进化谱系的底端，而“文明”的欧洲人代表了最先进的进化种类。法律人类学在初期也是为了论证非西方法律的低端性，为殖民事业探寻法理依据。这一时期，巴霍芬、梅因、摩尔根都对法的文化解释作出了独特贡献，产生了法律人类学的第一批经典作品。在他们看来，非西方社会存在独特的法律，这些法律处在进化链的末端，与西方现代生活格格不入。文化有优劣之分，非西方的异乡没有法律。

然而“一战”之后，殖民主义的世界体系尤其是英帝国在全世界的殖民统治受到了世界范围内的民族运动浪潮的剧烈冲击而开始摇摇欲坠，如何将异乡的法律与西方的法律放置在一个平等的文化语境中考量？英国政府希望人类学家能提出适合各地情况的办法，以维持其殖民统治和法律控制。19世纪末和20世纪初，西方学术界开始流行实地调查研究，无论是科学界还是思想界，都开始重视比较的方法和事物的功能研究方法。在这种历史条件下，马林诺夫斯基和拉德克利夫-布朗提出了功能主义理论，并在英国学术界引起了巨大反

---

① 参见李成武：《人类学的产生和发展》，http://anthropology.cass.cn/view.asp?articleid=457，2010年3月8日最后访问。

响，在社会人类学界吸引了许多追随者，进而形成了人类学中的功能学派。对这个问题的深入思索，引发了现代法律人类学的真正发轫，法的文化解释开始探头。①

"二战"以后，殖民主义体系崩溃，但资本主义的生产方式并没有结束，相反，资本主义的组织体制与商业驱动导致了资本主义的全球统治。西方学术界在分析了殖民主义（以军事侵略和土地占领为特征）、新殖民主义（以经济侵略和关税控制为特征）后认为，在殖民主义和新殖民主义解体后，经济全球化时代的后殖民主义跃然纸上。后殖民主义指在20世纪50年代以来的非殖民化时期，非洲、亚洲、拉丁美洲获得经济上的独立，但从更深层上，西方国家的"文化殖民"成为新的殖民形式而挥之不去。后殖民主义的文化分析对人类学尤其是法律人类学产生了重大影响。在后殖民主义语境下，法的文化解释才成为一种独特而全面的法律思维体系。后殖民主义的文化研究反对只重视研究历史经典，注重研究当代文化；反对只研究精英文化的倾向，注重研究大众文化和被主流文化排斥的边缘文化和亚文化；关注文化中蕴含的权力关系及其运作机制，主张文化是社会生活本身，而经济、政治仅仅是这一过程的构成要素。② 在人类学研究领域，虽然在"二战"之前有大量法律人类学家采取个案研究的描述方法，但是这些人类学家对原始法律的兴趣很大部分是因为希望通过研究使殖民地官员相信，"本土人"有他们自己的法律，以此换取殖民地官员的尊重。但战后，随着去殖民化进程的加速，法律人类学者逐渐抛开法理学式的寻找规则的研究模式，转向了对实际审判和政治事件发生过程的描述，因为这些人类学家相信，正是这样的过程才使得有权威效力的决策得以产生，他们试图从这种描述中归纳出具有权威效力的法律规则，法的文化解释发展成为日益成熟的解释工具。③

20世纪50~60年代，法律人类学研究主要围绕是否应当运用现代西方法哲学观念和术语来解释初民社会的法律问题。有的学者提出："英国法哲学的

① 参见百度百科《功能学派》词条。http://baike.baidu.com/view/473717.htm，2010年3月8日最后访问。

② 参见张其学：《后殖民主义：一种反思现代性的话语方式》，载《哲学动态》2007年第9期。

③ 参见赵旭东：《秩序、过程与文化——西方法律人类学的发展及其问题》，载《环球法律评论》2005年第5期。

精妙使它成为分析部落法律更好的工具。"① 但反对者认为，用现代西方法哲学观念和术语来解释初民社会的法律问题只会导致混乱和曲解；应该区分"民俗的体系"(Folk System) 和 "分析的体系"(Analysis System)；西方法哲学固然发达，但它仍然是一种"民俗体系"。如果无视这一点，势必导致对法律人类学研究对象的曲解，陷入种族中心主义。及至70年代，法律人类学转向争端解决机制的研究。由于人类社会普遍存在争端、法律对争端解决具有特殊作用、东西方文化背景下争端解决机制差异显著等，围绕本学科研究重点应该是规则还是程序，西方法律人类学界展开了辩论，形成了研究争端解决机制的热潮。后现代主义者对传统的法律人类学的案例分析范式提出了质疑，认为它误导人们关注不正常的行为和冲突。20世纪80～90年代以后，在现代化和"全球化"的冲击下，作为传统法律人类学研究对象的初民社会越来越少，人们开始把法律人类学作为方法论来关注现代社会，这在美国尤为明显。学者们尝试用传统的法律人类学方法去检视美国人的现存生活秩序，发现社区民众规避正式法律、求助教会，并从这一现象中提炼出"法律规避"问题。②

此外，现当代法律文化的研究存在着法的比较解释、历史解释、社会解释相融合的趋势，学者们不仅关注书本之法，还通过实证研究，关注行动中的法(Living Law) 和软法 (Soft Law)；把关注西方法律文化与关注非西方法律文化结合起来，重视在跨国乃至全球法律冲突过程中文化的因素，把纠纷解决放到文化背景中考量。在地区性的一体化进程中，通过文化整合实现法律整合；在法律移植中，通过文化沟通消除法律地方化的反弹和抵制，化解法律文化的冲突和差异。

## 第二节　法的文化解释之理据

瑞士法学家巴霍芬的《母权制》(1861年) 是早期法的文化解释的经典。巴霍芬 (Johann Jakob Bachofen，1815—1887年)，瑞士人类学家和法学家，曾在巴塞尔、柏林、牛津、剑桥、巴黎等大学学习法律和法学史。1842年被聘为巴塞尔大学罗马法教授，后于1844年辞职。以后又任巴塞尔刑事法庭法

① Laura Nader, "the Ethnography of Law" in American Anthropologist, New Series, Volume 67, 1965. Issue 6, Part 2.

② 参见徐亚文、孙国东：《为法治找寻沃土——法律人类学的历史、主题与启示》，载《求索》2004年第2期。

官，直到1877年为止。在《母权制》中，巴霍芬引用了古希腊埃斯库罗斯的悲剧《俄瑞斯忒斯》中的一段故事：远征特洛依的希腊统帅阿伽门农凯旋归来，却被其妻伙同奸夫谋杀，其子俄瑞斯忒斯为报杀父之仇又杀死了自己的母亲，遭到复仇女神依理逆斯的追究。在法庭上，阿波罗为俄瑞斯忒斯辩护说，他的罪行远不如他母亲的严重，因为他母亲既杀死了他的父亲，又杀死了自己的丈夫；依理逆斯女神的理由则是：她和她杀死的男人没有血缘关系。最后法庭投票结果是各占一半，雅典娜作为审判长则投了俄瑞斯忒斯一票，宣布他无罪。巴霍芬认为这一故事象征着母权制的颠覆。恩格斯在《家庭、私有制和国家的起源》第四版序言中提到了巴霍芬的论述，并称他的新见解是“完全正确的解释”。在恩格斯看来，父权制取代母权制，意味着国家法律关系取代氏族血缘关系成为了维系社会的纽带，他还用希腊人、罗马人和日耳曼（德意志）人从野蛮时代进入文明时代的历史证明了这一结论。①

英国法学家亨利·梅因爵士（Sir Henry Maine，1822—1888年）的《古代法》(1861年）既是法的历史解释，也是法的文化解释的经典。作为19世纪后期历史法学最重要的代表人物，他毕业于剑桥大学，1850年取得律师资格。两年后他到伦敦四大律师学院任罗马法和法理学的第一高级讲师，他的讲演曾受到法学界的普遍关注，其讲义于1861年以《古代法》之名出版，并为他赢得了很大的声誉。这期间他还担任过一段时间的王室法官。1862年至1869年他任英国驻印度总督的法律顾问，在此服务期间他协助编纂印度法典，并搜集了关于印度法律的大量资料，这对他后来的古代法研究颇多裨益。在梅因看来：在人类初生年代，不可能想像会有任何种类的立法机关，甚至一个明确的立法者。法律还没有达到习惯的程度，它只是一种惯行。用一句法国成语，它还只是一种“气氛”。对于是或非唯一有权威性的说明是根据事实作出的司法判决，并不是由于违反了预先假定的一条法律，而是在审判时由一个较高的权力第一次灌输入法官脑中的。“所有进步社会的运动，到此处为止，是一个‘从身份到契约’的运动。”② 梅因爵士通常被认为是法律人类学的先驱。在他看来，法律研究不能从法典开始，因为法典背后隐藏的很多法律现象早在法典之前就已经在发挥着作用。法律研究应该着眼于社会和法律的原始历史，“如果我们能通过任何方法，断定法律概念的早期形式，这将对我们的研究有无限的价值。这些基本观念对法学家，真像原始地壳对于地质学家一样的可

① 参见邓晓芒：《中西法治观念比较》，载《中国大学教学》2002年第9期。

② ［英］梅因：《古代法》，沈景一译，商务印书馆1959年版，第97页。

贵。这些观念中，可能含有法律在后来表现其自己的一切形式”。① 梅因认为，国家起源于以父权制为基础的家庭团体，而不是起源于社会契约。在初民社会，没有立法机关，更没有法律。判决、命令和“惯行”的权威来自父系家族的首领、国王和人们日常生活中形成的习惯。法律是随着个人对家庭依赖的逐渐消失和个人责任的增长而产生的。

美国律师摩尔根（又译摩根）（Lewis Henry Morgan，1818—1881 年）的《古代社会》(1877 年）是法的文化解释的名作。他出生于美国纽约州奥罗拉村附近的一个农庄，父亲是富裕的农场主，并从事商业活动，曾当选州议员。摩氏 1840 年毕业于罗切斯特的联合学院，接着专修法律，1842 年获得律师资格，并在罗切斯特从事律师工作。他在 1861—1868 年成为纽约州众议院议员，1868—1869 年成为该州参议院议员。19 世纪 40 年代早期，摩尔根参加了一个研究印第安人的学会，开始对印第安人的生活产生兴趣，尤其关注邻近的塞内卡易洛魁人的命运，此时恰遇某公司想以诈骗手段夺取易洛魁人的土地，摩尔根激于义愤，挺身为他们辩护，终使案件得以公正裁决。易洛魁人对他十分感谢，1847 年，塞内卡部落中的鹰氏族，正式吸收他为部落成员，并为他取了印第安人的名字。此后，摩尔根开始了支持印第安人为反对白人压迫而进行的斗争，同时他也开始了对印第安人的研究，写成了《易洛魁联盟》(1851 年）一书。他的最负盛名的《古代社会》被称为是研究人类从蒙昧时代经过野蛮时代到文明时代发展过程的经典。这部书分为四编：第一编是各种发明和发现所体现的智力发展；第二编是政治观念的发展；第三编是家族观念的发展；第四编是财产观念的发展。在他看来，人类的继承法以蒙昧社会为起点，经过野蛮社会的初级、中级和高级阶段，先后形成了氏族内分配、同宗分配和直系子女继承的法律规则。这些法律规则的变迁都是文化进化的产物和证明。

波兰学者马林诺夫斯基（Branislow Malinowski，1884—1942 年）完成的《原始社会的犯罪与习俗》体现了他对法的文化解释的方法论贡献。马林诺夫斯基生于波兰，早期学过物理、数学和民俗心理学，1910 年转入伦敦经济学院在韦斯特马克（Westermarck）指导下学习人类学，后来长期工作在伦敦经济学院。马林诺夫斯基的主要作品有：《西太平洋上的航海者》、《原始社会的犯罪与习俗》(1927 年)、《原始社会的性与压抑》(1927 年)、《西北美拉尼西亚野蛮人的性生活》(1929 年)、《自由与文明》(1944 年)、《文化的科学理论》(1944 年)、《文化变迁的动力》(1945 年)、《墨西哥市场体系的经济学》(1982

① ［英］梅因：《古代法》，沈景一译，商务印书馆 1959 年版，第 2 页。

年）以及《文化论》等。“文化功能论”是马氏理论的核心，用他自己的一句话来总结，即“文化，即工具的整体及社会群体、人类思想、信仰及风俗的规章，构成了人赖以更好地对付在满足需要的过程中适应环境时所面临的具体问题的伟大器具”。① 1915年，马林诺夫斯基来到大西洋新几内亚东部一个名叫特鲁布里安的岛上，与当地原住民一起捕鱼、耕种，学习他们的语言，参与巫术表演，观看各种仪式、习俗，“沉浸”（Deep Immersion）于当地人的生产和生活实践之中。他回到英国后，相继发表了一系列以特鲁布里安人为题材的著作，首创了迄今仍被人类学者所推崇并广泛采用的田野工作法。② 马林诺夫斯基对古典进化论法学极为不满，批评了以梅因爵士和摩尔根为代表的早期法律人类学家将自己的法律理论要么建立在家长制学说上，要么建立在“群体责任”、“群体财产”和“共产主义”等概念基础上，以为原始人缺乏个人权利和义务的观念。他认为，在初民社会，人们是基于道德、情感或注重事实的理性，而不是出于任何“自发地服从于不成文法”。互惠（Reciprocity）构成了初民社会的基本原则，而对称性则是互惠义务的必不可少的基础。③ 在他眼中，原始人同西方人一样有着理性的计算而不是蒙昧的本能，他们是活生生的人，并不是道德上的楷模，也不是道德上的堕落者。原始人的法律同所有的法律一样是义务和权利双向互惠的结果，而这些义务和权利同其他的社会组织是一体的，法律的运作并不是静态的，而是满足人们生活需要的某种变化着的选择。④

马林诺夫斯基在其名著《原始社会的犯罪与习俗》中讲述了一个凄美的爱情故事，让人体味到特鲁布里安人习惯法的繁复：特鲁布里安有一个年轻人从一棵椰子树上跳下来自杀了。其原因是他违背了族外通婚的规则，与其表妹通奸。该女孩的外族情人很爱她，一直想娶她。得知自己的情人与其表兄通奸后，深感自己受到了侮辱和伤害，于是决定主动出击。他首先威胁要用邪恶的巫术来对付其情人的表兄，但没有达到目的。在一天晚上，他当众侮辱了这个

---

① 转引自王铭铭：《西方人类学思潮十讲》，广西师范大学出版社2005年版，第19页。

② 参见张冠梓：《法人类学的理论、方法及其流变》，载《国外社会科学》2003年第5期。

③ 参见徐亚文、孙国东：《为法治找寻沃土——法律人类学的历史、主题与启示》，载《求索》2004年第2期。

④ 参见嘉日姆几：《人类学法律研究的思想脉络》，载《西南民族大学学报》（人文社科版）2008年第6期。

罪人——在整个社区都能听到的情况下，指责这个年轻人乱伦，并用连土著居民都无法忍受的言辞恶言相向。结果，受不了侮辱的情人的表兄穿上节日盛装，佩上饰物，爬上椰子树，在茂密的树林中对村民们哭诉，说明了自己走绝路的原因，也含蓄地控诉了逼其走绝路的人。遵照当地习俗，他放声大哭，然后从60英尺高的椰子树上跳下，当场死亡。为他报仇就成了其同族弟兄义不容辞的责任。随后，村里爆发了一场殴斗，他的情敌身负重伤。马林诺夫斯基认为，在特鲁布里安人看来，违反通婚规则是一种严重的犯罪，族外通婚是图腾制度、母权制度和等级划分制度的基石之一。氏族内所有姐妹都被男子以兄弟姐妹相称，没有什么比违反这条禁律更可怕的事了。除了公众舆论会作出强烈反应外，超自然的惩罚同样会惩治这种犯罪行为。这对特鲁布里安人来说就是一条公理。① 同样，血亲复仇也是部落习惯法。这些现代西方人眼中的“野蛮残余”，恰恰内蕴着权利与义务双向互惠的“交换理性”。“作为有效的社会强制力的法律要素和法律层面，存在于促使人们履行他们义务的各种复杂的制度中。其中最重要的是把众多的交易用双方相互服务之链联结起来的方式，在每次提供服务后便能很快得到回报。”② 他断言：“互惠、制度化的程度、公开性和抱负才是奠定原始法律约束机制的主要因素。”③ 这一观点至今仍被奉为研究部落社会控制方面的圭臬，澄清了人们对初民社会的种种误解和偏见。

以马氏为代表的人类学家有力质疑了当时流行的法律国家主义范式，扩大了法律概念的外延，开创了法的文化功能解释的先河。但是，由于各种局限，这种法的文化功能阐释始终显得非常粗糙，对异乡法律的解读仍然停留在殖民者文化想象的层面。

卡尔·尼克森·卢埃林（Karl Nickerson Llewellyn，1893—1962年）是美国现实主义法学之父。在他16岁的时候被父亲送到德国学习，1911年从德国毕业回国后于同年进入耶鲁大学。1915年成为耶鲁法学院学生。带着将法律视为一种植根于其周围文化环境的社会制度的倾向，带着对于比较工作的认同，并且带着伦理相对主义者关于习俗和理念的怀疑，他开始了对法律的学习。1918年卢埃林以班级最优秀的成绩毕业后，他决定在着手开始一种学术

① 罗洪祥：《法人类学论纲》，载《法商研究》2007年第2期。

② ［英］马林诺夫斯基：《原始社会的犯罪与习俗》，原江译，云南人民出版社2002年版，第18页。

③ ［英］马林诺夫斯基：《原始社会的犯罪与习俗》，原江译，云南人民出版社2002年版，第43页。

生涯之前，要去获得一些有关他的课程方面的实践经验。于是，在接下来的两年里，他在国立纽约城市银行法律部开始了实践工作。1922年他回到耶鲁讲授为人类学和社会学系的学生开设的名为“法律简介”的课程。1925年，他离开耶鲁，加入到哥伦比亚大学法学院，直到1951年。在哥伦比亚法学院期间，卢埃林事业十分成功。特温林对于卢埃林的学术生涯做了这样的总结：“不论人们对于他的许多的成就的风格和内容持什么态度，他的名誉在下面这四个主要的原因上是得到了保证的：第一，卢埃林将被作为一位在他那个时代的杰出的商法律师而被记住……第二，他对于法律人类学和社会学研究作出了杰出的贡献……第三，作为一位教师、教育者，他对于不止一代的律师、法官和法学教师有着深刻的影响……第四，他作为美国现实主义运动的领导级的阐释者和倡导者而将被记住。”①

美国学者霍贝尔（E. Adamson Hoebel，1906—1993年）是马林诺夫斯基之后最杰出的人类学家之一。在1934年于哥伦比亚大学获博士学位之后，他曾任犹他大学人类学教授兼系主任、密执安大学人类学教授、明尼苏达大学明尼阿波利斯分校人类学系名誉教授、美国民族学会会长和美国人类学协会主席等职。他著有《原始世界的人们》、《科曼契人》等。《初民的法律》（或译为《原始人的法》）是他的代表作。该书于1954年出版后，立即以其翔实的材料和深刻的见解引起人们的注意。它一版再版，并得到许多学者的高度评价，有人说：“这本书无论在哪一方面都高质量的，它非常有效地解决了法学和其他科学上的许多难题。它的社会学意义具有广泛性，其技术上的适应性不仅限于原始的法律体系，而且适用于一般的社会关系。”②

## 第三节　法的文化解释之视域

### 一、从规则到过程

依美国人类学家文森特之见，正是在1940年到1953年之间，法律人类学

① See William Twining, The Idea of Juristic Method: A Tribute to Karl Llewellyn, 48U. Miami. L. Rev. p. 119 (1993). 参见刘剑：《现实主义法学家——卡尔·卢埃林》，载《社会科学论坛》2006年第3期。

② 参见［美］霍贝尔：《原始人的法》，严存生等译，法律出版社2006年版，译者前言第2页。

作为一个独立的分支学科基本成型。而1954年霍贝尔《初民的法律》的出版标志着这一学科的真正确立。① 这本标志性的著作在如下方面推动了法的文化解释的进展：

首先，在方法论上确认了法的文化解释以及纠纷过程研究的正当性。法律与社会文化密不可分，必须从社会文化中研究法律。在他看来，法律无法从全部人类行为方式中截然分割开来。我们首先仔细地俯视和勾画社会和文化，以便发现法律在整个社会结构中的位置。以此为据，他批评了自然法学和分析法学惯用的观念方法和描述方法，坚持认为只有案例方法才能导致真正的法理学。在他看来，案例方法是一种科学的方法，“它从特殊到普遍，又从普遍到特殊进行观察，它主要抓住案例即纠纷事件的解决进行分析，从中寻找该社会的法律原则和程序”。② “实际上，真正的法律准则只有在大的诉讼争执中才能得到检验，否则难以确定在其中哪种假定的规则实际上占了优势。一件事如果没有在适用刑罚的法律活动中被承认，我们将永远不会认识它”。③

其次，重构了法律进化图谱，提出了法律的基本要素，为原始法和现代法找到了沟通与衔接的桥梁。霍贝尔明确提出原始社会有法律，但他同时也看到了初民法律与现代法律之间的差异，并就法律发展、法律与宗教、巫术的关系等作了研究。他强调原始法与现代法差异的主要目的，在于避免将现代法的概念强加到初民社会，而非彰显西方中心主义。更重要的是，他从原始法、古代法以及现代法的共同之处归纳出了法律的三个基本要素：特殊的强力、官吏的权力和规律性。④ 所谓特殊的强力，即法律的强制性，他说：“在任何社会里，无论是原始社会还是文明社会，法律存在的基本的必备条件是社会授权的当权者合法地使用物质强制。法律有牙齿，必要时会咬人，尽管并不时时使用。”⑤

---

① Joan Vincent, Anthropology and Politics: Visions, Traditions, and Trends. University of Arizona Press, 1990, p. 3077.

② ［美］霍贝尔：《原始人的法》，严存生等译，法律出版社2006年版，译者前言第4页。

③ ［美］霍贝尔：《原始人的法》，严存生等译，法律出版社2006年版，译者前言第35页。

④ 参见［美］霍贝尔：《原始人的法》，严存生等译，法律出版社2006年版，译者序言第5页。

⑤ ［美］霍贝尔：《原始人的法》，严存生等译，法律出版社2006年版，译者序言第25页。

他富有诗意地说："没有强制的法律规则是不燃烧的火，不发亮的光。"① 所谓官吏的权力，即执法机关或法官、法庭的因素，他们是法律的维护者。所谓规律性，即法律内容的科学性。最后，霍贝尔给法律下了一个完整的定义，"这样的社会规范就是法律规范，即如果对它置之不理或违反时，照例就会受到拥有社会承认的、可以这样行为的特权人物或集团，以运用物质力量相威胁或事实上加以运用"②。

最后，对法律处理未来社会疑难案件的功能予以重点强调，指引了法律人类学发展的路径。他认为，法律是一个动态的过程，在其中没有哪一种解决问题的方法可以永世长存。因此，法律非常重要的功能就是"关系的重新规定和期望的重新定向"。③ 这一职能突出地表现于新旧社会交替之时，这时新的观念和新的态度会逐渐地产生，甚至突然产生。而复杂的案件会在新观念的不断渗透下大量产生，它们等待着法律去解决。这时，"法律代表社会以将来的眼光来处理急迫的案件，当新问题出现时，就通过法律制定新的规则"，从而使问题"迅速而有效地得以解决，以使社会的基本价值通过法律得以实现而免遭被毁灭"。④

## 二、意义深描与历史重构

20 世纪 60 年代以来，全球范围内发生的巨变从根本上动摇了人类学的学科传统。一方面，过去的西方殖民地社会变成了独立的民族国家，人类学家背负"充当殖民主义、帝国主义的走狗"的污名，在这些国家中不受欢迎，田野调查工作遇到巨大障碍。另一方面，人类学所研究的传统社会被整合到新的国家体系中，它们大多不同程度地失去了自身原有的社会文化特征。于是，人类学家纷纷将关注的重点从初民社会转向西方社会自身。⑤ 在此种境况下，法

① ［美］霍贝尔：《原始人的法》，严存生等译，法律出版社 2006 年版，译者序言第 25 页。

② ［美］霍贝尔：《原始人的法》，严存生等译，法律出版社 2006 年版，译者序言第 27 页。

③ ［美］霍贝尔：《原始人的法》，严存生等译，法律出版社 2006 年版，译者序言第 260 页。

④ ［美］霍贝尔：《原始人的法》，严存生等译，法律出版社 2006 年版，译者序言第 261 页。

⑤ 参见董建辉、徐雅芬：《西方法律人类学的产生、发展及演变》，载《国外社会科学》2007 年第 6 期。

的文化解释出现了两种趋势：一是倾向于对独特性地方文化加以“深描”，揭示法律的地方性，以对抗西方现代普适性法律神话。另一种趋势就是跳出纠纷研究的狭小视野，将法的文化解释与整体性的历史世界相关联。

吉尔茨是第一种趋势的理论代表。吉尔茨（Clifford Geertz，1926—2006年，又译格尔茨、吉尔兹）是美国人类学家，阐释人类学的创立者。他三岁时因父母离婚而被收养并一直生活在加利福尼亚州北部的一个乡间的养父母家中。第二次世界大战后，他离开了加利福尼亚州，就学于俄亥俄州的安逖澳克学院学习文学与哲学，1950年毕业并获得了该校的哲学学士。之后，他受当时美国人类学界前辈C. 克拉克洪（C. Kluckhohn）学术思想的影响，对经验主义研究产生了浓厚兴趣。他先后在加州大学、芝加哥大学、哈佛大学、斯坦福大学、麻省理工学院等著名学府讲学，后长期担任普林斯顿高等研究院社会科学教授。主要著作有：《旧社会与新国家》(1963年)、《文化的解释》(1973年)、《尼加拉：19世纪巴厘剧场国家》(1980年)、《地方性知识》(1983年)、《著述与生涯》(1988年)、《事实之后：两个国家、四十年、一个人类学家》(1995年）等。其中，《文化的解释》于1974年荣获美国社会学会的索罗金奖，同时美国人文、自然科学院也给他颁发了社会科学奖。另外，1991年他又获得由日本颁发的亚洲大奖，因而他成为唯一在亚洲获奖的西方人类学家。对吉尔茨来说，“意义”是包含认识、情感、道德在内的一般性思考，它是具有知觉、观念、理解、判断的一种包容性的概念。他将“象征”界定为所有事物、行为表现、事件、性质以及关系都是传递某种“意义”的载体。任何一种物质、行为表现、事件、言语活动，只要它是在传递某种“意义”的话，那么它就是“象征”。换言之，任何一种“意义”也都是由与其相应的有形的“象征”体来传递的，这种象征有机地结合而形成的意义体系也就是吉尔茨所说的文化。象征作为人们传递生存的知识和对待生活的态度并使之得以延续的手段，它所表现的概念在历史的传承过程中得以系统化便是吉尔茨意味的文化体系。①

吉尔茨在《地方性知识：事实与法律的比较透视》一文中着力阐述了法的文化阐释的“双层”理论。法律一旦被建构成一个需要加以阐释的意义网络，那么对法律的体察认识必然包括双层构造：一方面与当地人对它的理解有关，另一方面则与观察者所进行的理解活动有关。这两种理解都影响着最终所

① 参见罗红光：《克利福德·吉尔茨综述》，http：//www. sociology. cass. cn/shxw/shrlx/t20050121_4593. htm，2010年3月9日最后访问。

达致的阐释结果。就法律意义网络的第一层阐释来看，包含有想象因素的法律认识一方面来源于行为主体在经验世界中感受到的各种现象，另一方面则来源于行为主体从传统中继受的世界图景。它受制于具体的情境，同时又受制于行为人所处的传统，因此，法律作为一种理解的产物不能从生存环境中抽离出来而获得某种纯粹的抽象形式，它必然是地方性的。就第二层阐释来看，作为异乡法律的观察者对于观察对象所具有的意义存在着陌生感，他并不能当下理解对象的意义，因此，就需要弥补观察者的意义世界与他所陌生的意义世界之间的鸿沟，以期勾连起二者。① 于是，“深描”成为吉尔茨法的文化阐释的最具特色的方法论原则。

在《深描》一文中，吉尔茨借用赖尔的“深描”一词指出，对文化的描述有两种，一种是“深描”，一种是“浅描”。他还用赖尔的例子来说明这两种描写：设想有三位正在眨眼睛的少年，其中一个是无意的眨眼，一个是使眼色的眨眼，一个是在恶作剧似的模仿眨眼。他们的眨眼动作是相同的，都是抽动眼皮。在浅描的民族志中，如照相机拍的照片一样，我们区别谁在无意识地眨眼，谁在使眼色的眨眼，谁在排练似的眨眼。而深描式的民族志则感知、阐释这几种行为之间的文化层次，建构一个分层化等的意义结构，从而使民族志成为一种具有深度的描写。人类学的田野工作可说是一种“文化阐释”——解释在一个表达系统的意义如何在另一个意义系统表达。②

第二种趋势代表了法的文化解释的最新转向，从过度微观的诠释中解脱出来，迈向历史世界的宏观体系。针对吉尔茨的阐释文化学，强调法律文化历史分析的学者多数主张将法律理解为一种权力，法的文化解释的核心不在于构造所谓的意义网络，而在于恰当地分析特定时间和地点发生的法律行动背后潜藏的非对称权力关系。在他们看来，冲突解决的概念应当是法律人类学的核心，所有法律秩序都会产生非对称的权力关系，法律绝不可能是中性的，冲突自然是不可避免的。③ 由此，阶级利益和斗争便凸现出来。

---

① 参见张骐：《双重理解下的阐释——读吉尔茨〈地方性知识：事实与法律的比较透视〉》，http：//dzl. ias. fudan. edu. cn/ShowArticle. aspx? ID = 4321，2010 年 3 月 9 日最后访问。

② 参见东林：《阐释的人类学：格尔兹文化理论管窥》，http：//www. gongfa. com/geerci. htm，2010 年 3 月 9 日最后访问。

③ June Starr & Jane F. Collier, *History and Power in the Study of Law*, Ithaca: Cornell University Press, 1989, p. 7.

### 三、对法律的文化学诠释①

把法律视为一种文化现象，将对各种法律现象的解释建立在对相关的社会文化脉络的掌握的基础上，是法律人类学的基本观念。德国法律人类学家图恩瓦尔德（Thurnwald）指出："法律并不是社会力量的直接反映，而是对政治和社会关系的组织的需求与努力，在特定人群的脑海里呈现出来的；因而，法律受到思考方式与心灵状态以及祖先们的心灵习惯所限定。我们必须从根本上认定：整个文化是法律的背景。"② 澳大利亚法律人类学家 M. 克雷齐尔也认为，法律是一种文化现象，"政治法律机制及结构决不会存在于一个社会或经济的真空中，他们与社会及经济的形式密切联系，在某些社会甚至无法区别"。③ 法律人类学们还就法律与文化的具体联系展开了研究，取得了一系列成果，如涂尔干在孟德斯鸠《论法的精神》的启发下研究了人口的密度与某一群体所采用的法律制度的形式之间的关系，霍贝尔则试图找到程序法的复杂程度与生活水平的关系，纳德尔在研究了处于同一农业水平的两个社会后发现，社会组织形式比经济对法律的影响更具决定性等。尤其是围绕文化、法律与社会的关系，进化论、解释人类学、功能主义、传播论、法律多元主义等理论方法是构成法律人类学的法的文化解释的重要支点。

进化论主张法律是按照一定的轨迹发展演化的，并试图描绘出这种轨迹。摩尔根在《古代社会》中把人类文化的发展界定为：蒙昧时代、野蛮时代、文明时代，并阐明了财产法、婚姻家庭法、复仇等法律制度的演变过程。进化论者梅因爵士那句关于法律发展的"从身份到契约"的名言提示法律是沿着对神的信仰时代到"习惯法"时代再到"法典"时代的轨迹演化和发展的。霍贝尔继承了梅因的进化论方法，认为"法律的发展趋势和其他社会文化一样，是一个持续发展的复合物。"④ 而人类文化的发展阶段是渔猎文化、农业文化和机械文化。相应的，法律的发展阶段分为原始法、古代法和现代法，这是法律发展的大致走向。

---

① 本章的以下部分主要根据徐亚文、孙国东：《为法治找寻沃土》改写。相关内容见《求索》2004 年第 2 期。

② 参见林端：《法律人类学评介》，载《中国论坛》1988 年第 298 期。

③ ［澳］M. 克雷齐尔：《法律人类学评介》，傅再明译，载《国外社会科学》1987 年第 11 期。

④ ［美］霍贝尔：《原始人的法》，严存生等译，法律出版社 2006 年版，第 268 页。

但是，进化论者关于法律发展的“单线进化论”遭到“解释人类学”的批判。“解释人类学”认为法律的存在与发展与特定文化的产物，具有多元化的道路和轨迹。吉尔茨说法，法律就是一套“地方性知识”，而所谓“地方性”，“不只是指空间、时间、阶级和各种问题”等差异，而且也指“特色”。因此，不应用不同称谓指称相同的现象。比较法得出的任何结论，必须用于处理差异而非消灭差别。具体到法律发展，“法律领域不会衰变成封闭的单一体，而会拓展成一个复合式的多元体”。① 吉尔茨把法律看做一种“地方性知识”是法的文化解释的集中体现。

功能主义认为社会是由相互依存的、承担一定功能的各个部分构成的系统。作为功能主义的创始人，马林诺夫斯基认为，所谓功能总是意味着对某种需要的满足，人类文化的各个方面都应当与人的需要联系起来进行功能分析。他特别强调文化的制度因素，认为制度是使人们的活动有组织地满足某些需要的基本的、相对稳定的方式，是文化的真正的要素。② 法律作为社会控制的一部分，也是一种制度。马氏认为原始法律是建立在互惠的基础上的，满足了人们的需要，所以能够较好地被遵守。

传播论是在对进化论批评的基础上形成的学说，其基本观点是：人类的创造能力是有限的；文化传播导致了人类文化的共性。在传播论看来，世界上只有几个地方或一个地方曾独立发明出各种事物，因而成为文化中心。各项文化特质均由这些中心向四面扩散、传播，导致文化的接触，引起文化的变迁。③ 早期传播论者特别是其中的“文化单源论者”对文化传播的论述不免带有“文化中心主义”和“种族中心主义”倾向，但却引起人们对文化传播的重视。传播论至今仍是法律人类学者跨文化比较并分析法律发展、法律多元、法律冲突等问题的重要理论工具。

法律多元是指两种或多种法律制度共存于同一社会的状况。法律人类学者在研究殖民地法律问题时发现了这一现象，并在研究现代西方社会时获得验证。任何国家的法律都在一定程度上受到外来影响，包含了文化的断裂和更

---

① [美] 克利福德·吉尔茨：《地方性知识：事实和法律的比较透视》，邓正来译，载梁治平编：《法律的文化解释》，生活·读书·新知三联书店 1994 年版，第 126 页。

② 参见 [英] 马林诺夫斯基：《文化论》，费孝通等译，中国民间文艺出版社 1987 年版，第 14、18 页。

③ 参见王铭铭：《文化人类学——从启蒙到反思》，载许江主编：《人文视野》，中国美术学院出版社 2002 年版，第 519 页。

新。"由于法律制度这一概念非常广泛，可以说，每个社会在法律上都是多元的，而不论其有无殖民地的历史。"① 日本的千叶正士对"法律多元"问题作了系统的研究，并对人们多元主义的法律态度作了功能主义的变量分析，认为"法律多元"的存在具有一定的客观性，而客观性源自于合理性——人们选择其他"竞争性规范"(民间法）而非"国家法"，因为这些民间法"尊重个人偏好"，符合"与另一方当事人的特殊关系"和"所认同的社会作出的预期评价"，更符合当事人的利益。②

法的文化解释的法学意义是十分丰富的。没有普适性的法律文化和法律制度，只有具体的、适合特定文化背景的法律文化和法律制度。由于文化就是法律的背景，法学研究就必须反对片面的"法律移植"，而应当充分利用多学科知识对法律进行"文化解释"。③ 法律不是历史"单线进化"的产物，而是一个文化的积淀。法律是一种"地方性知识"，而知识没有优劣之分。因此，法律的发展并没有固定的、必然的轨迹，未来法律发展的趋势也只是"多样化"基础上的有限的"趋同化"，而不是"西方中心主义"的法律殖民。"非国家的法律观"和法律多元论的观点引发我们对"民间法"和"本土资源"的重视。法律人类学认为法律不应仅仅局限于成文法，在初民社会也有争端及其解决机制。那时并非没有法律，只是没有西方的法律文化和法律制度而已。因此，有必要重新审视法律的含义、重新认识复杂的法律现象。制度经济学认为法律是能够建立确定预期的正式制度。哈特也说过，当一个人觉得有义务要遵守的时候，它就是法律。这些观点无疑都是对法律人类学"非国家的法律观"的尊重。"法律多元"作为任何社会都存在的客观事实，要求我们应当重视对"民间法"的研究，引导"民间法"的发展。我们的立法和制度安排必须考虑人们的偏好，因为即使有国家强制力为后盾，真正能够有效执行的法律，恰恰是那些符合或者接近人们的偏好和利益的法律（包括民间法)。哈耶克也曾指

---

① Sally Engle Merry, Legal Pluralism in Law and Society Review, 22/5 (1988): p. 869.

② 参见［日］千叶正士：《法律多元——从日本法律文化迈向一般理论》，强世功等译，中国政法大学出版社 1997 年版，第 139 页。

③ 近年来，以苏力、梁治平等为代表的众多学者已经开始认识到这一问题，他们认为法学不是一个自足的学科，必须建立一种新的研究范式，利用多学科知识对法律进行文化解释。参见苏力：《法治及其本土资源》，中国政法大学出版社 1996 年版，第 214 页；梁治平：《法律的文化解释》，载梁治平编：《法律的文化解释》，生活·读书·新知三联书店 1994 年版，第 2 页。

出，在一个传统和惯例使人们的行为在很大程度上都可预期的社会中，国家的强制力可以降低到最低限度。①

① 参见［英］哈耶克：《自由主义和经济秩序》，贾湛等译，北京经济学院出版社1991年版，第23页。

# 第十章　法的历史解释

法律作为调整人们行为的一般规则，从产生之始就是适用特定地域、特定民族的。正是民族的历史所凝聚成的这个民族的全体成员的内在信念与外在行为方式决定了法律规则的意义与形式。在萨维尼看来，法同语言一样有自己的发展历史。“法律已然秉有自身确定的特性，其为一定民族所特有，如同语言、行为方式和基本的社会组织体制。不仅如此，凡此现象并非各自孤立存在，它们实际乃为一个独特的民族所特有的根本不可分割的禀赋和取向，而向我们展现出一幅特立独行的景貌。”① 德国的历史法学派在19世纪初创立的法的历史解释经过英国学者的发扬光大，成为西方在19世纪获得承认和广泛使用的三种方法（即分析方法、历史方法和哲学方法）并获得过广泛的推崇。② 孟德斯鸠曾说：我们应当用法律去阐明历史，用历史去阐明法律。应当承认，任何法律现象的产生、发展都有其历史根源，都是在历史的时空中进行的。历史地考察法律和法律现象，可以发现其运行的规律，从而为当地法律的发展和完善提供有益的借鉴。

## 第一节　法的历史解释之语境

法的历史解释起源于19世纪初叶的德国，其宗旨与启蒙运动和理想主义所倡导的“理性”相对立。法的历史解释的兴起与发展和历史法学派的诞生是联系在一起的。概括起来，它兴起和发展的背景主要有以下几点：第一，在政治方面，在法国的拿破仑遭流放后，西欧处于封建复辟之中。当时，被民族主义思潮所笼罩的普鲁士邦作为反法同盟的主要成员，正试图建立一个以自己

① ［德］萨维尼：《论立法与法学的当代使命》，许章润译，中国法制出版社2001年版，第7页。

② 马克思、恩格斯：《德意志意识形态》，《马克思恩格斯全集》第3卷，人民出版社1956年版，第20页。

为主导的民族独立国家，急需一种思想体系与作为法国资产阶级革命的理论柱石的古典自然法学派的普遍理性主义抗衡。第二，在经济方面，当时德国的资本主义经济还处于幼稚年代，资产阶级在国内还受到外来资本剥削。他们反抗国外经济侵略的力量不足，只能依附于国王进行温和改良，不能像法国资产阶级那样进行暴力革命，主张法律渐进发展的法的历史解释比较迎合各阶层的普遍需求。第三，在文化方面，在反抗拿破仑统治的民族解放过程中，为了追求民族独立，德国知识分子开始挖掘本民族内生的一些独特文化成果，为法的历史解释的生长提供了民族文化土壤。第四，在法律方面，当时的德国存在多种法律形态。最古老的固有法为蛮民法，其次为各种族的习惯法即所谓种族法，种族法再由属人主义变为属地主义而转变为地域法。① 而法国的革命成果包括《拿破仑法典》对德国的思想家产生了巨大冲击，德国国内产生了一种要求以《拿破仑法典》为榜样制定德国民法典以促进民族统一的呼声。在法学争论中，具有民族精神的法制制度才能适合自己的国家的观点逐渐占据上风，为法的历史解释赢得了人心。第五，在理论方面，在批判古典自然法学派的许多主张的同时，历史法学派也吸收该学派的许多合理的理论内核，用以丰富和完善自己，为自身的发展作好了充分的理论储备。

## 第二节　法的历史解释之理据

法的历史解释主张民族精神的发现，认为法既不是理性的产物，也不是人的独断意志的产物，而是根源于“民族的法律确信”这样一种民族心理状态。法律同语言一样有自己的发展历史，是自然而然地形成和发展的。法律是与民族一同发生、一同发展、一同消灭的。② 早期法的历史解释的代表人物胡果认为，法律是“民族意识的有机产物”，或者说是民族精神历史发展的必然产物。萨维尼主张，民族精神是法律的发展动力，法律只能是土生土长的和几乎是盲目地发展的，不能通过正式的理性的立法手段来创建。③ 梅因在英国历史上是第一位采用历史方法研究法律，对法的历史解释作出了突出贡献。

---

① 参见李达：《法理学大纲》，法律出版社 1983 年版，第 54 页。

② 参见李达：《法理学大纲》，法律出版社 1983 年版，第 56 页。

③ 程琥著：《历史法学》，法律出版社 2005 年版，第 19 页。

## 一、萨维尼的历史法学

弗里德里希·卡尔·冯·萨维尼（F. C. von Savigny, 1779—1861 年）是德国著名的民法学家、历史法学初创时期的代表人物。在约翰·麦克唐奈尔爵士 1913 年编撰的《历代伟大法学家》这部思想传记中，萨维尼被誉为“欧洲所养育的最伟大的法学家”，他那篇论述所有权的论文连约翰·奥斯丁这样苛严的批评家也誉之为“一切法学著作中之最为完美醇熟者”。①

萨维尼的历史法学的总的观点是：“法律的素材通过国族的全部过往而给定，而非通过任意所给定以至于他只是偶然的是这样和那样，他产生于国族本身以及其历史的最深层本质。每个时代的审慎活动必须指向这一点，以认清和启动具有内在必然性的既定素材，并使它生机勃勃。”② 他对法的解释可归纳为如下几个方面：

### （一）法的民族“共同信念”论

萨维尼既否认法是理性的产物，也否认法是人的独断意志的产物，否认自然法的存在。在 1814 年编写完成的论战小册子《论立法与法学的当代使命》中，萨维尼并不是仅仅反对在德国进行法典编撰，更为重要的是提出了历史法学的著名观点。他认为，法律就如同语言、伦理一样来源于民族的本质和特色，法律只能是土生土长和自然而然地发展，把不同民族结合起来的是民族的共同信念、内在必然性的共同意识。萨维尼认为，德国最需要的是研究历史，因为民族共同信念和意识就体现在历史中，而法律又是民族共同信念和意识的体现。

萨维尼提出：法律是发展变化的，所以不是通过制定法典来发展法律，而是通过研究法律发展的历史来发展法律。民族共同信念和意识体现在历史当中，法律的根基也在历史当中，它们是根与叶、源与流的关系。只有根植于历史传统，才会形成具备民族共同信念和意识的法制制度。只有民族共同意识才是实在法的真正创造者。法律的存在与民族的存在以及民族的特性是有机联系在一起的。萨维尼关于法律源于民族共同信念和意识的论述，最有代表性的话语来自这样一段经典表述：“在人类信史展开的最为远古的时代，可以看出，

① ［德］萨维尼：《论立法与法学的当代使命》，许章润译，中国法制出版社 2001 年版，中译本序言第 14 页。

② ［德］萨维尼：《论〈历史法学的杂志〉的目标》，朱虎译；参见许章润主编：《历史法学》第一卷，法律出版社 2008 年版，第 201 页。

法律已然秉有自身确定的特性，其为一定民族所特有，如同其语言、行为方式和基本社会组织体制。不仅如此，凡此现象并非各自孤立存在，它们实际乃为一个独特的民族所特有的根本不可分割的禀赋和取向，而向我们展现出一幅特立独行的景貌。将其联结一体的，乃是排除了一切偶然与任意其所由来的意图的这个民族的共同信念，对其内在必然性的共同意识。”①

（二）法的发现论

萨维尼认为：法律是被发现的，而不是被创立的，运用历史的研究方法来表达和发现现行法，是法的历史研究的重要内容。法律是随着民族的发展而发展，随着民族的加强而加强，最后也同一个民族失去它的民族性一样而消亡。他认为，法律发展的规律具体说有三个阶段：第一阶段是自然法，指在民族历史中自然发生的、以口头或文字形式世代传袭下来的诸法规。它存在于民族的共同意识之中，具体表现是习惯法。第二阶段是学术法，具体表现在社会上已经出现的法学家的阶级意识之中，使法律走向科学化。这个阶段上的法律具有两重性，既是民族生活的一部分，又是法学家手中的一门特殊科学。第三阶段是编撰法典，使习惯法与学术法统一起来。当时的德国还没有能力制定出一部好的法典。应该说，萨维尼关于法的发展的三阶段说有一定的合理性，符合罗马法发展的规律。②

萨维尼主张法的最好来源不是立法，而是习惯。他认为，一切法律均起源于行为方式。在行为方式中，用习常使用但不十分准确的语言来说，习惯法逐渐形成，法律完全是由存潜于内、默无言声的威力，而不是由法律制定者的专断意志所造就的。只有在人民中活着的法才是唯一合理的法。实在法是由习惯法派生出来的，而习惯法又是从“民族共同信念和意识”中生长出来的，习惯法是最有生命力的。萨维尼认为立法的一个目的就是对习惯法的记录，类似于罗马元老院的决议。这种借助于习惯的立法消除了法律的模糊之处和不确定性，能够发现和保持纯粹的真正的法律、民族的本来意志。法学家在立法活动中的任务就是利用技术的方法去发现和揭示法律中固有的民族信念。

（三）法典论

萨维尼认为：法典注定要成为法的唯一的渊源，法典将取代在其之前有效的一切其他法的渊源。法典应同时满足以下两个特征：一是就内在的内容来

① ［德］萨维尼：《论立法与法学的当代使命》，许章润译，中国法制出版社 2001 年版，第 7 页。

② 参见程琥著：《历史法学》，法律出版社 2005 年版，第 21 页。

说，法典应该保障最大限度的法的确定性以及法的适用的安全性；二是就形式来看，法典必须将其内容以精确的形式表现出来，而不能产生混乱和歧义。①它应被期待对可能提交到它面前的每一个法律问题作出回答。而因为在法典的每一个部分都存在一些要素，可以从这些要素中推论出其他部分。这些要素，可称之为基本原则。从这些原则中依次可推论出各种具体的法律概念和其他法律原则。萨维尼认为他与其他主张制定法典的人士追求的目标是一致的，即"我们都渴望拥有一个坚实的法律制度，以抵御任意专擅与伪善兮兮对于我们的伤害；再者，我们都寻求国族的统一与团结，专心致志于秉持同一目标的科学研究。"② 但他又确信，这样的推论和阐述构成了法学的最艰巨的任务。萨维尼并不否认通过这样的方式来实现法典的完备性的可能，但当时德国法学界还没足够的学术能力来发展这样的学术体系。为获得这样的学术能力，萨维尼认为需要对从古到今的一切时代、一切民族的法进行深刻的研究。

（四）罗马法论

萨维尼运用法的历史解释把法律体系置于历史的进程中来掌握。他深入挖掘和悉心整理罗马法的一些历史资料，不仅收集了 11 世纪以前西欧各地区流传的罗马法文献，而且对注释法学形成以后的学者研究罗马法的作品作了汇编、整理，对中世纪西欧各大学的罗马法教育作了考证和论述，最终形成了罗马法的资料宝库《中世纪罗马法史》。

在 1804—1849 年成书的八卷本《现代罗马法体系》中，萨维尼指出，法律的存在与民族的特征是有机联系在一起的。在人类"历史的早期阶段，法律已经有了该民族独存的固有的特征，就如同他们的语言、风俗和建筑有自己的特征一样。不仅仅如此，而且这些现象并不是孤立存在的。它们不过是自然地不可分割地联系在一起的、具有个性的个别民族的独特的才能和意向。把它们联结为一体的是民族的共同信念和具有内在必然性的共同意识。"③ 法律就应该反映一个民族的共同意识和信念。在《现代罗马法体系》(第 8 卷）针对中世纪自然法学学者提出的"法律区别说"，即把法律规则划分为人法、物法和混合法来确定法律规则的效力范围的说法，萨维尼创立了"法律关系本座

---

① 参见薛军：《蒂堡对萨维尼的论战及其历史遗产——围绕〈德国民法典〉编撰而展开的学术论战述评》，载《清华法学》2003 年第 2 辑，第 118 ~ 119 页。

② ［德］萨维尼：《论立法与法学的当代使命》，许章润译，中国法制出版社 2001 年版，第 121 页。

③ 张宏生：《西方法律思想史》，北京大学出版社 1983 年版，第 371 页。

说”。该学说对国际私法作出了重要贡献，一是他断然抛弃了被奉行500多年的“法则区别说”，从法律或法则自身的性质来探讨法律冲突的解决方法，改而从法律关系的性质入手，通过寻求其应隶属的地域的法律，即所谓的“本座”来解决各种不同法律关系应适用的法律。二是他断言否定了由荷兰法则区别说学派创立的特殊主义——国家主义的立场，使国际私法重新复归到普遍主义——国际主义路线。三是他的国际私法学说大大推动了国际社会各国国际私法的法典化进程，并且对国际私法的趋同与统一化进程起了积极的促进作用。①

萨维尼于1803年出版《占有法》一书，从罗马法中抽象出占有制度的重要原则，并证明古罗马法的这些原则优于中世纪以来欧洲大陆通行的经修改过的原则。该书创造了一种新的法律历史研究方法。他在1815—1831年所著的《中世纪罗马法史》一书论述了5—15世纪罗马法的渊源、文献和教学情况，被誉为中世纪欧洲法理学史的标准著作。作为研究古罗马法律的学者，他不仅促进了历史法学派的形成，也恢复和整理了罗马法特别是早期罗马法的许多珍贵史料，成为迄今为止在这一领域一切后来者都绕不过去的、当之无愧的法学权威。

## 二、梅因的古代法理论研究

亨利·梅因（Sir Henry Maine，1822—1888年）是英国历史上第一位采用历史方法研究法律的法学家。他的成就很大部分得益于其历史方法对传统的形而上学研究的突破。他对法的历史解释的贡献可以归纳为如下几点：

### （一）法的进化论

梅因提出法发展的一般历史公式是“所有进步社会的运动，到此处为止，是一个‘从身份到契约’的运动”，② 即从奴隶、封建制的人身依附关系走向资本主义的人身自由。“身份”指来源于古代属于家族所有的权利和特权的法律关系，即个人对父权制家族的隶属关系；“契约”是法律关系发展、进步的结果，指由个人自由地订立协定，为自己创造权利和义务。随着社会的进步，“身份”逐渐向“契约”转化，个人便逐渐摆脱了家族的身份限制，取代了家族，成为民事法律关系中的基本单位，个人的自由选择成为现代民事法律判定

① 参见李双元、吕国民：《萨维尼法学实践中一个矛盾现象之透视》，载《浙江社会科学》2000年第3期。

② ［英］梅因：《古代法》，沈景一译，商务印书馆1959年版，第97页。

其权利和义务归属的主要因素。在他看来，法的发展有三个阶段，依次是：法律与宗教有机地结合在一起的宗教法时代；完全不成文的习惯法时代和以古罗马《十二铜表法》为代表的法典化时代。梅因在1851年出版的《古代法》中提出，研究古代法的目的，在于“说明反映古代法中的人类最早的某些观念，并指出这些观念同现代思想的联系”。①

梅因认为，现在控制着人们行为以及塑造着我们行为道德规范的每一种形式，都是由古代社会胚胎发展而来的。对社会的研究，包括对法律制度的研究，都应以最简单的社会形态开始。梅因在《古代法》一书中详细介绍了以罗马法为代表的西方古代政治法律的发展状况，概括地阐述了人类早期社会政治法律制度的演化过程，论述了法律产生及其发展，特别是民法和刑法的发展过程和特点。

《古代法》中设专章对遗嘱继承、财产、契约以及侵权和犯罪的早期历史进行分析。遗嘱是个人处置自己遗产的一种自由意志的表述。随着社会的演进，遗嘱继承逐渐由“用来规定家族权的转移”变为“规定财产的死后分配”。但遗嘱继承作为分配死亡者财产的一种方式，从一开始就受到强大的家族势力的抵制和束缚。在古代社会，财产不属于个人，甚至也不属于个别家族，而是属于按宗法关系组成的社会所有。在人类社会早期，“个人并不能为自己设定任何权利，也不能为自己设定任何义务，他所应遵守的规则，首先来自他所出生的场所，其次来自他作为其中成员的户主所给他的强制性命令。在这种制度下，就很少有‘契约’活动的余地”。② 梅因对一些民族的古代法典进行详尽研究之后得出结论：古代法典一个重要特点是，法典越古老，其刑事立法越多；社会发展水平越低下，民事立法越少，故刑法与民法在法典中所占比重的不同构成了古代法律与现代法律的重要区别。

### （二）法的历史联系论

梅因把法当做一个发展的过程来研究。在他看来，认为法律是世代相连的历史产物，要想研究法律，必须“从最简单的社会形式开始，并且越接近其原始条件的状态越好”，“因为现在控制着我们的行为以及塑造着我们行为的道德规范的每一种形式，必然可以从这些胚种当中展示出来”。③ 最先要追根溯源，探索法的原始形式，“如果我们能通过任何方法，断定法律概念的早期

① ［英］梅因：《古代法》，沈景一译，商务印书馆1959年版，第97页。

② ［英］梅因：《古代法》，沈景一译，商务印书馆1959年版，第172页。

③ ［英］梅因：《古代法》，沈景一译，商务印书馆1959年版，第68～69页。

形式，这将对我们有无限的价值。这些基本观念对于法学家就像原始的地壳对于地质学家一样可贵。在这些观念中，可能含有法律在后来表现其自己的一切形式。”① 不了解法的过去，就不会正确地认识法的现在。梅因坚持对法进行历史的、发展的考察，其目的正如他在《古代法》序言中所指出的，通过探索古代的法制和法学观念，找出它们同现行法制和观念的联系，即通过对浩如烟海的历史材料的占有，从风云杂乱的历史现象中捋出一条线索，揭示出法律这一社会现象所特有的发展规律。在他看来，进步社会法的继续发展主要依靠三种手段：其一是法律拟制（Legal Fiction），此方式不改变成文法的原貌，但使其内容的运用发生了改变，如罗马的法律解答以及相应的“判例法”。其二是衡平方法（Equity），此方法借用人类普遍信奉的至高无上的原则，对原有法律进行改动和补充，这是对法律明确而公开的变动，如古罗马以裁判官法来补十二表法之不足，而英国以衡平法补普通法之所失。其三是立法（Legislation），此方法是由社会公认的立法机关制定的法规，具有人民必须遵守的强制性，即由立法机关制定法规。

（三）法学方法论

梅因倾其全力于古代历史的研究，重视罗马法的资料挖掘，强调法的历史因素、民族因素和文化因素，强调习惯法的重要性。他对法律进行了两种比较，其一是纵向比较，即对同一国家的不同时期的法学进行比较，以便找出法的一般发展线索。他重点研究罗马法和英国法的历史。其二是横向比较，即对同一时期不同国家的法学进行比较，以期找出法的一般发展规律。他除了研究罗马法和英国法之外，还研究印度法、日耳曼法以及希腊法的历史。基于此两种历史的比较，梅因建立了自己缜密的历史法学体系，取得了许多令人瞩目的学术成就，使得德国人创立的历史法学在英国获得了充分的发展。在梅因看来，早期法律制度有重大作用。梅因相信法的进化，试图用比较研究不同法律制度的方法发现共同的东西。梅因反对自然法，但其立足点和出发点与萨维尼不同，目的也不一样。梅因是英国第一位采用“历史方法”研究法律的法学家。他用科学的归纳方法考察历史，以便寻找出法律进化的一般规律；他也重视习惯法，也承认“民族精神”，但这些都是观察的结果，是从实在的历史经验中提炼出来的。

梅因还批驳自然法的抽象方法和法律实证主义的分析方法。在他看来，抽象的方法首先假定一个“自然状态”的存在，在此基础上，推演出国家与法

① ［英］梅因：《古代法》，沈景一译，商务印书馆 1959 年版，第 2 页。

的概念和本质，这是不科学的，因为此前提“自然状态”就是一个非历史的、无法证实的假设。真正的法学绝不是假设和推理的结果，它必须建立在确实的事实材料基础上，从法的发展过程和继承关系方面探求法的真谛。他认为，在以前和现阶段的法学研究中，抽象的方法和分析的方法占据着统治地位，它们着重于对本来就不存在的假设进行抽象推理，对现成的法律条文进行繁琐的解释和分析，但对法律丰富而确实的历史内容，对它们的产生、发展以及演变成现行法律的历史过程置之不理。梅因就此痛切地指出：“对罗马法的无知，这是英国人欣然承认，且有时不以为耻地引以自夸的。”① 梅因以及他的《古代法》的价值，并不在于对古代法律制度的追根溯源，也不在于对古代法律的形态的深究细考，而“在于他是方法的开拓者。他利用经验的资料，以实证的态度，运用了科学的方法——历史的，比较的方法探讨着一般法学家所梦想不到的领域”②。

## 第三节　法的历史解释之视域

### 一、法的历史解释的对象：民族精神、风俗、习惯

历史主义与民族精神这两个核心是联系在一起的。正是在历史中，德国思想家发现了民族精神：历史不是别的，就是一个民族的生活经验的凝聚和表达；民族精神是在历史进程中逐渐形成的。

法的历史解释的代表人物认为法律不是理想的产物，而是和语言、风俗一样，是自发地渐进演化而成的，不是立法者有意识创造的产物。法律源于风俗、习惯，虽然最终有些风俗、习惯要形成为法律，演变为成文法，里面可能会有理性的因素，但并不排除风俗、习惯的重要意义。萨维尼认为法的实现依赖于其背后的社会力量，法不仅仅是立法者制定的规则，其内容要广泛、复杂得多。立法者在立法时应尽量避免规模效应，尽量避免为应付一时之需而进行急功近利的法典编撰。法律是在社会中运行，不是在真空中实施，因此，立法时必须考虑社会因素和社会需要。③

法律与民族生活的这种恰切无悖的应然状态是在漫漫历史中逐渐砥砺成型

① ［英］梅因：《古代法》，沈景一译，商务印书馆1959年版，第97页。

② 台湾大学法律系：《固有法制与现代法学》，台北成文出版社1979年版，第87页。

③ 参见程琥著：《历史法学》，法律出版社2005年版，第212页。

的。萨维尼认为，法律精神，一如民族的性格和情感，蕴涵于历史之中，其必经由历史，才能发现，也只有经由历史，才能保存和扩大。历史，即便是一个民族的幼年，都永远是一位值得敬重的导师。只有通过历史，才能与民族的初始状态保持生动的联系，而丧失了这一联系，也就丧失了每一民族的精神生活中最为宝贵的部分。因此，“萨维尼最后得出结论：法的真正发展动力乃是民族精神，人的意志绝不能参加法的发展过程。立法者不能修改法律，正如他们不能修改语言和文化一样。立法者的任务只是帮助人们揭示‘民族精神’，发现‘民族意识’中已经存在的东西。”① 萨维尼的这个观点，也就成为法的历史解释的代表性观点。

在学术实践中，萨维尼的《中世纪罗马法史》和《现代罗马法的体系》对近代民法学的诞生所起的作用是任何其他法学家的著作都不可替代的。“真正从历史发展的视线来观察法律的内在精神以及与特定民族的关系，萨维尼大概是第一人。”② 他强调法的民族精神，凸显法的民族性特点，特别是面对当时欧洲所强调的根据共同理性构建法律体系的普遍思潮，萨维尼的思想激发人们去思考特定民族特性对于法律发展和完善的重要性，更好地处理法的普遍价值与具体民族特性的对接。

## 二、法的历史解释的核心：用历史的方法研究法律及其现象

早在古希腊、柏拉图的政治法律思想中就包含现实主义和历史主义倾向，法国著名启蒙思想家孟德斯鸠也在他的著作《论法的精神》中系统地运用过历史的方法，但始终坚持法的历史解释的只是历史法学派。

法的历史解释的代表人物们积极倡导用历史方法来研究法律现象，一改当时重主观演绎和逻辑推理、轻史实考据的研究风格，主张通过考察法律的历史形态、历史演进进程来理解法律，从而实现法学、历史学、人类学乃至考古学的结合，为法学研究提供了坚实的材料基础，为全面地理解法律提供了一条新的途径，也为后世提供了丰富的法学方法工具。法学的目的在萨维尼那里是“国家的立法功能历史的表达”，“法学的所有特征都是历史的”。③ 法学的历史方法的必要性是因为“特定时间和特定民族的”，“每一个法律或多或少是

① 何勤华主编：《德国法律发达史》，法律出版社 2000 年版，第 85 页。

② 吕世伦：《法理的积淀与变迁》，法律出版社 2001 年版，第 627 页。

③ Savigny, Friedrich Carl von, Juristische Methodenlehre. Nach der Ausarbeitung des Jakob Grimm herausgegeben von Gerhard Wesenberg, 1951, p. 13.

过去的法律历史的结果”①，“历史的处理方式”则意指：应视法体系为一种在历史中持续进展的体现。如查士丁尼立法就是通过“对以前的丰富资料的编制”让“历史的全部又一次成为法律”。② 萨维尼认为，历史永远是可尊敬的老师，在法理学的研究中贯穿历史研究的方法，主张唯有类似严格遗传学的方法，才能表达和发现现行法。要制定出完备的民法典就必须先研究历史，从历史中去探求先哲们的智慧，从而掌握法律的精髓。由此可看出，萨维尼关于研究法律发展的脉络的方法是：研究历史→掌握民族精神→得出普适的法律概念→裁判具体案件。

法的历史解释自始关注法学方法论的问题，推崇历史的研究方法。由萨维尼授课笔记集结出版的《法学方法论讲义》主要有三个处理方向：解释（重新建构出隐含在法律里的想法）、历史以及哲学（体系）的处理方式。解释的方法包含逻辑的、文法的以及历史的解释方法，逻辑的解释的对象是立法者各个想法之间的关系和结构，文法解释的客体是“媒介立法者的文字”，历史的因素则涉及法律发生的当时状态；法的历史的处理方式则意指应视法体系为一种在历史中持续进展的体现；体系的处理方式则涉及将所有法律制度、法律规则组成一个巨大整体之内在脉络关系。③ 不仅如此，历史法学代表人物还收集、整理、汇集、出版了大量的历史资料，比如《占有法》、《现代罗马法体系》、《中世纪罗马法史》、《古代法》等，为人类法律文化的传承作了重要贡献。

法的历史解释是基于对 17—18 世纪古典自然法学的批判而兴起的。他们认为，古典自然法学假定在实证法律之上或之前存在一种更高的法或法律原则，即所谓自然法，实证法要服从自然法，带有明显的虚构和思辨性质。法的历史解释就是给这种虚构的理论加上了历史的基础，通过历史的实证来发现法的发展的一般规律。在法的历史解释的代表人物们看来，古典自然法学的理论只是宣告存在一种比立法者和法定的法律有更高权威性的东西，即道德或作为道德整体和理想之物的人性。而法的历史解释要揭示的，是正义实现的人类经

---

① Savigny, Friedrich Carl von, Juristische Methodenlehre. Nach der Ausarbeitung des Jakob Grimm herausgegeben von Gerhard Wesenberg, 1951, p. 32.

② Savigny, Friedrich Carl von, Juristische Methodenlehre. Nach der Ausarbeitung des Jakob Grimm herausgegeben von Gerhard Wesenberg, 1951, p. 32.

③ 参见陈爱娥：《历史法学派与近代法学方法论的创始者》，载《清华法学》2003 年版。

验和人类文明的原则。这些原则是某种理念的实现，是人类经验和自觉发展的展开，它可以被思辨哲学所证明，被历史事实所证实。

法的历史解释部分地促进了近代民法学的形成和发展。近代第一部民法典诞生于法国，它以准确和明确著称，开创了资产阶级民法典的典范，有力地推动了法国以及世界上资本主义经济的发展。萨维尼主张推迟制定全德统一的民法典，阻碍了制定全德统一的民法典工作，从时间上看延缓了德国法制统一的进程。他认为编撰法典必须具备成熟的条件，符合立法的规律。1900 年《德国民法典》颁布，它被法学界视为资本主义垄断时期民事立法的典范，在一定程度上得益于历史法学对民法典的编撰所做出的扎实的基础工作。

历史法学创立的法学方法论被后来其他法学流派吸收，有效地推动了其他法学流派的研究。历史法学作为和理性主义相对立的思潮，主张通过考察法律的历史形态、历史演进来理解法律，从而实现法学、历史学、人类学乃至考古学的融合，为法学研究提供了新的方法论——历史方法论，为全面地理解法律提供了一条新的途径。

### 三、法的历史解释的补充：法的整体性研究

法的历史解释要揭示古代法制和观念与现代法制和观念的联系，必然涉及对不同历史时期的法进行对比分析，找出各种类型法律的共性、特性和规律。在某种程度上，法的历史解释是一种历史比较方法。梅因曾对法进行两种比较，其一是纵向比较，即对同一国家的不同时期的法学进行比较，找出法的一般发展线索。他重点研究罗马法和英国法的历史。在《古代法》中，梅因研究了财产、遗嘱继承、犯罪和刑法等概念和制度的发展，充分证明在同一法学体系内，尽管有些概念在整个历史发展过程中都运用着，但在不同时期又有不同的含义。由于社会的发展，产生了不同的需要，而法学是随着社会需要的变化而变化的。其二是横向比较，即对同一时期不同国家的法进行比较，以期找出法律发展的共性。

梅因和萨维尼一样，视法律为一个阶段性的缓慢发展过程，对习惯法的起源和发展做出了自己独特的解释。他通过对希腊、罗马、英国和印度古代法的研究和比较得出结论：法律是按照判决—习惯法—法典这样的顺序发展起来的。在人类文明的早期，人们处于父权制家庭中的家长和部落联盟的首领“王”的绝对控制和支配之下。最初这些判决是孤立的、分散的，经过人们反复采用，便形成了一种习惯或惯例，这便构成了法律的胚胎。随着时间的推移，王政时代让位于贵族政治，各种判决的习惯与惯例也逐渐构成了一个具有

实在内容的整体，成为“习惯法”，并为贵族这一特权阶层所垄断。此时的习惯法已具备法律的要素，是一种“真正的不成文法”。之后，随着平民反对贵族独占法律运动的兴起，特别是文字的发明和发展，使得公布习惯法和编纂法典成为必要和可能，于是法律的发展进入了法典时代，出现了古希腊的《阿提卡法典》、古罗马的《十二铜表法》等。与此相适应，法学的发展也经历了缓慢的过程。通过研究，他认为法学发展最初都是自发进行的，而其发展方式都是一致的。最初出现的萌芽形态的法学是判决，然后从这些判决中归纳出各种原则，这些原则反过来成为指导解决纠纷的依据，于是成为习惯法，法学的发展便进入了“习惯法时代”，习惯法经过不断发展和完善，最后便成为法典。通过横向、纵向的历史比较，梅因建立了属于自己缜密的历史法学体系，把法的历史解释推向峰巅。

从当代和历史的角度来看，同时也从继承和批判的角度来看，历史法学固然有其不完善的地方，但作为一个原创性的学派，它为人们解释法律提供了一种全新的视角。通过法的历史解释，我们既可以探求法律的文字含义，又可以发现立法目的，发现立法时所侧重保护的社会价值。正因为历史法学所在的历史局限，自19世纪后半期以来，历史法学越来越被视为一种法学方法论，即历史地研究法的方法。到20世纪，这种法学的研究方法基本上融进了其他法学流派。

# 第十一章　法的权力解释

法律的权力解释意味着将法律还原为社会学意义上可观察、测度的事实影响力；但又不同于将法律作对象化理解的利益解释、历史解释等，法律的权力解释意味着我们要在想象、描摹、述说的基础上把握本不可见的、无形的权力。正是基于这两种理解视域的差异，我们又可以进一步在理论上将“权力”界分为“总体性权力”和“微观性权力”这两组更具解释力的中层概念，并借此对西方法理学史做一个整体性的考察。在这个意义上，法律的权力解释不是基于某个特定学派视角的法理归纳，毋宁说，它是我们借此凝视、审查、提炼西方法理学诸学派核心命题和理论要旨的方法论视角。对方法论而不是具体结论的追求，使得法律的权力解释超越于学派之争，成为我们重新理解西方法理学的一种崭新洞见。

## 第一节　法的权力解释之语境

将法律理解为“权力”(Power) 意味着采用一种“政治”的目光来“凝视”人类的组织规则和生活样态。如果说法律的社会解释关注的是哈耶克意义上的“自生自发秩序”(Spontaneous Order)，① 那么法律的权力解释恰恰是建构性和拟制性的，它思考的是如何将生活世界的“自生自发秩序”提升、型构为政治空间中的理性规则或者真理体制。前者是整体性的，后者是弥散性的，但无论是前者还是后者，都是隐而不显的——因为，权力一如目光、空气和引力，都是不可见的，它只能诉诸描摹、勾勒和想象。正是在这个意义上，我们强调法律的权力解释是建构性和拟制性的，它意图将隐含在形式理性规则的法律背后的运作机理提炼出来，丰富并深化我们对法律的认知和理解。于

① 除 spontaneous order 外，哈耶克也使用 endogenous order 指称“自生自发秩序”，而用 exoenous order 指涉与此相对的“组织秩序”。参见［英］哈耶克：《法律、立法与自由》(第一卷)，邓正来等译，中国大百科全书出版社 2000 年版，第 47～55 页。

是，权力也区别于有形的身体暴力，是一种可感但不可见的场域（Field）或存在（Being），它甚至不像电能和空气，可以通过物理仪器将其捕捉和观察；但不可见的权力，并不意味着不能被理解和界定，通过语词、理论和知识，我们可以有效地领会、改变以至创造新的权力关系，这就是培根所强调的“知识即权力”(Knowledge Is Power)。

尽管早在古希腊时期，亚里士多德就已将基于政治社会中公民间权力、权威或者统治关系的差异作为区分和评判政制（Regime）的关键性标准，及至近代洛克、孟德斯鸠等政治哲学家更是在亚里士多德基础上延伸出权力的分立和制衡学说。但这种理念观照下的“权力”更多是一个不言自明的描述性概念，而没有真正成为对政治和社会现象有阐释力的解释性概念。学者大多数是在语用学意义上使用“权力”的语词（Words and Phrase），而没有深入研究权力的话语（Terms and Discourse）。从实质上改变这一“不思”状况的是韦伯的权力社会学分析，在韦伯那里，权力被定义为“行动者将处在能够不顾他人反对去贯彻自身意志的地位上的或然性”，亦即“某（些）人在社会行动中不顾该行动其他参与者的反对而实现自身意志的机会”。① 权力导致支配，合法性支配（即权威）的问题归根结底就是权力的正当性问题。正是在这个逻辑基础上，韦伯开示了他著名的合法统治类型理论。韦伯的权力观点对现代权力分析产生了深远影响，围绕韦伯的权力理论，现代西方法理学产生了两种主要的权力理论模式——利益冲突模式和权威/合法化模式。前者将权力理解为“当一个或多个单位（反应单位）的行为取决于另外一些单位（控制单位）的行动限制时，这些社会单位间的关系子集”。② 替换成逻辑语式，利益冲突模式通过采用“A 以何种方式来影响 B”来理解权力关系，但这实质上是一种单向度的权力观，它强调优势方对相对方的单方导控，从而使得权力与强力（Force）的区分在理论上变得尤为困难。权威/合法化模式则是一种更为主流的权力观点，帕森斯、阿伦特、哈贝马斯等人都是这种理论模式的有力支持者。此观点认为，权力首先是符号化的一般媒介，符号化将权力与社会中更具普遍性的规范框架联系在一起；其次权力是合法化的，任何与权力相关的分歧、争夺或者冲突都建立在权力关系各方某种共享的价值或者观念上。正是通

① ［德］马克斯·韦伯：《经济与社会》(第一卷)，阎克文译，上海世纪出版集团 2010 年版，第 79、371 页。

② Robert Dahl, “Power” in International Encyclopedia of Social Science, Vol. 12, 1968. p. 407.

过符号化与合法化的两个过程，权力转化为权威，从而成为更加有效的“一致行动的能力”。①

上述西方学界关于权力的两种理论模式对我们深化理解权力的内在知识机理，无疑具有重大启发性。但任何理论都不是唯一更不是最后的真理终结，都存在固有的用场和边界，而这边界所在往往也就是理论不能应对或者有待修正甚至亟待扬弃的地方。首先，这两种权力观念都将权力看做社会的一个特定领域，即政治领域相关的事务，理论的目光始终紧盯的是“政治决策”的过程与结果，这使得此两种权力观念在阐释柏拉图—亚里士多德面相的古典政治哲学遗产时在理论上捉襟见肘。因为在古典政治哲学视界中的“政治”(the Polis) 更多接近于今天的“The Social”，而非“The Polotical”，意指的是城邦的美好生活方式，而不是社会生活的某特定专业领域（如今天政治科学意义上的“政治过程”)。政治的目的就在于政治本身，而不是手段。② 正是在这个意义上，亚里士多德认为“生活是实践（Praxis）而不是制造（Poiesis)”，政治就其本质而言是开放性的论坛（Forum)，而不是由效用功利决定的市场。当利益冲突模式用控制效果和权威/合法化模式用正当化效果来理解权力时，它们恰恰是把政治看成了“制造”而不是“实践”。

其次，这两种权力观念总是与精英和领导权的认定有关。在利益冲突模式中，这涉及通过控制政治过程和压抑他者利益来实现自我利益；在权威/合法化模式中，政治过程被理解为“承担领导权责任”的能力。在这两种分析视角的观照下，权力往往被视为政治领域中有待分配的“份额”(Share) 或者“财产”(Possession)，亦即实体性的“物”，进而导致现代政治哲学中“占有性权力”观念的产生，于是“权力运作”(the Operation of Power) 被理解为“运用权力”(the Exercise of Power)。③ 这种法理学上对权力理论的“致命的自负”使得古典思想与现代政制之间产生了巨大断裂，并导致法律思想史上的“古今之争”，以至于当今主流法理学都不加反思地接受了“权力为（必要的）恶”的观点，从而引致福柯（Michel Foucault，1926—1984 年)、德里达

① Hannah Arendt, “Communicative Power” (excerpt from on Violence), in Steven Lukes ed., Power, New York University Press, 1986, pp. 64-69. 有关阿伦特论述“权威/合法化”的中文文献，可参见陈伟：《汉娜·阿伦特的‘政治’概念剖析》，载《南京社会科学》2005 年第 9 期。

② ［美］施特劳斯：《苏格拉底问题与现代性》，彭磊、丁耘等译，华夏出版社 2008 年版，第 41 ~45 页。

③ Steven Lukes, Power: A Radical View, Macmillan Press, 1974, pp. 91-94.

(Jacques Derride) 等结构主义者和后现代主义者的激烈批评。

理论的选择应当由意图解释的论题而不是支持人数的多寡决定。本章试图运用“权力”的视角对西方法律思想史或西方法理学说史作一谱系学考察。从这一理论目的出发，我们将权力类型化为两种：总体性权力和微观性权力。总体性权力是一种建制性（Institutional）的组织力量，它意图通过符号化的征表来彰显那原本不可见的 Power，并借此将城邦政制统摄进一个成连续的制度配置（System Apparatus）当中；微观性权力则是一种弥散性（Diffuse）的治理策略，它意图通过日常化的社会/生活机制将不可见的权力内化为行动者的身体记忆和日用而不知的知识前见（Prejudice），并借此将生活世界的政治叙事化散为精微柔细的真理体制。需要特别强调的是，本章采用的这两种权力划分是服从理论目的而进行的类型化建构，真实世界的权力运作必然是两者兼具的，不存在单一纯粹的总体性权力抑或微观性权力，真实的权力运作形态更为准确的表述应该是“以微观性权力为支持的总体性权力”或“以总体性权力为背书的微观权力”。同时，无论是总体性权力还是微观性权力，作为理解法律的视角，它们都不只是消极性和否定性的，更多时候呈现的是积极性和肯定性面相。换言之，对于法律和法律科学来说，权力不仅是“不得已的恶”，还可以是“必要的善”——只因，权力本身就是法律和法律科学最深沉的生产性力量，法律不过是权力另一副面孔的显喻而已。

## 第二节 法的总体性权力解释之理据

法理学视域里总体性权力的现代表现形式就是政治哲学和政治科学意义上的“主权”(Sovereignty; Imperium)。现代人广泛认同的“主权”概念（尽管对主权的边界和运作形式可能存在争议）对于古代人而言却是完全陌生的。一旦将总体性的权力理解为“主权”，马上面临的一个问题就是如何处理从古希腊到中世纪前期的这一段时期的法律制度和法律思想。众所周知，近现代政治哲学和法律科学意义上的“主权”概念最早是由法国著名政治哲学家博丹(Jean Bodin, 1529—1596 年）在其传世名著《共和国六书》中首次提出的，而在这之前的政治思想视域中并不存在“主权”观念。那么，如何理解古希腊的城邦政治以及随此诞生的柏拉图—亚里士多德主义的法律思想？如何释析曾征服世界的罗马法实践？如何看待隐含在奥古斯丁和阿奎那政治神学思想中的法理幽思？在这里必须澄清一个认识论上的问题，将总体性权力理解为主权并不等于前者就是主权，“主权”毋宁是现代政治哲学和政治科学对“总体性权力”的一项“命名”。命名不仅仅是给事物粘贴上某个称谓性的标识，如后文所述，总体性的权力一旦被定义为“主权”就必然附加某些原有“称谓”所不具备的功能和意义。但无论如何，“主权”的本质仍然是一种“总体性权力”。正是总体性权力的核心意蕴使得从古希腊到后现代的西方法律政治保持了一种流动的延续性，并使得我们对西方法理学知识流变的理解拥有了一种完整而全面的视角。

## 一、前主权时代的法理表达：思想与人物

### （一）帝国技艺与城邦政体

人类从古希腊开始跨入科学、哲学和政治理论等领域，其中政治从宗教中分化出来，而哲学/科学从神话中分立出来。对于古希腊人来说，政治/法律思考的背景是城邦，城邦是一种共同生活的模式，而不是单纯法律的结构，整个古希腊政治理论的基本思想便是这种共同生活的和谐。① 正如人在两岁前的记忆总归是一抹虚无，人类的精神童年即柏拉图（Plato，公元前427—公元前347年）以前的思想因资料涣灭而不可考，于是他的著述便成为现代人奠定思想坐标的逻辑原点。当前西方人文社会科学都将自身源流追溯到柏拉图就属于一种思想史上的族谱修复，通过一次又一次的历史回溯，现代学科建制（Discipline）意义上的“理论”因为续接了传统而获得“思想”的尊崇地位，所以怀特海（A. N. Whitehead，1861—1947年）才感慨：“欧洲哲学最可信赖的一般特征在于，它是由对柏拉图一系列注脚构成的。”②

柏拉图是历史上有籍可考的系统思考政治法律哲学的第一人，他的法理思考集中体现在《理想国》、③《政治家篇》、《法律篇》三部著作中。柏拉图的所有作品都有一个核心主题——人与城邦的至善生活应当怎样安排？柏拉图的

① ［美］萨拜因：《政治学说史》（上卷），邓正来译，世纪出版集团、上海人民出版社2008年版，第18～41页。

② ［英］怀特海：《过程与实在》，杨富斌译，中国城市出版社2003年版，第70页。

③ 书名“Republica”的字面翻译应是《国家篇》，因为书中柏拉图是借苏格拉底之口构想的一个“言辞中的城邦”和“最美好的社会”，因此权威译本将其意译为《理想国》。晚近刘小枫组织编辑的一个较新译本则将其翻译为《王制》，学界还为此译名打了一场笔墨官司。（参见白彤东、肖涧秋：《走向毁灭经典哲学之路?》，载《世界哲学》2008年第1期）我们这里仍从“理想国”的旧译，概因权威译本经历时间检验，受众良多，形成了较为固定的路径依赖——否则单提《王制》，不明究里的还以为是其他作家的什么作品。

回答是哲学的生活才是值得追求的——至于这里的哲学是“癫狂的哲学”还是“清明而温良的常识政治”，早期柏拉图和晚年柏拉图发生了一个“政治哲学的转向”。在理想国中，柏拉图秉持的“理念”(Idea)是一个至上完美的摹本，人世间的任何事物和组织不过是这个完美摹本不完美的投影。理想的城邦是由哲学王治理的城邦，哲学家之所以可以为王是因为他能够“洞见真理”，并因此掌握“统治的艺术”。换言之，哲学王的权力来自全知全能的知识，这里的“知识”就是苏格拉底的“美德即知识”。问题是，如果“现实中的城邦”注定是不完美的，如果有“攻击正义与虔诚的苏格拉底们”以他们秉承的“知识/美德”对抗进而颠覆社会基于“意见”而形成的政治权威该怎么办？这个问题则是柏拉图经历叙拉古之败后反复思考的。阅读柏拉图的后期作品《政治家篇》和《法律篇》，文本上一个最大的区别就是《理想国》和早期作品中那个不断诘问、反复辩驳的苏格拉底在逐渐沉默。《政治家篇》中的苏格拉底在开篇说了一番介绍性言辞后就不再发声，通篇都是另一个小苏格拉底在和雅典客人对话；而在《法律篇》中苏格拉底则根本没有作为对话人物出现。① 按照施特劳斯学派“表面即核心”的解读方法，这种文本安排的重大转向显然透露了作者思想风格的重大转向：“Politeia；republic”在《政治家篇》被列为“天上的城邦”，亦如“云端中的苏格拉底”，是供人类想象而无法达致的理想范型；次优的国家（the Second-best State）是《法律篇》中把君主政体和民主政体结合起来的一种努力，哲人王一如退隐的苏格拉底不再是城邦的护卫者，法律代替哲人王成为“帝国技艺的金质纽带”。正是借助法律这根不朽的“金质纽带”，城邦国家的总体性权力体现为一项可以学习和掌握的“帝国技艺”，这也意味着法律代替美德和哲学，成为型构和通向这一总体性权力的始基。于是，后期柏拉图对政治思考由“哲学王”转向“法律”，由“政治实践”转向“政治教育”。他回雅典创办了“阿卡德米”(Academy)，从事著述和教育，并培养了亚里士多德这样的伟大学生来延续他的思考。

亚里士多德进一步将法律与城邦政制联系起来，对法律与政体关系的探求构成了亚氏法理思考的核心。亚里士多德的政体理论是根据作为总体性权力的“最高治权”和执行者的关系来界定的：“最高治权的执行者可以是一人，也可以是少数人，又可以是多数人。这样，我们就可以说，这一人或少数人或多数人的统治要是旨在照顾全邦共同的利益，则由他或他们所执掌的公务团体就

① ［古希腊］柏拉图：《政治家篇·法律篇》，载《柏拉图全集》(第三卷)，王晓朝译，人民出版社 2003 年版，第 73 页，第 352 页以下。

是正宗政体。反之，如果他或他们所执掌的公务团体，只照顾自己一人或少数人或平民群众的私利，那就必然是变态政体。”① 按照这种界分，君主政体、贵族政体和共和政体是常态政体，与之相对的僭主政体、寡头政体和暴民政体是变态政体，在变态政体中最高治权没有得到体现公共利益的法律保障。正是从城邦与法律的关系出发，法律就不再是私人之间“互不侵害对方权利的临时保证”，“法律的实际意义却应该是促成全邦人民都能进于正义和善德的永久制度。”②

（二）征服与修辞

希腊城邦作为小国的政治局限使得关于“总体性权力”的法律想象始终停留在“思想”层面，而罗马帝国的辉煌与成功才真正将“总体性权力”由法政思想转变成现实政制。布匿战争之后，罗马的统治地位从意大利延伸到地中海，西西里成为罗马的一个行省；并在北非、西班牙和高卢南部和低地国家（今天的荷兰、比利时、卢森堡）都建立起自己的行省。后来，罗马又入侵到高卢北部、巴尔干半岛，跨越博斯普鲁斯海峡直到小亚细亚，乃至黑海和幼发拉底河。再后来，埃及并入罗马的管辖，从而整个地中海文明以及远远不止于此的疆界都并入罗马版图；直至公元1世纪，不列颠和大夏（今罗马尼亚）也添入罗马版图，罗马成为了一个横跨亚非欧三大洲的超级帝国。随着帝国版图的扩大，罗马亟需一套意识形态上的理论和学说来正当化自己的统治，盛行其时的斯多葛主义、自然法观念、理性论、万民法等必须在这个层面上进行理解。斯多葛主义“其中心意旨是自然中的一切事物都可以用理性来解释，每一个行为都必须以理性来证成”。③ 由于理性是不分国籍、种族、身份而为每个人都具有的，因此“正当理性是自然法：它是有关何谓正义正当的普适性标准，它的各项原则是不可改变的，它对所有的人（无论是统治者还是臣民）都具有约束力”。④ 在这种观念的相互援引下，一种关于世界国家、自然正义和普遍公民身份的新型法律——万民法出现了：“每一个民族都为自己创立

① ［古希腊］亚里士多德：《政治学》，吴寿彭译，商务印书馆2008年版，第133页。

② ［古希腊］亚里士多德：《政治学》，吴寿彭译，商务印书馆2008年版，第138页。

③ ［爱尔兰］J. M. 凯利：《西方法律思想简史》，王笑红译，法律出版社2002年版，第45页。

④ ［美］萨拜因：《政治学说史》（上卷），邓正来译，世纪出版集团、上海人民出版社2008年版，第193页。

法，一个城邦的法就是这种法，它被成为‘市民法’（ius civile），可以说它是该城邦自己的法。自然理性在所有人创立的那个法，由所有人平等遵守，它被称为‘万民法’，可以说它是对所有民族都适用的法。”① 因为世界上任何共同体成员都具有基于自然正义形成的理性，并因此能够理解自然法的命令，那么罗马帝国倚赖征服所颁行的万民法也因为符合自然法，理所当然成为世界公民在“普世国家”（a World-state）里平等生活所遵行的共同准则。正是通过理论上的细致论证和自我正当化，作为总体性权力的法律与作为普遍理性的自然法化为一体：“理性在人类心智中凝化和充分发展就体现为法律……正义的源头在于法律，因为法律是自然的力量，真正的法是与自然契合的正确理性，投映在一切人身上……它是唯一而同一的法，永恒而不可改变，约束所有时代的所有民族。”② 罗马的武力征服由此被修饰为基于“自然理性”的神圣认同，从而实现了帝国意识形态上的俭省治理。

（三）神俗之间

公元476年西罗马帝国的灭亡标志着欧洲中世纪的开始，此时西欧长期处于教会与国家、王权和神权的二元统治之下，世俗王权和神圣教权的关系决定了千余年来西欧政治、经济、文化思想的发展，并成为彼时政治法律思想发展的重要课题。尽管这一时期围绕教权和王权的关系发生了一系列的论争（双剑论③）和政治斗争（教皇格列高利七世废除亨利四世），但歧异观点的背后仍然分享了某些不言自明的基础共识：权威的存在是形成政治（无论是神权政治还是王权政治）秩序的首要前提，而权威本身是由权力所赋予的，权威不过是某种总体性权力——教权抑或王权——的正当化。因此中世纪语境下神义论和人义论的对堪与角力，说到底还是关于权力正当性的话语权争夺，这反映到法律思想上就体现为神法与国家法的争论。

奥古斯丁在《上帝之城》中将宇宙分为“光明之国”与“黑暗之国”。光明之国作为“千年王国”和“天国”高于易朽的黑暗之国和“地国”，其理据便在于政府、法律等都是罪恶的产物，只有教会作为上帝永恒法的保护

---

① ［意］桑德罗·斯奇巴尼选编：《民法大全选译·正义和法》，黄风等译，中国政法大学出版社1992年版，第40页。

② ［古罗马］西塞罗：《论共和国　论法律》，王焕生译，中国政法大学出版社1997年版，第189、120页。个别字词根据英译有调整。

③ 公元5世纪由教皇盖拉希乌斯一世（Pope Gelasius Ⅰ）提出的关于教权与王权关系的理论，认为上帝把代表教权的剑和政权的剑分别授予教皇和君主，让他们共同管理世界。

者，才可以涤荡罪恶，启亮光明。在这个意义上，教会对国家的权威是绝对的，国家只具有作为维护人间和平的工具价值。国家必须保护教会，执行教会的命令，用世俗法律维护人间秩序。① 正是在这里，奥古斯丁超越了古典法哲学"自然法/人为法"的二元范式，首次提出了"永恒法"的概念，并为后来托马斯·阿奎那进一步将自然法划分为人的自然法和神的自然法开辟了思考空间。阿奎那在《神学大全》中将法律分为永恒法、自然法、人法和神法，永恒法即神之理性的体现，是上帝用以统治、支配整个宇宙的根本大法，是所有其他法的源泉："世界是由神统治的，整个宇宙共同体皆由神之理性支配。是故，上帝对一切事物的统治理念即宇宙统治者的理念都具有法之性质。同时，由于万事万物的神的理性是没有时间界限的永恒，因此，这种法必须被称为永恒法。"② 我们必须深刻理解"永恒法"概念提出之于神学政治论的意义：之前无论是强版还是弱版的自然法概念③都建立在"事物之理性"的基础上，这里的理性是一种平等意义上的共同理性，不同的国家、不同的人群、人与动物之间都可能分享这种理性。"自然法是大自然传授给一切动物的法则，也就是说，这个法不是人类所特有的，而是生活在陆地和海洋的动物包括飞禽所共有的……我们可以见到其他动物包括野兽也都精通这门法。"④ 而"永恒法"意义上的"神之理性"是建立在上帝的至上权力和绝对权威基础上的，是神性对人之罪性的绝对支配。由于永恒法的总体性权力体现为神之大能，于是阿奎那的自然法就变成了"理性生物对永恒法的参与"，而人定法也必须从属于自然法，表现为自然法的具体化。永恒法因此凌驾于国家法律之上，教会作为永恒法的看护者也便成为王权的授予者（君权神授）和监督者。正是站在这种"法的斗争"角度，我们才可以进一步领会中世纪后期随罗马法复兴而崛起的注释法学派以及后来的评论法学派和人文主义法学派的政治意涵：通过对已死的法律文本——失去法律效力的《国法大全》——的字句注释，从中发

① 参见［美］E. 博登海默：《法理学：法律哲学与法律方法》，邓正来译，中国政法大学出版社 2004 年版，第 31 页。

② L. Strauss and J. Cropsey edited, History of Political Philosophy, The University of Chicago Press, 1987, p. 261.

③ 弱版的自然法概念认为自然法是人法中共通的核心要素，自然法作为大自然传授给一切生物的法则和人法在本质上是一致的；强版的自然法概念则是一种"审查式的自然法"，它倾向于认为自然法高于实在法，违反了自然法的实在法就不再是法律。

④ ［意］桑德罗·斯奇巴尼选编：《民法大全选译·正义和法》，黄风等译，中国政法大学出版社 1992 年版，第 54 页。

现、提炼出针对当下情境的法律的普遍性规则和一般原则。于是，对法律属性的界定或再界定从来不是认识论意义上科学发现的产物，而是权力运作的结果。通过对古罗马法解释权的争夺，权力获得正当性论证并因此变得深入人心。

**二、总体性权力的客观化：主权兴起**

我们常说封建“社会”，不说封建“国家”，因为“国家”的观念与“主权”是紧密相联的。王权与教权争斗的历程，在某种程度上就是君权与市民结盟打败封建贵族和教士僧侣，建立统一民族国家的历史。帕多瓦的马西利乌斯（Marsilius，1275—1347年）生活在教权鼎盛的时代，但他关于法律与国家关系的思考，却为主权的兴起奠定了思想基础。马西利乌斯首先区分了“法律”的两种不同含义：在概括性层面，法律是“为人类共同福祉而研究正义的全面学问”；在后果层面，“法律是不服从则导致惩罚的一种指令”。正是这第二种定义，颠倒了神学自然法强调“罪”而不强调“罚”的观念。也就是说，神学自然法将上帝的正义置于其他一切考虑之前，上帝作为至高的立法者已经先定地将某些违反永恒法的行为认定为罪，即使尚无人类立法者将之列为法典当中它也是罪。而马西利乌斯将罪与罚的关系颠覆过来——罪，是法有明文规定如何处罚的行为，不是罪决定罚，而是罚决定罪。于是宗教意义上的“罪”变成了法律意义上的“犯罪”，这其实已经非常接近一个近代观念的基础：主权者的命令，谓之法律。① 而马基雅维利则明确主张意大利政治上的统一，摆脱外国侵略，克服国家内部纷争，结束教权与君权的长期争论。无论是他《李维史论》中基于德性政治而设想的“完美的共和国”，② 还是《君主论》中于腐朽政体之上，由新君王依靠野心和权术诡计所创建的“君主国”，国家的存续成为绝对的规范，国家的统一和强大则是最高的政治诉求，这就是现代法理学上“国家理性说”（Ratio Status）的肇始。③

① 参见［英］麦克里兰：《西方政治思想史》，彭淮栋译，海南出版社2003年版，第167～168页。

② ［意］马基雅维利：《论李维》，冯克利译，上海世纪出版集团2005年版，第204～217页。

③ ［意］马基雅维利：《君主论》，潘汉典译，商务印书馆2005年版，特别是第24章、第26章。需要注意的是，马基雅维利本人并没有直接提出“国家理性”学说，这是他朋友著名的历史学家圭恰尔迪尼为马氏论点所做的概括，并对后世法政思想产生巨大影响。参见王炎编：《宪政主义与现代国家前言》（“公共论丛”第七辑），生活·读书·新知三联书店2003年版，前言。

真正在理论上将总体性权力客观化，进而首次明确提出“主权”概念的则是法国的政治哲学家博丹。对于博丹而言，主权是国家问题的核心，在其名著《共和国六书》第一书第8章“论主权”的开篇，他开宗明义地定义：“主权是共同体（Commonwealth）所有的绝对且永久的权力。”① 主权是永久的、不受法律约束、不可转让、不可分割的最高权力。主权者，既不受自己或前任创制的法律约束，也不受被统治者的法律实践约束，“主权就意味着权力在力度、作用和存续时间上都不是有限的……赋予君主的主权，如果还要受若干条件和义务的限制，那么这样的主权就不是真正意义上的主权”。② 主权在性质上的不可分割性并不意味着在内容上也是不可分解的，恰恰因为主权内容上的可分解性使得任何一项主权要素都不可能对抗总体性的主权构成，于是博丹进一步将主权细化为立法权、宣布战争/缔结媾和条约的权力、官吏任命权、最高裁判权、赦免权、提出有关忠诚与服从的权力、货币铸造与度量衡的选定权以及征税权。博丹的《共和国六书》在此翻开了人类政治由神权时刻向主权时刻迈进的历史。

### 三、总体性权力的法律安排：主权配置

主权观念的提出之于政治的意义就有如蒸汽机的发明之于经济社会的意义，两者都从根本上变革了一个旧时代，并开创了一个崭新时代。在博丹以前，对政制/法律的思考建立在总体性权力由谁来代表（神还是人，君主、贵族抑或平民），表达的内容是好还是不好（正当性问题）这一基础性问题之上；在博丹以后，法政理论思考的核心演变成为在承认主权者政治权威的前提下，对客观化了的总体性权力——主权如何安排与配置的技艺考量。社会契约论假定主权者都是暴虐的恶君，那么保证恶君也能制定良法的制度就建立在法律的制定程序上，“对程序的强调，则与社会契约理论中强烈的法律条文主义潮流密切相配。法律如何制定，变成与这法律有多好的问题同样重要”。③ 至于主权本身，则作为政治问题的根基价值被当做不言自明的前提而获得普遍接

① ［法］博丹：《主权论》，李卫海、钱俊文译，北京大学出版社2008年版，第25页。

② ［法］博丹：《主权论》，李卫海、钱俊文译，北京大学出版社2008年版，第29～37页。

③ ［英］麦克里兰：《西方政治思想史》，彭淮栋译，海南出版社2003年版，第206～207页。

受。法律与制度变革由此变成为“政治的剩余价值”，① 人们对法律与道德问题的思考可以放心大胆地建立在技术、规则、效用、程序这些“事实”的基础上，“事实”与“价值”的分立就此构成为现代性法律的基调。于是我们看到，恰恰是从霍布斯、洛克这些社会契约论者开始，现代性运动掀起了第一次浪潮。② 围绕着主权政治的时代命运和历史未来，政治哲学领域的“古今之争”缓缓展开了序幕。

具体到近现代西方法律思想内部，借助主权这种客观化了的总体性权力视角，我们可以更加透彻地了解和把握隐匿在各派法律学说分歧背后话语逻辑上的同构性。古典自然法“三个自然”的理论假设（自然状态、自然权利和自然法）借用了近代自然科学尤其是几何学的实证逻辑，从某预设的人性基础（易朽的或高贵的）出发，通过让渡自然权利（部分或全部）实现了从自然状态（战争状态或黄金时代）向政治社会的转向，其理论意旨是为了论证主权从无到有的正当性根据。无论是霍布斯的国家主权还是卢梭（J. L. Rousseau，1712—1778 年）的人民主权；无论是洛克的立法权、执行权和对外权的分权设计还是孟德斯鸠的立法、司法、行政三权的制衡机理都是在主权学说内部对总体性权力的配置分解。当社会学家在为是否存在自然状态的历史事实辩驳时，当政治学者在为霍布斯和洛克的社会契约究竟哪个更具自由主义气质争论时，当历史学家在检讨卢梭的法律公意说和积极自由论是否要为法国大革命的腥风血雨负责时，“主权”这个现代政治的幽灵早已悄悄地植入到人们灵魂和意识深处。古典政治哲学中“城邦与人”、“身份与美德”、“自然等级秩序”的思考不知不觉被现代政治科学替换成“主权与公民”、“契约与自由”和“法律面前人人平等”的主题，主权由此成为现代法律政制理论的第一定律。

正是将理论思考的逻辑原点建立在主权之上，黑格尔才将国家视做“世界的现实形态和组织的地上的神”，是“神自身在地上行进”，③ 而新康德主义法学对价值问题的重新重视便限定在对法律和法律所追求价值目标的评价。

---

① ［美］施特劳斯：《施米特〈政治的概念〉评注》，刘宗坤译，载舒炜主编：《政治的剩余价值》，上海三联书店 2002 年版，第 212 ~ 232 页。

② Leo Strauss, "The Three Waves of Modernity", in An Introduction to Political Philosophy: Ten Essays by Leo Strauss, edited by Hilall Gildin, Wayne State University Press, 1989, pp. 81-98.

③ ［德］黑格尔：《法哲学原理》，范扬、张企泰译，商务印书馆 1982 年版，第 258、268 页。

即便是战后拉德布鲁赫从反思纳粹暴政角度重新拥抱自然法，认为："国家通过超实在的法，通过自然法，通过自然法的原则，而受自己的实在法约束，在此基础上实在法本身的效力才能够得到确立"，但他这里所指的自然法已"与传统的自然法方法论原则不同……是建立自然法之客观方面的要求：人权、法治国、分权、人民主权等。"① 而德国历史法学派对民族精神和日耳曼民族习惯法的强调从根本上是为了凝聚民族政治意志，为德意志民族国家的法律统一铺平道路。② 借助于法理学的叙说，主权观念逐步由"理论"走向"常识"，但这绝不是说主权由此变得不再重要；恰恰相反，正是因为主权在今天变得比任何时候都更重要，法律的力量已不足以局限主权，反而需要主权来为法律作正当性背书。于是，借助主权者的政治权威，奥斯丁可以理直气壮地宣布："法律科学——直接、简单地称就是法理学——只关注实在法或者严格意义上的法律，而无需理会这些法律的好坏。"③ 法律实证主义由此将自己的核心命题牢靠地建立在主权者命令、（道德与法律的）分离命题和强制理论的铁三角上。甚至到后来以哈特为领军人物的新规范分析法学在批判奥斯丁的主权者命令说时，仍不得不借助重新建构的"第一性规则"和"第二性规则"来让"规则构成了主权者"。④ 换言之，主权者可以是某个具体的人或组织，也可以是一套抽象的规则或者一种观念，但主权者必须得存在；法律驯化主权不代表拒否主权，驯化主权的前提恰恰是主权征用了法律以承认主权。

## 第三节　法的微观性权力解释之视域

### 一、从"国家"到"社会"：法权中心的嬗变

总体性权力一旦客观化为主权就成为政治法律理论思考的核心命题，但在奥斯丁将法理学作为一门法律科学从政治哲学中独立出来后，现代法律理论区

① ［德］拉德布鲁赫：《法律智慧警句集》，舒国滢译，中国法制出版社 2009 年版，第 22、25 页。

② ［德］卡尔·艾利希·博恩：《德意志史》(第三卷)，张载扬等译，商务印书馆 1991 年版，第 275 页。

③ John Austin, Lectures on Jurisprudence, John Murray, 1911, p. 330.

④ 支振峰：《驯化法律——哈特的法律规则理论》，清华大学出版社 2009 年版，第 58 ~ 64 页。

别于近代政治哲学的一个关键差异就在于：近代政治哲学往往是通过“主权者”来理解“主权”，因此需要在理论上建构一个实体性的主权者（君主、人民或者组织）来行使主权；而现代法理学则倾向于将主权理解为法律的权威来源，因此主权可以是一套规则或一种观念，是通过法律而达致的主权运作。于是法律理论开始尝试将政治哲学意义上的“人民主权”转化成实证法意义上的“宪法主权”。同时，由于政治国家的主权问题已由需要思考的“理论”变成了不再需要讨论的“常识”，法律便顺理成章地将关注焦点转移到市民社会中来，法律也由柏拉图意义上“帝国技艺的金质纽带”下降为庞德笔下的“社会控制工程”。在这种近代政治的现代性法律转向过程中，“统治”的观念被“治理”的策略所覆盖，总体性的主权退隐到幕后，一种新型的权力运作策略——微观性权力的治理开始出现。

站在法理学的立场理解微观性权力的治理格局，这首先意味着国家的发展谱系上出现了从最初的“强权国家”(machts-staat) 向 18 世纪“法治国”(rechts-staat) 再向当前“法治社会”(Rule of Law) 的转变。① 尽管我们今天倾向于采用“关于神和人的事务的知识，是关于正义和非正义的科学”② 的视角来理解法律，但前法律史意义上法律最初的底色却是源于黑暗阴郁的混沌、暴力、欺诈，③ 粗野原始的力的要素而非理性才是法律最质朴、本真的形态，古罗马缔造者罗慕洛斯杀弟后在帕拉丁山建城立法则是这一法律本质的隐喻（Metaphor）；在“法治国”阶段，法律必须服从地理大发现时代后民族-国家对外征服的利益驱动和机巧用心，法律理论也不过是对征服后果的一种正当化表述——今天自由主义者们津津乐道的洛克的《政府论》，当初却是对英国的美洲殖民政策的积极主张和有力辩护。④ 因此，法治国阶段的法律特征是积极外向型的，更多体现为国家向外拓展生存空间的工具（例如治外法权、不

① 首次提出“法治国”用语的是德国公法学家普拉西度斯（J. w. Placidus），他在 1798 年出版一本名为《国家学文献》(Literatur der Staatslehre) 的著作中提出“法治国”理念，将国家与法律结合在一起，并从法律的角度来讨论国家观。关于“强权国家”向“法治国”迈进的论述，参见陈新民：《德国行政法学的先驱者——德国 19 世纪行政法学的发展》，载《德国公法学基础理论》(上册)，山东人民出版社 2001 年版，第 126 ~ 132 页。

② ［古罗马］查士丁尼：《法学总论》，张企泰译，商务印书馆 1996 年版，第 5 页。

③ 王立杰：《黑暗之旅：西方法律前史》，北京大学出版社 2010 年版，第 3、92 ~ 114 页。

④ 关于洛克理论与美洲殖民的关系，参见［英］詹姆斯·塔利主编：《语境中的洛克》，梅雪芹等译，华东师范大学出版社 2005 年版，第五章。

平等条约体系），是对外表达国家意志的一种话语方式。只有到了法制现代化阶段，随着全球结构逐渐成型，国家间地理疆界的初步勘定，“和平”与“对话”才代替“战争”和“征服”的语式成为现代法理学的主流。这也意味着法律和法律理论开始发生由外而内的转向，法律的社会性和地域性开始得到强调，国家与市民社会的二元框架由此成为理解法治模式的经典范式，反映到法学流派中就是法律社会学、法律人类学、法律的经济分析等法律的社会科学研究大行其道，而法律的社会科学一开始就是服从于国家对社会进行治理的实用主义目的考量。

正是作为微观性权力的法律的兴起，纯粹法学严格区分法律与政治的雄心才逐渐变成现实。在双轨制的法权格局下，总体性权力的主权和微观性权力的法律有了界分，主权尽管还是法律思考的核心，但只保留为例外状态（Exception）进行决断（Decision）的权力；[①] 日常状态下的法治则是“使人类行为服从规则治理的目的性事业”。[②] 于是，“统治”（Reign）和“治理”（Governance）观念在现代政治哲学和法律哲学中得到明确界分，“国王统治而不治理”（The King Reigns but Does not Govern）成为主权安排的一项精妙策略；社会科学家和专业人士则开始代替传统的立法者，成为技术时代的高级祭师。只有理解了这一大的背景，我们才能对微观性权力的法律运作机制有一个总体性把握和更深层次的透析。

## 二、福柯的问题意识

尽管身为法学家和社会学家的韦伯曾在理论上深入思考过，现代性社会可能因技术统治和知识专政造成对现代人自由的剥夺，而成为一个“专家没有灵魂，纵欲者没有心肝”的“铁牢笼”（Iron Cage）。[③] 但真正从社会/历史实践的角度全面、彻底总结并反思现代性社会诸种微观性权力运作机制的却是法国的后现代哲学家福柯。

福柯并非专业的法学家，可在他涉猎的众多研究主题中，有很多都与法律相关，他的微观权力分析就是建立在对既往政治法律理论中的总体性权力批判

---

① ［德］卡尔·施米特：《政治的概念》，刘小枫编，刘宗坤等译，上海人民出版社2004年版，第7～23页。

② ［美］富勒：《法律的道德性》，郑戈译，商务印书馆2005年版，第125页。

③ ［德］马克斯·韦伯：《新教伦理与资本主义精神》，康乐、简惠美译，广西师范大学出版社2007年版，第142～145页。

基础上。在福柯看来，以往关于权力的研究存在两种定势取向：要么求助于法律模式来考察权力，即什么使权力合法化；要么求助于机构模式来思考权力，即产生这种权力的国家是什么。这两种权力考察方式都以“统治权”理论为前设，体现的都是“统治的话语”。于是，中世纪以来西方社会的法律思想研究都可以看做围绕如何对待“君主权”的问题展开。应君主权的要求并为了其利益，法律成为了国王行使主权的工具并为之辩护。中世纪罗马法的复兴过程同时也可以理解为建构君主、极权和行政权力的过程，法律机制的形成过程就是以君主为核心，满足君主要求并配合其利益的过程。即使随后的几个世纪发生了法律机制摆脱王权控制并反过来对抗王权的情况，但此时讨论的核心仍旧是君主权的权力界限、特权等此类问题，这意味着法律的中心还是王权。关于君主、君主权力和王权界限的问题成为西方法律系统关注的中心。① 福柯认为，统治权模式下的权力分析存在三方面的理论循环，即主体到臣民的循环、单数权力与复数权力的循环、合法性（Legitimacy）与合法律性（Legality）的循环。这使得总体性权力产生了两方面的局限：其一，权力的国家局限，即臣民、法律和主权都需要实体表现形式的国家来实现；其二，权力的压抑局限，即权力被认为一种压抑性、破坏性的力量，因而被认为是需要抛弃、拒绝、阻碍、掩饰与被伪装的。②

为了避开权力形而上学的本体论研究，福柯拒绝在理论上回答权力“是什么”和“为什么”，转而发问：“在不同社会层面上运作的权力装置是如何配置的？”“权力以怎样的方式被行使？”以及“当某些个体对他人施行权力时，发生了什么？”这就意味着，研究权力要从远离法律的权力末梢来把握权力，从权力的极限点上抓住权力的毛细血管状态，尤其注重寻找那些突破了组织和限制规则的权力；这也意味着，要将权力视做流动的、运转的东西，要把权力看做是链条和网络的形式运作；以及，尤为关键的，要从底层细微机制的历史、轨迹、技术和战略入手，细致考察普遍的机制和整体的统治权力是如何投资、殖民、征用、改变、入驻到无限细微的权力策略当中。③ 正是基于这样的

① ［法］福柯：《必须保卫社会》，钱翰译，上海人民出版社 1999 年版，第 9 ~ 11 页。

② ［法］福柯：《必须保卫社会》，钱翰译，上海人民出版社 1999 年版，第 38 ~ 41 页。

③ Michel Foucault, The Subject and Power, Critical Inquiry, Vol. 8, No. 4, Summer, 1982, pp. 777-795.

思考理路，福柯分别从知识考古学、权力谱系学和伦理美学三个角度，全面检讨、反思了现代社会法律运行的微观权力机理，为我们探求实现人之自由解放开辟了一条全新的思路。

## 三、知识考古学：微观性权力的认识论基础

在经典的《何为启蒙》一文中，福柯认为，由启蒙实践引发的整个现代性社会运动隶属于三大基本领域："对物的控制关系领域，对他人的行为关系领域，对自身关系的领域"。① 这三大领域彼此关联，对应的是福柯毕生关注的三大主题：知识、权力、伦理，此三者三位一体的结构对于我们理解微观性权力的法律显然至关重要。福柯区别于笛卡尔（Rene Descartes，1596—1650年）、康德等启蒙哲学家的最大不同在于，前者是站在先验的、历史之外的角度研究那个抽象的主体和人性，所以康德认为人是绝对且无条件的目的，"你要这样行动，永远都把你人格中的人性以及每个他人人格中的人性同时用作目的，而决不只是用作手段"；② 而福柯最关切的是历史地、具体地、感性地生存着的现代人之境况，拒绝承认矗立于历史之外的主体或人性。或许正是这点关键区别，所以总体性权力的主权承载者是那个抽象的"人民"，而微观性权力分析中所涉及的是一个个具体的人。

正是出于用"历史性"的微观分析来改造启蒙哲学宏大叙事的理论意图，福柯宣称"知识考古学"（Archaeology of Knowledge）属于"新历史"的一种，是一种全新的看待历史的方法。透过考古学的视角，"过去"显现是由诸多"话语实践"建构而成的综合体，考古学因而又是一种"分析局部话语性的方法"，是"话语形成分析"和"陈述描述"的结合。③ 其中"陈述不是一个结构……它是一种从属于符号的功能，从而在它的基础上，我们能够通过分析或者直觉，决定陈述是否'产生意义'或者'不产生意义'"，"陈述的界限可能就是符号存在的界限"。④ 而"话语是由符号序列的整体构成的，前提是这些符号序列是陈述……话语这个术语就可以被确定为：隶属于同一形成系统的陈

① ［法］福柯：《什么是启蒙》，载杜小真编选：《福柯集》，上海远东出版社2003年版，第541页。

② ［德］康德：《道德形而上学原理》，苗力田译，上海人民出版社2002年版，第47页。

③ ［法］福柯：《必须保卫社会》，钱翰译，上海人民出版社1999年版，第10页。

④ ［法］福柯：《知识考古学》，谢强、马月译，生活·读书·新知三联书店2003年版，第93~94页。

述整体”。① 也就是说，符号是构成一个有效陈述的基本单位，陈述是话语的原子，话语是陈述的整体，“话语”(Discourse) 由此成为知识考古学最核心的概念。

福柯的论述风格历来以玄奥著称，这也增加了后来学者理解他思想的难度。上述关键性论断更是由于抽象而使得对其诠释历来聚讼纷纭，举一个法律相关的例子会便利我们的理解。法律术语是现代法制的基本符号单位，因此，一项权利主张或利益诉求能否成为有效的法律陈述/判断，首先要看“自然事件”能否被“法言法语”格式化为“法律案件”。例如，知假买假者能否成为《消费者权利保护法》上的“消费者”，非婚生子女能否成为遗嘱中的遗产“继承人”，就要看法律文本上的“消费者”和“继承人”是否能够容纳这些事件中的当事人。但《消费者权益保护法》和《继承法》中的“消费者”和“继承人”只是静默无声的语词，因此要真正搞清楚“作为非婚生子女的张某构成/不构成法律意义上的遗产继承人，因而遗产主张成立/不成立”这一陈述是否有效，还要将这一判断放置在由其他法律符号序列形成的陈述整体中进行考量。这就进而涉及遗嘱自由和公序良俗间的公共利益平衡、婚姻法乃至宪法中对“爱侣型”婚姻的想象与坚持，以及新时期下性资源的再分配和多重占有所导致的道德话语紧张……借此，我们理解了福柯“话语对象不是先于话语而存在，而是通过在出现、界限和规格审定之间建立起的关系整体使这个形成得到保证”② 的论述：首先是存在对“二奶”以及婚姻关系的系统的陈述整体和话语述说，然后才在此基础上形成了“‘二奶’继承案”的法治话语实践。所以，话语不仅借助符号（法律术语）以确指事物，更为重要的是创造或建构了论说对象本身，运用“知识考古学”来观察法律的微观权力运作不仅要关注“法律是如何规定的”，更重要的是要通过透视事物/现象被指称、描述、标识的可能性规则来探明“谁在说话”(行动者)、“在哪里说话”(空间场域) 和“以什么身份说话”(态度立场)。在这个意义上，话语不再是商谈哲学中的“言辞”，更是一系列的事件，“必须把话语看做一系列的事件”。③ 于

① ［法］福柯：《知识考古学》，谢强、马月译，生活·读书·新知三联书店 2003 年版，第 118 页。

② ［法］福柯：《知识考古学》，谢强、马月译，生活·读书·新知三联书店 2003 年版，第 48 页。

③ ［法］福柯：《言与文（III）》，转引自冯俊等：《后现代主义哲学演讲录》，商务印书馆 2003 年版，第 417 页。

是，知识考古学对法律科学研究的贡献就在于，借助知识的视角考察强势法律话语（例如“法治”）是如何在法制发展史中兴起的，与此同时另外一些法律话语（例如“人治”）又是如何被贬抑并逐渐消失的，而这种兴起和衰落又各自服从怎样的深层规则，① “我们要了解的正是这种建构的规则，并对它作出验证；确定在哪些条件下和做什么样的分析，它们中的某些是合理的，指出哪些是无论如何不能予以接受的”。② 换言之，知识考古学重点在于关注话语如何取得知识的称号，以及知识是如何进一步取得真理地位的（例如，法律面前人人平等），而非传统法学意义上的合法性问题。

**四、权力谱系学：微观性权力的认识论基础**

由于在现代社会中，权力获得了总体与微观的双重面相，法律和权力之间的关系才显得尤为复杂：“法律既非权力的真理，也不是权力真理不在场的证明，它毋宁是权力的一种工具，并一度呈现复杂而有所偏颇之表现。法律的形式及其禁止的效果必须重新置放于另外的非法律机制当中方能显现。”③ 对于福柯而言，“研究权力是怎样运作的，就是试图理解权力处于限制之间的机制：一方面，法律的规定从形式上划定了权力的界限；另一方面，其他的极限和限制就是由这个权力产生的，并引导真理的效力，而后者又反过来引导这个权力。这样就形成了一个权力、法律、真理的三角……我们被权力强迫着生产真理，权力为了运转而需要这种真理，因此我们被迫服从真理。在这个意义上，真理制定法律。至少在某一方面真理话语起了决定作用，它自身传播、推动权力的效力”。④ 由此可见，规训虽然不同于法律，但作为微观性的权力，规训离不开法律，它需要法律的正当化，更需要法律作为真理论述依据所发挥的实际效力，这便涉及福柯研究的另外一个主题——权力的谱系学。

---

① 这一深层规则便是福柯强调的“知识无意识的自主领域”，参见［法］福柯：《福柯答复萨特》，莫伟民译，载《世界哲学》2002 年第 5 期。

② ［法］福柯：《知识考古学》，谢强、马月译，生活·读书·新知三联书店 2003 年版，第 26 页。

③ Michel Foucault, Power/ Knowledge: Selected Interviews and other Writings 1972-1977, Colin Gordon (ed.), The Harvester Press, 1980, pp. 92-94. 此文的一个中文节译本，可参见［法］福柯、雷比诺：《空间、知识、权力》，载包亚明主编：《后现代性与地理学的政治》，上海教育出版社 2001 年版，第 1～17 页。

④ Michel Foucault, Dits et ecrits，转引自洪镰德：《法律社会学》，台湾扬智文化事业股份有限公司 2001 年版，第 549～550 页。

福柯后期曾对知识考古学和权力谱系学的关系作过一个说明："考古学的分析维度是为了检验形式本身，谱系学的分析向度则是要分析实践时，形式是如何产生，如何改变的。"① 或许可以这样认为，考古学关切的是"知识/权力"，而谱系学则更多聚焦于"权力/实践"，就这点而言，"从考古学到谱系学并不是根本性转向，而是一种修正和深化"。② 对微观性权力的关注始终是福柯理论思考的重心。

在福柯看来，传统总体性权力分析方式都是一种法律—压抑分析，其特点在于：(1) 分析是否定式的，认为权力与对象间是一种纯粹的否定关系；(2) 权力不过是审查和颁布法律；(3) 权力的作用从上至下是统一无差别的。在这种预设下，权力理论始终在围绕着法律与暴力、合法与非法、意志与自由、国家与君权打转。但这种传统视角不适用于对现代权力的分析，当中问题重重。对此，福柯主张微观权力分析应当坚持以下的基本原则：(1) 不是在中心和权力的普遍机制、整体效力中，而是在权力的极限处、在权力的地区性领域、局部形式和制度中去分析权力；(2) 不是在权力的内部和权力拥有者方面，而是在权力的外部，在权力的实际运行效果中分析权力；(3) 不是把权力视做静止的、二元对立（统治阶级与被统治阶级、精英与群氓）的现象，而是在权力的流动、运转中分析权力；(4) 不是从权力中心观察其扩散，而是要从最细微处的机制着手考察权力机制的整体；(5) 权力机制总会伴随意识形态问题，但应该把注意力更多放在知识形成和积累的实际工具、检验工具问题上。一句话，微观权力分析考察的是"权力的微机制"(Micromecanique)。③ 在这个意义上，微观性权力区别于总体性权力的最大不同在于，后者始终注视的是"权力（及其要素）"，而前者运思的是"权力关系"："权力关系的定义是，权力是一种不直接、不即刻作用于他人的行为方式。相反，它作用于他人的行为：一种行为作用于另一种行为，作用于存在着的行为，或者可能在目前或将来出现的行为。"④

如果认同福柯的上述论断，那么法律的微观权力分析至少呈现出如下方法

① Michel Foucault, The Use of Pleasure, New York: Vintage Books, 1990, pp. 11-12.

② 刘北成：《福柯思想肖像》，上海人民出版社 2001 年版，第 242 页。

③ [法] 福柯：《必须保卫社会》，钱翰译，上海人民出版社 1999 年版，第 26～31、41～55 页。

④ [法] 福柯：《福柯的附语》，载 [美] L. 德赖弗斯、B. 拉比诺：《超越结构主义与解释学》，张建超、张静译，光明日报出版社 1992 年版，第 286 页。

论特点：

第一，现代法律/权力是一种力量关系，它不能被赠与、交换或补偿，而只能被运用，并只在行动中存在。因此，现代政治精英的权力获取原则不是建立在王朝统治上的地位继承或爵位转让，而是选举政治下的能力表现；法律权利也不再是法典上开出的精美账单，而是公民诉诸行动“为法权而斗争”的责任伦理。① 第二，现代法律/权力不是破坏性和压抑性的，而是生产性和建设性的，“从宽泛的意义上说，我认为禁止、拒绝、抑制不仅远远不是权力的根本形式，甚至它们造成了权力的局限性，使权力受挫并走向极端”。② 现代法律/权力通过规范化的规训机制来塑造标准主体，进而演化成“进行制造的机制，进行创造的机制，进行生产的机制”。③ 最典型的，现代法治通过法律的技术性知识批量生产、制造“被动性法盲”来维系法治运作。第三，现代法律/权力是无中心、无主体、匿名的，“确切地说，没有人是权力拥有者……人们不知道谁是掌权者，但是知道谁没有权力”。④ 事实上，正是因为现代法治是无主体、匿名的，因此才有“法律面前人人平等”，任何人都可以诉诸法律来寻求正义。然而正如“秋菊”没有属于自己的姓氏一般，走进法律之门的民众会发现，无论胜诉败诉，也无论是否最终达致了最初诉诸法律的目的，法律这幕现代性剧场中永远不会刻写下你的名字，对于法治这部无比精密复杂的机器而言，你只是一个“法律关系主体”，是案件结束后即将封存进档案的一个字符和一个零件。第四，现代法律/权力与针对它的反抗紧密联系在一起，权力“以各种形式的权力的若干反抗形式作为起点……它利用这种反抗作为一种化学催化剂，以便暴露权力关系，确定它们的位置，找出它们的应用目的和应用方法”。⑤ 对此论断最贴切形象的法律表达莫过于刑法的罪刑法定原则：无犯罪则无刑罚，用七个字便说明了微观性权力的最大奥秘。第五，现代法律/权力的运作与“知识”存在不可割裂的根本联系，“权力仅仅只是在建构知识的条件下才能运转，知识的建构对于它来说既是后果也是得以

---

① ［德］耶林：《为权利而斗争》，郑永流译，法律出版社 2007 年版，第 61～65 页。

② ［法］福柯：《权力的眼睛——福柯访谈录》，严锋译，上海人民出版社 1997 年版，第 42～43 页。

③ ［法］福柯：《不正常的人》，钱翰译，上海人民出版社 2003 年版，第 53 页。

④ ［法］福柯：《知识分子与权力》，载杜小真编选：《福柯集》，上海远东出版社 2003 年版，第 204～213 页。

⑤ ［法］福柯：《福柯的附语》，载［美］L. 德赖弗斯、B. 拉比诺：《超越结构主义与解释学》，张建超、张静译，光明日报出版社 1992 年版，第 274 页。

发挥作用的条件”。[①] 法律/权力的运作在现代发生了一个由王权向生命权力的转变，君主权可以随意处死他人，并放任活人的生活；而生命权力则使人活，不让人死，“我们可以说‘让’人死或‘让’人活的古老权力已经被‘让’人活或‘不让’人死的权力取代了”。[②] 微观性权力为了让人不死，就越来越需要积极干预现代人的生活方式（禁止自残、自杀、堕胎等）；为了让人活，就愈发需要掌握各种各样的知识——医疗知识、通信知识、心理知识、基因知识等。这几乎意味着，终现代人的一生，从出生直到死亡，[③] 他时刻都纠缠在权力/知识编制的网中，成为他无法挣脱、无从逃避的弥散化的真理体制，这是不是现代人的宿命？

现代社会作为由权力/知识型塑的纪律社会，规训成为微观权力最普遍、隐秘的展现形式。规训是权力运作的有效机制，而法律则是规训机制业已达致的外在形式。规训在法律之外存在着，其操作和运行的机理在于把法律的惩罚权力“自然化”和“内化”为技术性的权力，进而使之变成规训。反过来，纪律规训对社会的控制也被法律合法化。法律试图将新规训、新学科加以控制，即用法律的形式把它们法条化、符码化。这就是“法律化”一词的意义——把规训这一非法律的形式披上法律的外装。就这样，在法律体制的内部，规训被一一架构起来，法律成为对微观权力的装饰和掩盖。正是通过法律与规训的持续交流，现代社会实现了弥散性的、无所不在的普遍监控。从早期的拘留所、监狱到今天的税款缴纳、信用记录，规训的权力借助技术的研发与运用而逐步扩大。[④] 这么看来，现代人似乎注定无法逃脱韦伯所喻示的“铁牢笼”的命运，弥散性的权力规训让人无所脱逃，而法律对规训的合法性赋予更使得现代人缺乏反抗的理由和勇气。必须指出的是，如果单从权力规训的理论来看，福柯的确只为我们描述了一个权力无所不在的现代性社会，却没有提供一个供个体反抗规训社会所需要的基础性支点。哈贝马斯、泰勒、吉尔茨等学者正是抓住这一点来批判福柯的微观权力理论。但福柯的后期理论曾对人的生存方式进行过探讨，并从个人自由伦理的主体实践角度似乎为我们指出了另

① ［法］福柯：《不正常的人》，钱翰译，上海人民出版社2003年版，第53页。

② ［法］福柯：《性经验史》，佘碧平译，上海人民出版社2002年版，第102页。

③ “死亡作为生命的结束，明显是权力的结束、界限和终止。它处于权力的外部：它落于权力的范围之外。”参见［法］福柯：《必须保卫社会》，钱翰译，上海人民出版社1999年版，第234页。

④ 参见［法］福柯：《规训与惩罚》，刘北诚、杨远婴译，生活·读书·新知三联书店2007年版，第209~227页。

一种反抗权力规训的生活可能性，即迈向反对“主体性屈从”的局部斗争和实现“个体伦理创造”的生存美学，试图借助古希腊伦理的启发，主张重新返向自我与个体关系的伦理回归。① 但这已和本文要论述的内容无关，仅在此顺带提及。

① 关于福柯后期的研究转向，可参阅［法］福柯：《性经验史》，佘碧平译，上海人民出版社 2005 年版；《主体解释学》，佘碧平译，上海人民出版社 2005 年版。关于福柯后期“局部斗争”和“生存美学”的论述及批判，参见刘永谋：《福柯的主体解构之旅：从知识考古学到“人之死”》，凤凰出版传媒集团、江苏人民出版社 2009 年版，第 172 ~ 180 页。

# 第十二章　法的文学解释

从方法论的角度看，法的文学解释意味着使用文学理论或文学批评的方法来研究法律，研究司法活动。有学者提倡，“文学理论中发展起来的方法（解释方法）能够也应该输入到法学研究之中来”。① 或者说，法的文学解释是运用文学理论指导法律解释。②而事实上，法的文学解释的兴起是依附于美国法学院的一股学术思潮，即“法律与文学运动”的。与法律与文学运动思潮强调法律与文学之间的密切联系相呼应，法的文学解释论者主张从文学的个案中发现一般性的法律思想，将法律视为一种叙事结构和修辞方式，把法律实践当做文学活动，将司法裁判的不同风格作为解释法律的方法，进而强调法的文学解释有助于更全面地了解法律的各个方面，能够使人们听到某种关于法律的不同声音，有助于人们反思当代西方传统的法治模式。法的文学解释的核心价值体现在其通过对法律的形式因素的诠释，否定法律的确定性，批判仅仅从理性出发解释法律和法治的传统观念。

## 第一节　法的文学解释之语境

法的文学解释兴起和发展的社会背景是进入20世纪后，由于资本主义从自由竞争发展为垄断，资本主义国家内外矛盾加剧，经济危机频繁发生，加上科学和技术的巨大发展，以及社会公共事务的剧增，资产阶级要求充分利用国家权力和各种法律手段，加强国家对经济生活的干预和对社会公共事务的管理。在这种条件下，所谓的“法律社会化”就应运而生。它强调法律从“个

① Brooks, P. and Gewirtz, P. (ed) Law's Stories, New Haven, Yale University Press, 1996, p. 15.

② 参见［美］理查德·A. 波斯纳：《超越法律》，苏力译，中国政法大学出版社 2001 年版，第 541 页。

人本位”转向“社会本位”。① 法律社会学的成长构成了20世纪法理学最为重要的特征之一。

在“法律社会化”的全面影响下，美国法律哲学在20世纪50～60年代表现并不活跃，但在70～80年代，该学科又蓬勃扩展并出现了新走向。② 特别是在70年代后期，美国法学界崛起三大法学理论流派。它们分别是以理查德·A. 波斯纳为代表的法律与经济学派，以邓肯·肯尼迪和罗伯托·昂格尔为代表的批判法律研究学派和以约翰·罗尔斯、罗纳德·德沃金为代表的权利与原则学派。它们的共同特点是：无论是对法律或诉讼的经济分析，“法律就是政治”的断语，还是权利命题，都是针对社会现实问题发难，都关心严重的社会冲突如何在法学理论方面得到说明和解释。

随着学术的持续活跃和展开，法学界关注的问题蔓延到其他一些与法律相交叉的领域。任何人，如果想探讨一下替身孕母、犯罪责任、普通法的效率、法官行为、积极补偿行动，或者想探讨一下通过文学材料了解的先前社会法律制度，他都一定得了解一下其他交叉学科以及因法学的学科交叉而衍生出来的女权主义法理学、法律与哲学、法律与政治理论等。这样一来，美国法学界在20世纪70年代可以说进入“乱世”，法律与文学运动也就是这个时期的产物。

法的文学解释兴起和发展的思想背景是一些受哲学和文学启发的法律学者，甚至是从哲学和文学转战到法学的学者，他们想把法律从那些视法律为社会科学的法学家手中夺回，用有别于传统的方法论解释法律，把法学变为人文科学。这种方法之所以很“另类”，是因为法律原本是一门讲究逻辑严密、措辞精准的科学，它对文字的运用有着特殊的、近乎苛刻的要求。当一些研究文学的学者开始注意到在传统文学经典之外的文本，把法规、合同和司法意见都纳入了文学领域的视野之内的时候，西方文学就开始渗透到法律的技术和意象之中。在法律与文学这两个领域内流淌着不一样的精神，前者是理性、逻辑思维，后者则是感性、形象思维。虽然因法律与文学运动的崛起而带来的法的文学解释看似突然，但它的脉络或者说思想观念上的谱系还是清楚的。学界一般将它产生的思想原因归结为两个方面。

一方面就是美国的批判法律研究运动。虽然法律与文学运动的倡导者很少引用批判法学的思想观念，而是更多地从欧洲学界获得思想渊源，但这并不意

① 参见沈宗灵：《现代西方法理学》，北京大学出版社2005年版，第192页。

② 参见［美］E. 博登海默：《法理学：法律哲学与法律方法》，邓正来译，中国政法大学出版社2004年版，第588～606页。

味着法律与文学运动和批判法学毫无关系。首先，在阅读法律与文学运动的有关文献资料时，人们不难发现某些批判法学的观念经常出现。例如“非必然性”和“其他选择”的观念。其次，法律与文学的某些激进分子似乎在努力回答批判法律研究运动所提出的问题。例如，对于法律的不确定性问题就是如此。在他们看来，既然法律推理也不能解决法律自身的不确定性，那么法官或律师在说服别人使他们相信自己的主张时又凭借什么呢？法律与文学运动学者通过研究发现，法官和律师凭借的是他们所掌握的“叙事和修辞”技巧，凭借他们的“讲故事的技巧”,① 以文学的方法解释法律。而这种技巧提供了一种与逻辑论证或证明无关的但又具有说服力的说服方式。不过，与批判法律研究运动相比，法律与文学运动似乎不再关心问题的本质是什么，他们认为问题并没有什么固定不变的本质。他们更关注问题的表达方式，特别是怀疑那些大家普遍接受的表达问题的方式。

另一方面是弥漫于欧洲学界的当代哲学和文学思想——后现代思潮。从哲学上看，德国哲学家尼采的“解构式”怀疑思想和法国哲学家福柯的权力话语理论对法学研究是有着重要意义的。尼采认为，词语一旦形成，内涵就被固定下来，并且支配着思想。因此，语言不仅不能完全表达出思想和意义，反而起到遮蔽的作用。继尼采提出“上帝死了”之后，福柯提出“人之死”的话语权力理论。他认为必须在考察法律问题时清除掉先验的主体观念；从来没有离开权力强制的个体。他指出：“个人无疑是社会的意识形态表象中的虚构。”② 在他们看来，任何法律语言和法学话语必然浸染着意识形态和权力的因素。作为一种哲学思潮，后现代主义以否定现代社会在观念上的一系列泾渭分明的对立范畴为特点（如口语与书面、实质与形式、心灵与身体等）。从文学上看，法国文学批评理论家罗兰·巴尔特的文本阅读理论、美国文学批评理论家德曼的“解构”主义文本观是颇为重要的。罗兰·巴尔特从文本阅读的角度宣布：读者之生必须以作者之死为代价。他否定传统文学理论中作者的权威地位和读者的从属身份，认为同一个文本在不同的读者那里会产生不同的意义，谁都没有特权，包括作者在内，去赋予文本终极的确定的意义。所以，在解构主义学者看来，一个法律文本、一个契约文件没有什么作者的“确切”

① Brooks, P. and Gewirtz, P. (ed) Law's Stories, New Haven, Yale University Press, 1996, p. 38.

② ［法］福柯：《规训与惩罚——监狱的诞生》，刘北成、杨远婴译，三联书店 1999 年版，第 218 页。

意图。立法者固然有自己的意图，可是法律一旦颁布实施，接受读者的阅读，法律文本的解释就不可能完全还原或“固定”立法意图，只有尊重读者对文本阅读的结果。以此观之，后现代思潮是“无超越”、“形式之外，一切皆无”的现实化，因为它藐视体制，怀疑一切极权思想与同质性，向一切边缘化的、异类的和他者敞开大门。它强烈反对现代社会中人们习惯的那种把科学与叙事严格区分并尽可能地压制叙事积极意义的做法，坚决反对思想和知识体系中的中心和等级制度，提倡非中心化和多元化。它强调对于个人或特定群体经历的重视，发掘并塑造能够表达这些具体经历和经验的话语模式。

## 第二节　法的文学解释之理据

随着法律交叉学科研究的发展，到了20世纪80年代中后期，在美国的大学法学院，法律与文学运动渐成气候。事实上，依附并脱胎于这场学术运动的法的文学解释更犹如一棵狭缝中冒出的小苗，缺少丰满的理论体系。法的文学解释的理论研究在当时充其量只是在主流观念边缘游走的一个分支。

西方法学界一般把美国密执安大学的詹姆斯·伯艾德·怀特（James B. White）教授视为法律与文学运动的创始人，他编写的教科书《法律的想象：法律思想与法律表现性质之研究》① 出版于1973年，是法律与文学运动的奠基之作。在与作为法律经济学运动的“孪生兄弟”② 的抗衡和竞争中，法律与文学运动逐渐发展演变成为一个法理学流派。有趣的是，法律与文学运动影响范围的扩大有赖于对其集中抨击者、法律与经济学派的代表理查德·A. 波

---

① James B. White, *Legal Imagination: Studies in the Nature of Legal Thought and Expression*, Little, Brown & Co., 1973. 本章对该著作的研读文献来自 http: /www.google. com/books? id = AuhqdJsZa8cC&printsec = frontcover&dq = imagination + legal&1r = &ei = NM1oS9HfBp72kQs2usjRDg&h1 = zh-CN&cd = 1#v = onepage&q = &f = false

② “孪生兄弟”的说法是苏力教授的一个比喻。苏力教授认为：1973年，芝加哥大学法学院的波斯纳教授在小布朗公司出版了译本教科书《法律的经济学分析》，标志着法律经济学运动的正式起步。也在这一年，在同一出版社，出版了一本教科书《法律的想象》，标志着法律与文学运动的正式起步。参见：《孪生兄弟的不同命运（代译序）》，载理查德·A. 波斯纳著，《法律与文学》，李国庆译，中国政法大学出版社2002年版，第4页。严格来说，法律经济学的根系更为深远，历史更长一些。例如，法律经济学运动的一面重要旗帜《法律经济学杂志》(*Journal of Law and Economics*) 创刊于1958年。波斯纳教授对法律经济学的追溯甚至远至19世纪的边沁。

斯纳。波斯纳于1988年在哈佛大学出版社出版了《法律与文学——一场误会》，正式加入法律与文学运动，并在此后的十年间一直从事"法律与文学"这一交叉学科领域内的教学、思考、阅读和写作。① 理查德·A. 波斯纳站在反对以文学的方法解释法律的角度，详尽地梳理了法律与文学运动中出现的各种观点和流派，最终成为法律与文学运动的领军人物之一。按照他的介绍，自1988年至1998年的10年间，法律与文学研究领域不断扩大。仅在美国大学的法学院里，相关课程的数量就翻了一番。这期间出版了一些重要的著作，包括托马斯·格雷的《华莱士·斯蒂文斯研究：法律与诗歌实践》、玛莎·努斯鲍姆的《诗性正义：文学想象与公共生活》。法律与文学的评论集、文选和一般性著作持续不断地大批涌现，且美国出版了两本新的刊物：《卡多佐法律与文学研究》和《耶鲁法律与人文评论》。前者全部有关法律与文学，后者则部分有关法律与文学。由于美国作家对法律的持续迷恋，法律与文学这一领域欣欣向荣，法律与文学运动作为一个法律交叉学科的地位也日渐巩固。② 最终，法律与文学运动的主将理查德·A. 波斯纳通过《法理学问题》、《超越法律》等著作，尤其是在《法律与文学》中的讨论和归纳，将这一运动归纳为四个问题或分支：有关文学的法律、作为文学的法律、通过文学的法律和法律中的文学。③

## 一、有关文学的法律

古往今来的文学作品经常涉及法律和法律人的种种表现。理查德·A. 波斯纳认为"法律作为文学的主题无所不在"。④ 西方文学作品的作者一直注意着法律，很多"法律的"文学作品，如《欧墨尼得斯》(*Eumenides*)、《安提格涅》(*Antigone*) 和《虚荣的篝火》(*The Bonfire of the Vanities*) 等，都着迷于法律本身。

文学中的法律即在某种意义上是"关于"法律的文学作品，以文学文本

---

① 参见［美］理查德·A. 波斯纳：《法律与文学》，李国庆译，中国政法大学出版社2002年版，"前言"。

② 参见［美］理查德·A. 波斯纳：《法律与文学》，李国庆译，中国政法大学出版社2002年版，"前言"。

③ 参见：《孪生兄弟的不同命运（代译序）》，载［美］理查德·A. 波斯纳，《法律与文学》，李国庆译，中国政法大学出版社2002年版，第4页。

④ 参见：《孪生兄弟的不同命运（代译序）》，载［美］理查德·A. 波斯纳，《法律与文学》，李国庆译，中国政法大学出版社2002年版，第4页。

为题材来研究其中的法律。这里法律的定义很宽泛，既包括宪法、制定法，还包括自然法和复仇——一种与实在法并行且影响实在法的规范体系。“文学中的法律”是法律与文学运动中最重要的一部分内容，法律与文学研究的重要成果大多是这一类型的，且至今盛行不衰，其研究对象“文学”也非常宽泛，包括了西方文化中的许多名著，诸如荷马、古希腊的悲剧，莎士比亚的戏剧，陀斯妥耶夫斯基、梅尔维尔、卡夫卡、加缪的小说，还有当代的畅销小说，甚至其范围已经扩展到视听艺术等大众文化领域。美国的法学院大凡开法律与文学课的教授都要布置学生阅读几本讲法律故事的西洋文学名著，如卡夫卡的《判决》、加缪的《局外人》。法的文学解释论者总觉得文学可以抵销法律的不足。例如文学大师笔下的众生相、对人性的本质和矛盾的追究、探讨等，无疑是法律家执业所必备的知识。换言之，文学之所以能抵销法律的不足，乃是因为它上演的是具体、生动而典型的、直接诉诸读者的伦理意识和同情心的一幕幕“人间喜剧”。这些文学作品有助于“以一种不同的方式说明法律世界”。①例如，没有哪一部法律论著或法律史可以像狄更斯的《荒凉山庄》那样深刻揭露、批判19世纪英国大法官法庭（Chancery）那令律师百般钻营而当事人家毁人亡的繁复程序。

波斯纳也认为，我们可以从一些文学作品中学到很多关于法理的知识，认真挑选一些这样的作品就几乎能够代替论证性的法理著作。像我们在阅读福斯特的《霍华德别业》时看到的那样，表面上与法律规范体系无关的文学作品，有时从法理学的视角来看也可能会有更好的理解。然而，波斯纳深入研究了“法律在文学中的反映”、“作为法律原型和文学类型的复仇”、“法律理论的对立”(实际上是“戏剧中的法理学和女权主义”)、“文学法理学的局限”、“对法律不公正的文学控诉”以及“从两个法律视角看卡夫卡”以后，最终目的是论证我们并不能从虚构的文学作品中学到很多关于法律体系日常运作的知识，即使这些作品描述的是审判或正式法律体系中的其他活动。他由此进一步为“法律与经济学运动”辩护，尤其是在“从两个法律视角看卡夫卡”的阐述中，对法律与文学运动的另一积极参与者罗宾·韦斯特对卡夫卡的作品的法律解读（如批判古典自由主义以及法律与经济学运动、资产阶级价值观，寻

① Brooks, P. The Law as Narrative and Rhetoric, Books, P. and Gewirtz, P. (ed) Law's Stories, New Haven, Yale University Press, 1996, p. 3.

求法律改革的想法）进行了全面深刻的批评。①

## 二、作为文学的法律

作为文学的法律包括两类研究。第一类是把文学解释学、语言哲学的理论和分析方法应用于法律文本（主要是合同法、制定法和宪法）的解释。这类研究在20世纪80年代的美国曾经喧嚣一时，但时间和实践都证明这是一条行不通的路。究其因，主要有两点：第一，解释总是相对于目的而言的，但目的不是由解释过程本身给定，而是从外部带来并指导解释过程的。因此，对不同对象的解释不大可能提出相同的问题，而且解释也不是一件凭借主观努力就能促进的事情。第二，如果把解释变成自觉的，解释不会有太大改善，解释一个书面或口头陈述、一个梦、一部音乐作品、一幅画或一个法律文件，是一种自然的、直觉的、本能的人类活动，而不是有意识地遵守规则的活动。作出好的解释需要有大量的知识、技巧和实践，但是一步一步的程序或者解释的理论并不能改善解释。对于文件而言，不论是文学的还是法律的，解释仅仅是指阅读，从阅读中得出自己感兴趣的任何意识。这种意识可能与作者所设计的意思重合，但它也同样可能是读者出于与作者心里想的东西毫不相干的原因想要赋予文本的一种含义。特别是当文本解释涉及重大的利害冲突时，当社会共识不存在时，至少在某些问题上，你无法要求也无法迫使冲突双方得出一致的意见。法律解释更多是一个争夺利益的战场，而不是划分利益的标准或方法。波斯纳则说得更直接：制定法不是文学作品，而是命令。如果不是牵强附会的话，对于制定法的解释几乎无法纳入法律与文学研究，因为说到底，对于制定法真正有意义（实效）的解释不过就是以解释为名的新的立法，而且这种立法甚至并不总是以解释为名的。当人们越是抽象地探究解释问题，就会离题越远，而那个真正重要的问题却是政治问题而非认识问题：就背离法律文本和立法意图而言，法官应赋予自己多大的自由？因此他主张要超越解释，代之以实用主义的进路：将解释问题转化为结果问题。

作为文学的法律的第二类研究是指像对待文学作品一样研究司法意见的含义、风格、修辞、结构。这类研究是富有学术意义的：通过对普通法领域中的司法意见的文学化的分析（修辞手段、叙述技巧、说服方法、语言风格等），在一定程度上剥去了法律制度及其运作的表象，显露出令法学家感兴趣的

① ［美］理查德·A. 波斯纳：《法律与文学》，李国庆译，中国政法大学出版社2002年版，第243～274页。

“本质”。文学修养或技巧之于法律家是业务上的需要。一般认为，法律家虽然也用各种修辞技巧，例如明喻、夸张、反讽之类，也讲故事，尤其在法庭辩论和面对传媒的时候，但修辞手段的高下、故事感人与否，对于法律问题的正确理解和公正解决不应当起决定性的作用。事实上，至少在美国，法官和律师常常有意排斥“优美”的文笔，觉得它做作、不够“职业化”；“好”的法律学家追求的是逻辑严谨、条理清晰、分析透彻的文字。卡多佐法官认为，法官文学风格的最重要优点，毫无争议，是明晰。①

在激进的法律与文学论者看来，法律文本（包括法律解释和法律学说）实际上说的多数也是故事而非“科学”真理。但是作为文学的法律的真正挑战，是冲着法律文本的传统阅读策略来的。传统上法律解释的两个前提，文本含义和立法意图的可确定性，在后结构主义批评及其继承者（如解构主义）看来，都大有疑问。法律文本的解释、法律规则的适用在伦理上是不可能中立的，而是语境化的。换言之，无论是宪法原则、实证主义法理，还是国际标准和惯例，都不可能为我们提供非语境化的、不间断的中立的阅读。在此意义上，现代资本主义法律的基本概念，例如“权利”，本身就是虚构的神话。权利的故事，剥去它闪耀着“人人平等”图案的“皇帝的新衣”，剩下的只是一组组支配着资本主义生产关系和生产资料的权力跟特权喋喋不休的“修辞”。所以连波斯纳都承认，法律也有要靠修辞撑腰的时候。立法者固然有自己的意图（不论参与立法的各部门和个人之间有没有形成统一的意见），可是法律一旦颁布实施（接受阅读），法律文本（作品）和立法者（作者）之间“固有”附属关系就消解了。法律文本的解释因此不可能还原或“固定”立法意图（包括立法者本人事后对法律文本的解释）；相反，解释要不断地参照阅读在先的其他解释，在无穷尽的阅读的延宕中获取正当性和权威性的资源。另一方面，法律家（特别是法官）解释法律，一般都会尽量避免背离业已“确立”的立法意图、基本原则和法律学说。文学和法律在解释策略上的分野其实不止在文本的结构和风格（比喻、叙事等），解释的策略是随着解释者的目的和条件变化而变化的。法律家的伦理和政治立场，首先取决于规范着他活动于其中的那个法律制度所处的各种社会、经济、政治和文化力量之对比。

---

① 参见［美］本杰明·N. 卡多佐：《演讲录　法律与文学》，董炯、彭冰译，中国法制出版社 2005 年版，第 114 页。

## 三、通过文学的法律

波斯纳在 1998 年出版修改后的《法律与文学》时，把“通过文学的法律”修订为“法律学术中的文学转变”，并视之为法律与文学运动的新动向，其表现为两个方面：一是法律学术中的教益学派，一是叙事体的法律学术。他们想把法律从那些视法律为社会科学的经济学家和具有经济学思考方式的法学家手中夺回来，把它变为人文学科。他们提倡对律师进行文学教育，并将法律学术的重点从分析转为叙事和比喻，借此培养人们同情文学作品中受蔑视、受忽视、受压迫的人，从而促进沿着平均主义的甚或是革命的方向进行法律改革。

与文学批评的美学标准相对立的教益学派源于柏拉图，它强调文学作品的伦理或政治内容和后果的重要性，以及偶尔强调作者自身的道德观。教益论的代表玛莎·努斯鲍姆认为，古希腊悲剧和英美现实主义小说是道德哲学的一个组成部分。她论证说，阅读小说能发展道德的功能，没有它，公民们就不会成功地从任何优秀的道德或政治伦理的规范性结论中看到现实。① 教益论者拨动了有文学倾向的法学家们的心弦，他们把文学带进法律是为了对法律学术的规范使命有所贡献。他们普遍认为，研究人文学科能构建一个意识空间，它远离法律的影响，能够为对法律进行道德批评提供媒介。文学帮助我们理解其他人，帮助我们同情他们的痛苦，帮助我们分担他们的忧伤，并且帮助我们分享他们的快乐。文学让我们更有道德感。法律与文学运动的创始人詹姆斯·伯艾德·怀特教授的众多文章的目的是对律师和法官进行某种文学教育，使他们能够在道德上和专业上都有所提高。② 然而，作为法律与文学运动领军人物的波斯纳却坚持唯美主义的信条，认为一部文学作品的道德内容和后果同其作为文学的价值并不相关。他批评玛莎·努斯鲍姆在《诗性正义：文学想象与公共生活》中选择并讨论的作品是经过事先选择的，且是提供了选择的标准的，是用来例证而不是来塑造她的伦理立场的；她的选择恰恰表明，文学本身并没有什么能够改善人类道德的东西。

叙事体的法律学术相对于传统法律与文学运动学术来说是一个比较激进的

---

① 参见［美］理查德·A. 波斯纳：《法律与文学》，李国庆译，中国政法大学出版社 2002 年版，第 408 页。

② See White, “What Can a Lawyer Learn from Literature?” 102 Harvard Law Review 2014 (1989).

学派。他们主张法律与文学一样本身就是讲故事，就是一种叙事。无论是立法、法律学说、司法解释，还是具体的审判活动，说到底都是在讲故事。法律叙事学家在撰写的故事里进行了明确的说教。法律与文学运动学者帕特里夏·威廉斯告诉人们，把“客观事实”重构为修辞事件所导致的最重要后果之一就是一种更为微妙的法律和社会责任感。① 实际上，叙事体法学隐含着某种政治的和话语的策略，因为它有一个值得注意的特征，即此类作品（至少其中较有影响的作品）多数集中于种族和女权问题。我们知道，在美国社会中，这两个问题与其说是法律问题，毋宁说是政治问题。而种族和女权问题不可能在纯粹的法律学术框架中得到解决。这样，一些学者转而求助于法律与文学运动，即运用政治的和话语的策略。在司法实践中，美国一些法官把他们的整个意见写成有关当事方争议的故事，使用时间顺序而不是逻辑或分析的结构来组织意见，他们认为司法意见具有一种讲故事的因素——大多数司法意见是以叙述案件事实开篇的。同时，司法传记也是叙事体的法律学术特别关注的对象。波斯纳认为，司法传记，特别是美国最高法院大法官们所写的传记，是由大法官的私人信件和个人参加的或者观察过的历史事件的叙述组成，用以表明最高法院的运作情况，是一个宣扬传记作者自己司法哲学的工具。一个法官越具有政治性，他的传记就越能说明问题。

## 四、法律中的文学

法律中的文学实际上是研究法律对于文学的规制问题，对直接规制生产和传播文学作品的法律进行分析。通过文学作品进行诽谤以及与此相关的侵犯隐私权行为是民事侵权问题；版权保护的限度与“创造性地复制”的关系主要是社会学问题；戏仿与适当使用属于著作权法问题。② 在有关诽谤的法律中，真假问题使适用于小说的法律变得很有疑问，这招致了相当多的法律评论文章去评论通过小说进行的诽谤所产生的责任。因为文学作品在意图上并不是要进行完全真实的陈述，所以，我们在把一部作品当做文学而不是作为历史或社会学著作来阅读时所作的调整，就是忽略绝大多数实在性的问题。但是这一点并不能否定通过小说进行诽谤的可能性。小说诽谤的侵权法可能会损害文学的生

① 参见［美］理查德·A. 波斯纳：《法律与文学》，李国庆译，中国政法大学出版社 2002 年版，第 476 页。

② 参见［美］理查德·A. 波斯纳：《法律与文学》，李国庆译，中国政法大学出版社 2002 年版，第 509 页。

产，但对小说诽谤的任何全面的豁免权也是不恰当的。同样，无论是在时间上，还是在被复制作品受保护方面，版权保护也是有限的。法的文学解释论者反对更为广泛的版权保护，因为这会让某种文学形式的创建者取得暴利，即大大超出刺激文学创造力所必要的报酬，损害文学创造力。版权法一般会对“思想”和“表达”作出区分，只有后者受到保护。因为原作品是有版权的，那么戏仿对原著的使用是不是版权法意义上的“合理使用”？法的文学解释论者认为，“最为高级的那种戏仿可以被定义为一种诙谐的、美学上令人满意的散文或韵文形式的作品，通常不带有恶意，在其中，通过严格控制的歪曲，一部文学作品、一位作者或者一个派别或一个作品类型的主题和风格中最为引人注目的特征被以一种方式来表达，而这种方式能够导致对原著产生一种含蓄的价值判断”。① 因此，应允许戏仿者在使戏仿有效的必要限度内借用原著，以使自己的作品能被看出戏仿，但是不能用得太多以至于他的戏仿变成了原著的替代品。出于文学本身的利益，波斯纳对扩大保护虚构文学作品的现有著作权范围持谨慎态度。他认为，正是在法律规制文学的领域里，法律与文学运动才可能对法律产生最大的影响。但是从长远看，该运动也有可能更多地影响对于正义、解释、司法意见、法律教育和法律学术的思考方式，尽管这种影响一定会更加分散而且只是间接影响实践。②

## 第三节　法的文学解释之视域

作为一种法学研究方法，法的文学解释似乎没有统一的、为人普遍接受的基本命题和理论框架。即使我们了解到它的丰富性和多层次，还是很难构建一种大中有小、上下贯通的理论体系。它的分析对象、阐释手段、研究目的都比较散乱。但是，从社会和法律学术发展的层面看，法的文学解释不仅在一定程度上丰富了美国的法学研究，扩展了法解释学的视域，而且它改变了人们对法律的一些理解，它的发展本身就已经改变了法学理论的格局。

---

① 参见 J. G. Riewald, “Parody as Criticism,” 50 Neophilologus 125, 128-129 (1996). 转引自［美］理查德·A. 波斯纳：《法律与文学》，李国庆译，中国政法大学出版社 2002 年版，第 541 ~ 542 页。

② 参见［美］理查德·A. 波斯纳：《法律与文学》，李国庆译，中国政法大学出版社 2002 年版，第 8 页。

## 一、法的文学解释的基本命题

在法律与文学的研究领域中，叙事、修辞和风格的法律意义受到广泛关注，这三个词的出现频率非常高。应当说，将法律视为一种叙事和修辞，把法律实践当作文学活动，将司法裁判的不同风格作为解释法律的方法，是这个研究领域三个基本的命题。

### （一）法律是一种叙事

法律的生命在于实践，在判例法国家中，这句话的意义尤为显著。法律在一个个鲜活的案例中得以生存、发展和完善，对抗性诉讼模式决定了叙事之于判决甚至法律的至关重要的作用。美国著名的思想家杜威和当代学者罗蒂都指出，“叙事”是实用主义地研究真理的一种方式，它赋予了美国法律思想以生命。法的文学解释论者在运用文学解释法律时，非常看重叙事的丰富内涵。对于叙事，他们的主要观点有三：

1. 叙事是当事人组织和表达自己观点的一种方式。这里把叙事视为一种模式，一种经过多年实践得到普遍认同的表达方式，侧重的是叙事中稳定的成分。具体包括两项构成因素：第一，相对固定的表达模式符合大多数事件的实际发展规律，因为事件一般经历开头、发展、高潮、结尾的过程。第二，这种比较固定的表达模式是讲者与听者形成有效共识的桥梁，是沟通双方的共同需要，它形成的过程融汇了讲者与听者互动的努力。所谓的叙事，就是经过多少年的磨合，已经属于社会公众普遍认可的沟通和交流的方式。社会生活是法律的调整对象和法学的研究对象，为了契合法律适用的需要，法律也必须符合叙事的固定模式。

2. 叙事还是一种感知和理解法律的有效方式。这里强调的是叙事的感性成分。20 世纪以来，社会科学在法学领域一直占据着主导的地位，无论是理论研究还是法律实践，用语和表达变得越来越冰冷，用以彰显法律中立甚至超然的态度。其实，在此之前的社会科学研究中，叙事和感性是撰写文章的适当模式。法的文学解释论者就是在社会科学的影响日益强大的背景下，努力地向世人展示叙事也是感知和理解法律的有效方式。主张者抱着这样一种逻辑：科学不是万能的，理性也有不足之处，以感性为标志的叙事在一定程度上弥补了这些缺憾。由于叙事与传统的规范性分析对待事实问题的态度不同，叙事能够更有效地判断法律本身善恶。但是，叙事方式往往强调它与以往历史的断裂，是需要某种分离感觉才能理解的。这种方式可以抵制这样一种认识模式，即把历史和现实都当作是不可避免的、似曾相识的东西接受下来。

3. 叙事是审判活动的一种属性。这是法的文学解释研究的重点，法的文学解释论者认为叙事是法律实践和思考中的一个核心因素。对此，不同的学者有着不同的态度：第一，对反对派和边缘人物来说，叙事在审判中具有特殊的作用。所谓的反对派或者边缘人物，是指学界中一些以独出心裁的论证去试图动摇主流意识形态的激进学者。他们的主张通常比较浮夸，且带有强烈的挑衅意味，但不能因此简单地一概否决。边缘人物虽然被主流推向了边缘，但他们以微弱的声音和艰难的努力拉扯着我们没有走向迷信科学的边缘。第二，有些学者特别关心初审中的讲故事或者叙事。他们认为法官的判决就是对庭审中各种故事的一个判断，法庭的审判活动在一定意义上就是不同版本叙事之间的竞争。一方面，他们关心不同诉讼参与人是如何在初审中组织故事的叙述；另一方面，他们又希望了解法官根据什么标准认定这些故事。持这种态度的学者以技术层面为切入口，突出叙事方法在审判活动的具体表现，带有明显的功利性。反对法律是叙事观点的学者提出，把审判活动当做叙事过程不能没有界限。审判活动目的在于还原过去事实，尽可能作出合乎公平正义的判决。然而受到各种客观因素制约和主观因素的左右，还原过程是艰难的，留给法官的通常只是些支离破碎的片段，零零星星的遗留物。审判还是应当讲究有关事实和适用法律条文之间的逻辑。

在法律是叙事的三个观点中，前两个观点是从叙事本身出发，通过挖掘叙事的内涵找到其与法律的联系点；后一个观点则从审判活动出发，寻找叙事隐藏在法律中若隐若现的影响力。虽然有关文献大多侧重审判活动的叙事属性，往往忽略了叙事本身的法律内涵，但三个主要观点是相互联系的，共同构成了辩证统一的整体。总的来看，三个观点的重点在强调以感性为特征的叙事对法律实践具备一定意义，主张者的论证不一定得到世人的认同，但以一种更宽容的心态待之，肯定把法律看做叙事的观点对于完善法学理论具有相当的价值。

（二）法律是一种修辞

叙事的前提是叙事具备相对固定的表达模式，而修辞则关注描述事物的各种可能性，通过比较不同的可能性，说明选择某种可能性所蕴含的深意。亚里士多德用“修辞”来指无法进行逻辑或科学证明的辩论领域或探索领域中的所有说服性手段，而不单单是指体裁上的手法。换言之，修辞还是一种推理的方法。法的文学解释论者使用的“修辞”主要是指一种体裁上的手法，它的目的并不是想创作一件艺术作品，而是想通过语言（或文字）对听众（或读者）进行说服的一种活动，使用它来说服读者或者听者去相信某事或者去做某事的一套方法。用波斯纳的话说就是“修辞还是一种思考”。①

1. 类比。也许有人认为，类比，就像趣闻轶事一样，完全是一种激发想象力或使论辩生动的一种方法，与思考实际上完全没有关系。当由于缺乏关键信息或对前提有分歧、又没有已发现的某些事实的帮助、未能引申出正确结果时，通过类比可以获取理性的法律后果。法律中的类比确实有一种非常有价值的功能，超出了提醒或隐喻的作用，这就是它确定了一个法律规则或学说的边界。在此，它关注的是差别，而不是类似之处；其结果是限制规则，而不是扩展规则。

2. 隐喻。隐喻会使一个人用一种新鲜的或许更有启示的方式看待某个东西，因此他会从自己先前的参照系中惊醒过来。在这里，隐喻扮演了一种很有用的认知角色。比方说，一个人认为，隐喻除了其字面含义外，没有其他意义。这种说法隐含的是，大多数隐喻都是假的，隐喻通常情况是强烈的虚假，或更准确地说，它们与真理价值无关。即使如此，詹姆斯·伯艾德·怀特以及其他人坚持，在某种意义上，修辞是一种思考的方式，而不仅仅是一种说服方式。

一些法律与文学运动学者对“修辞”的用法甚至更宽泛，把它用做一个极具褒义的词，认为它无法同道德分离，并代表着同社会科学分析的冷酷理性相对立的人文主义价值观。这种对内容和风格、对伦理内容和美学内容所进行的融合，是同法律与文学运动的伦理批评倾向相一致的。②

（三）司法意见是一种风格

法的文学解释从文学的角度审视司法意见，我们将司法意见的文学特质称为司法意见的“风格”。风格究竟是司法意见的必备特征，或仅仅是一个装饰物？是不是存在“文学的”法官，这样的法官是不是比不具文学性的法官更好？

当司法意见可以脱离其产生的具体环境时，这些作品就成了文学。风格是一个书面表达的特征，因为同内容相比，风格常常更少具有地方性，更少受到时间和地点的限制。风格是一个影响司法声望的因素。对昨天的法律问题进行才华横溢的分析不大可能在今天引起人们太多的兴趣，特别是因为我们可能需

① ［美］理查德·A. 波斯纳：《超越法律》，苏力译，中国政法大学出版社 2001 年版，第 592 页。

② 参见［美］理查德·A. 波斯纳：《法律与文学》，李国庆译，中国政法大学出版社 2002 年版，第 338 页。

要作很大努力重构历史才能确定这一分析是才华横溢的。生动的、并因此容易让人记住的司法意见没有被锁定在它被创造的语境之中。它可以被抽出来，被当作法律人持久关注的典范。所以，很多学者都同意，在司法意见的荒原上，文学风格不仅不是一种装饰，只要运用得当，就具有积极作用。形式产生的力量与形式匮乏产生的软弱实际上都具有实质的品性，都是事物的特点。这就使风格成为了识别裁判法官的标志。

风格不但可能有质量的区别，而且可能有种类不同。卡多佐法官认为，司法意见的风格的最重要优点是明晰简洁，但这并不是司法风格唯一追求的目标。他将美国历史上的法官及其司法意见归纳为各具明显特征的类型或方法：权威命令型、简明扼要型、家常健谈型、优雅矫饰型、劝服说明型、理发师粘合型等。①

## 二、法的文学解释的核心价值

### （一）方法论：以文学敲开法律坚硬的职业化外壳

法的文学解释实际上是主张应该用对待文学作品的态度来对待法律，对待司法意见，使用文学理论和文学批评概念观察法律以及把法律视为叙事和修辞，这种认识层次和角度为我们展现了一个新的法律世界，普通人也因此能够真切地感受法律，认识法律。正如詹姆斯·伯艾德·怀特教授在《法律的想象》的序言中提及的那样，希望能为它的读者创造一个空间，以全新的角度感受自己所处的环境，法学院的学生尤其需要跳出法律的框框好好感受周遭的环境。法的文学解释论者通过研究法律中广泛体现的文学方法和表现手段，突出了个人而不是一般意义上的公民对于法律的感受，强调了法律不仅仅是一种规范的体系，或者把法律简单归为（市场）政策的选择（这种观点可参见科斯的产权理论）、阶级利益，法律应当是一种语言，是一种思考模式，是对社会生活现象的思考与表达，人们可以通过思想文化对其进行研究、修改或者禁止。法律就是将个人的这种思想文化汇成一个整体，进而组织了世界。从这层意义上说，法律是一种意识形态，是一种特殊的文学，一种语言的艺术，是修辞学的一个分支，包括语言表达的结构和所蕴含的思想。实质上，法的文学解释就是把真实的个人纳入法律的考虑范围之内，不再单纯强调理性人的概念，通过照顾到个人所处环境的各种因素，为公平合理地设置权利义务提供可参考

① 参见［美］本杰明·N. 卡多佐：《演讲录　法律与文学》，董炯、彭冰译，中国法制出版社2005年版，第115页。

的途径。

另外，法律领域中一直保留着使用拉丁语的习惯，措辞也延续着古老的规则，这些特点在法律英语中尤为明显。有这么一种解释是：晦涩的语言是法律人为自己创造的职业化光环，它可以人为地把法律和普通人割裂开来，从而巩固法律权威的形象。虽然这样的解释有失偏颇，但不能否认，晦涩的法律语言的确让大部分人对自身的权利义务模糊不清，不得不借助法律专业人士的解说来维护自身权益。职业化就像一堵墙，阻挡了普通人进入法律世界的脚步。运用文学这种大家熟悉的方法看待法律，解释法律规则，是一部分法律人希望冲破这堵职业化高墙的努力。其实法律是一门与人息息相关的科学，却长期受逻辑、规则、理性这些形而上的概念的统治，逐渐远离了它最初始的服务对象——真实的人。可以看出，法律与文学运动中的学者所作的努力充满对人性的关怀。他们的初衷是希望以热情浪漫的文学敲开法律冰冷的职业化外壳，拉近普通人与法律之间的距离。正如詹姆斯·伯艾德·怀特批评波斯纳教授没能理解的那样，重要的是，法的文学解释使律师接受过文学教育，而不是他或她阅读过关于法律的文学作品。①

（二）世界观：否认法的确定性和规则至上的理念

传统西方法治的主张一直就与法律的确定性理念存在某种非常密切的联系，赞成还是反对法律的不确定性一直就是否定法治还是支持法治的一个重要标准。在美国法学界，自从美国现实主义法学提出法律的不确定性命题以来，它就一直是一个争论不休的问题。法的文学解释论者对于法律的确定性命题比较反感。他们大致从两个方面对于这一命题展开批评。

首先，法的文学解释论者通过运用文学理论和文学批评的方法诠释法律，强调法律的形式因素的重要性，强调叙事和修辞的意义，使长期以来被理性所压抑的感情和诉求能够从容地释放出来。一旦把法律，特别是审判活动看成讲故事，是一种叙事和修辞，是一个形式问题，法律自身的确定性也就很难维持。因为，讲故事本身并不需要多少确定性，相反，对于大致上同样的事件，人们完全可以根据自己的观察和价值观念而重新组织故事，讲出自己的意见。

其次，法的文学解释揭示了论证本身的不确定性。法律的不确定性曾经是批判法学运动的一个重要的命题。按照批判法学家的理解，法律推理并不能为特定的法律和社会问题提供具体的、真实的回答；一个判决是结合着许多政治

---

① 参见［美］理查德·A. 波斯纳：《法律与文学》，李国庆译，中国政法大学出版社2002年版，“前言”第Ⅲ页。

和社会因素的，判决并非基于法律推理，也不是由法律推理决定的。法的文学解释为法律的不确定性问题提供了一个崭新的思考角度。如果说，批判法学家更加关心判决结果的不确定，关心司法意见的本质。法的文学解释论者则致力于揭示法官论证自己意见过程的不确定性。也就是说，法的文学解释论者更加关心法官或当事人是如何被说服的，或者说人们如何能使别人相信自己的主张是最好。在法的文学解释论者看来，说服他人的关键不在于什么论点或论据，而在于那个在具体的论点和论据背后的、决定能否接受某一论点或论据的思想模式或说服形式。由于思想模式本身是判断具体论点有效或无效的一种背景或结构，是决定能否接受某一论点的基础，因此，如果人们的思想模式没有改变，那么，人们也就不可能接受任何新的重要论点。讲故事可以使具体的说服工作与改变人们的思想方式同时进行。讲故事一方面可以使听者自动参加进来，使听者处于一种可以被人们说服的状态之中；另一方面，通过讲故事，人们心灵深处的、决定思想模式的那些潜在的重要假设才能渐渐有所变化。讲故事的方式具有一种潜在的杀伤力，人们可以通过讲故事的方式否定甚至破坏现存的法律秩序。例如，狄更斯的《荒凉山庄》对大法官法院与衡平法程序的批评引起了强烈的社会反响。有人甚至认为，正是这部小说导致了议会对大法官法院的改革。丹宁勋爵后来也曾评价，狄更斯小说对司法改革的贡献远远超过了边沁。① 通过讲述对于西方世界而言的外部人的感觉，讲述他们所感到的自由主义理想的幻灭，这本身就是对西方自由主义具有普遍性说法的彻底否定。法的文学解释以独特的视角，将法律、司法裁判看做叙事和修辞，当做讲故事，实际上是否定了法律的确定性。

另外，规则至上的理念是西方传统法治的重要理论支点。在法学领域内，我们比较熟悉的西方传统法律的理念是依赖于下面这样一些概念的，即规则、命令、理性和秩序等。在社会学或政治学领域内，西方法治观念又往往是根据社会的深层结构、社会群体的利益、阶级力量对比以及上层建筑和经济基础等范畴来论证。但与此相反，在阅读法律与文学的文献时，我们发现法的文学解释运用了另外一些我们很不熟悉的术语和概念，例如叙事和修辞，表演和语言交流，还有审判活动就是讲故事等。使用叙事和修辞这样一些话语解释法律，就提出了一些法学和政治学术语所不关心也提不出来的问题，其中主要是个人对于法律和法治的亲身感受。既然法律是叙事和修辞，表演和语言交流，审判

① 参见徐昕主编：《正义的想象：文学中的司法》，中国法制出版社 2009 年版，第 82 页。

活动是讲故事，那当然就是只有在讲者与听者的共同参与下才能完成的创造性活动。这样一来，与传统西方法律理念密切联系的法律规则、体系和结构等就开始渐渐失去了自己的中心地位，被取而代之的是那种根据听众特点和需要——无论他们是一般听众，还是法官和陪审团——编造的、具有说服力的故事。因此，法律与文学运动在本质上否认了法律规则至上性的传统法律理念。

总体看来，法的文学解释从诞生之日起就充满了争论：有这么一群人愿意追随怀特的脚步在法的文学解释的道路上走下去，又有那么一群人介意这种解释方法，一直尝试否定它。然而，无论哪一方都无法完全驳倒对方。争论的本身就证明了法的文学解释存在的意义，两方观点都不同程度地发展、壮大着法的解释的理论与方法。任何社会现象，包括法律，都可能有不同的、多元的诠释，对于法的解释的种种方法，我们很难做一个谁是谁非的评判，它们都是理解法律这一复杂社会现象的路径，多一条道路总比少一条道路好。如果把法律比喻成神秘的彼岸世界，那么，任何可能到达彼岸的路径我们都不应拒绝，包括法的文学解释路径。

# 第十三章　法的语言解释

“语言学和法学绝对不是井水不犯河水的两门学科。这两门学科是相通的，有很多互相可以借鉴的地方。说到底，这两个学科在本质上在做同样的事情：语言学是研究人类语言使用的规律，法学是研究规范人的社会行为的法的规律。”① 语言学与法学研究的交叉是当今国际学术界大力提倡的学术研究范式之一。法的语言解释也在20世纪70年代诞生，并为20世纪90年代的“法律语言学”的形成奠定了知识基础。

## 第一节　法的语言解释之语境

20世纪初发生在西方哲学上的“语言学转向”是理解法的语言解释兴起的钥匙。按照英国语言学家达特梅（M. Dummett）的观点，西方哲学的两次转向分别是由笛卡尔开始的从本体论到认识论的转变、从认识论向语言学的转变。第二次转向自弗雷格（G. Frege）开始到维特根斯坦完成。哲学家自此开始放弃认识论问题，转而探究用以表达知识的语句的意义。哲学的语言转向为现代哲学提供了一种崭新的研究范式，被称之为20世纪哲学上“哥白尼式的革命”。如果说古代和中世纪哲学关心的是事物，17—19世纪哲学关心的是观念，那么现代哲学关心的则是词语。美国哲学家罗蒂（R. Rorty）的这种论断表明语言问题已凸显为20世纪人文科学领域的中心。②

在古希腊先贤那里，语言作为一种表面现象，是与存在相对立的。哲学对真理的认识就是要去除语言的谬误，发现语言背后的“理念”，只有这种“理念”才是唯一的存在。柏拉图的《克拉迪鲁篇》是最早关于语言问题的著作。

---

① ［澳］约翰·吉本斯：《法律语言学导论》，程阳朝、毛凤凡、秦明译，法律出版社2007年版，“主编的话”第7页。

② 参见［澳］约翰·吉本斯：《法律语言学导论》，程阳朝、毛凤凡、秦明译，法律出版社2007年版，“导读”第2~3页。

在这本著作中，柏拉图阐述了关于语言的两种理论。一种理论认为，语言唯一的意义来自于约定俗成。另一种理论认为，语词与事物之间的相符性是衡量语言应用正确性的标准。① 柏拉图的语言观是一种语言工具论，语言只是对“理念”的描摹和复制，世界的真理需要我们透过语言的表象去看事物的本质，对事物的认识必须是事物自身，而不能受语言误导。语言根本上就是一种我们拿起就可以用，不想用就可以丢下的工具。可以说，在语言哲学的非本体论转向之前，这种语言工具论一直统治着西方哲学。康德试图在英国的经验主义传统和欧洲大陆的形而上学传统之间走一条折中的道路，他在可知的经验世界之外，创造了一个不可知的“物自体”世界。但是这种对西方哲学传统的改造仍然没有脱离形而上学的范畴。经验世界固然是通过语言展示给我们的，但是“物自体”的不可言说性也是通过语言展示给我们的，当我们说“物自体”是不可言说性时，我们已经通过说出的语词赋予了“物自体”意义。

哲学家们在对语言的形而上学的自我构造中自说自话，这导致了哲学语言的混乱和含糊不清。为了克服这种混乱，西方语言哲学产生和形成了逻辑分析学派。这种学派的人工语言思想最早可追溯到莱布尼茨的数学符号学。为了克服语言的偶然性和概念的不确定性，莱布尼茨试图通过数字符号来对世界进行排列，这样就能达到对世界的精确描摹和对世界的精确理解。② 现代的逻辑分析学派以费雷格、罗素和前期的维特根斯坦为代表，他们以数理逻辑为分析语言的工具，认为日常语言是不精确的，很多哲学形而上学误以为日常语言的用法就是真正的逻辑。逻辑分析学派试图建立一种人工语言，以达到对事物逻辑的精确描摹。③ 但问题是，这种人工建立的逻辑语言仍然依赖于通过日常语言的解释，没有一种语言能够脱离日常语言。因此，人工逻辑语言并不能消除日常语言的缺陷。对于逻辑分析学派来说，语言是一种我们可以任意建构、任意废弃的工具，逻辑分析学派可以说是对语言工具论的登峰造极式的发展。

鉴于逻辑分析学派的问题，现代语言哲学的另一个学派——日常语言分析学派则完全肯定日常语言。日常语言分析学派以摩尔、后期维特根斯坦、奥斯

---

① 参见［德］汉斯-格奥尔格·伽达默尔：《诠释学Ⅰ：真理与方法——哲学诠释学的基本特征》，洪汉鼎译，商务印书馆 2007 年版，第 546～547 页。

② 参见［德］汉斯-格奥尔格·伽达默尔：《诠释学Ⅰ：真理与方法——哲学诠释学的基本特征》，洪汉鼎译，商务印书馆 2007 年版，第 561 页。

③ 参见王建平：《语言哲学》，中共中央党校出版社 2003 年版，第 39～56 页。

丁和塞尔为代表。① 只有日常语言分析学派才真正地实现了语言的非本体论转向。逻辑分析学派虽然指出了传统形而上学的弊端，但没有解决这个问题，而是用另一种形而上学代替了传统的形而上学。在逻辑分析学派那里，逻辑变成了一种“自为存在”，日常语言仍然是一种表象，只有逻辑才是事物的真正本质，词与物仍然是分离的。

日常分析语言学派代表性人物维特根斯坦在他后期提出的语言理论对英美法学界，特别是现代分析实证主义法学的代表人物哈特的法律理论产生了重大的影响。我们可以通过维特根斯坦的理论转向来略窥语言哲学的转向是如何颠覆传统的形而上学和语言工具论的。在维特根斯坦的早期思想中，其语言哲学仍然是一种语言本质主义，也即所谓的“图像理论”，如“命题的总和即是语言”，“命题是实在的图像”，“图像通过表现基本事态的存在和不存在的可能性来摹画实在。”“图像所表现的东西就是图像的意义”，“图像的真或假在于它的意义与实在符合或不符合”。② 图像有很多种，如空间图像、颜色图像以及逻辑图像，语言自然是一种逻辑图像。作为一种逻辑图像的语言，其意义取决于非语言性的事实，也就是“实在”，这个非语言性的事实是语言背后的本质性存在。维特根斯坦在早期也说过“我的语言的界限意味着世界的界限”。③ 显然，他也看到世界与语言的不可分离，但他基本的语言思想仍然是一种形而上学。语言的“指称论”，也即名称与对象的对应性、逻辑图像对世界的描摹，这种古老的语言观仍是维特根斯坦的基本语言思想。但是在后期维特根斯坦的语言哲学中，他就完全抛弃了其早期语言哲学的本质主义。在他看来，语言的意义不再取决于与实在是否符合，语言不再仅仅是世界的摹画，语言的使用过程建构了语言的意义。语言的意义就是它的使用。④ 人的使用决定了语言的意义，而不是作为非语言的本质性事实赋予了语言以意义。维特根斯坦对他早期坚持的“指称论”进行了批判。指称论认为含义和词语之间有着一一对应的关系，含义是词语的对象，但在现实生活中，我们会发现有些词没有所谓的指称对象，如法律语言中的“权利”、“义务”、“知识产权”等，这些词的

---

① 参见王建平：《语言哲学》，中共中央党校出版社 2003 年版，第 53 页。

② ［奥］维特根斯坦：《逻辑哲学论》，贺绍甲译，商务印书馆 1996 年版，第 2 节、第 4 节。

③ ［奥］维特根斯坦：《逻辑哲学论》，贺绍甲译，商务印书馆 1996 年版，第 5 节。

④ 参见［奥］维特根斯坦：《哲学研究》，李步楼译，商务印书馆 1996 年版，第 1 节、第 43 节。

对象应该如何确定呢？这些词的意义完全取决于我们如何使用它们。同理，如果我们把红色称为白色，把白色称为红色，只要大家都肯这么用“红”和“白”这两个词，这就不是问题。因此，词与物之间只具有一种偶然性联系，物并不是词的本质性规定。因此，语言并非只是世界的图像，语言和世界不可分离。只有这样的语言哲学才能为维特根斯坦早期关于语言的界限就是世界的界限的命题奠定坚实的理论基础。此外，维特根斯坦的语言游戏理论是他的语言哲学基本思想的著名阐发。语言游戏是一种话语实践，是一种实践方式，绝非一种“闲扯”和“思辨”。① 语言游戏的规则就是语法，这种语法并非如传统的语言本质主义那样具有一成不变的规定性，语法只是描述语言的使用，但不决定语言的使用。② 这样，维特根斯坦就用语言游戏取代了语言的语法理想。语言游戏是语言使用的语境，只有通过语境，我们才能理解语言的意义。如要发现语言的意义就一定要观察语言在语言游戏中是如何使用的。德国哲学家汉斯-格奥尔格·伽达默尔从诠释学的角度推动了语言哲学的转向。伽达默尔将通过对艺术审美和历史学的分析而建构起的诠释学理论应用于对语言的分析，建立了以日常语言分析为中心的更完善的语言哲学理论。首先，语言具有本体论意义，世界是通过语言展示给我们的，语言就是世界的存在。传统的语言工具论认为，语言是我们拿起就可以用，不用就可以丢弃的工具。前面提到的逻辑分析学派就认为语言可以被任意改造成一种精确的人工语言，而忽视了语言意义的先定性。而伽达默尔认为，“语言观就是世界观”，“语言并非只是一种生活在世界上的人类所适用于使用的装备，相反，以语言作为基础，并在语言中得以表现的是人拥有世界”。③ 因此，伽达默尔认为，“传承物的本质就在于通过语言的媒介而存在，因此最好的解释对象就是具有语言性质的东西”。④ 不论是对于图像文本，音乐文本，还是对于文字文本，语言都是诠释的媒介。文字文本对于诠释学来说更具有典范意义。伽达默尔还认为，语言的意义并非自始自终就是确定的，而是在我们发现文本的意义过程中，主体的思

---

① 参见［奥］维特根斯坦：《维特根斯坦读本》，陈嘉映主编、主译，新世界出版社2010年版，第67页。

② 参见［奥］维特根斯坦：《哲学研究》，李步楼译，商务印书馆1996年版，第496节、497节。

③ ［德］汉斯-格奥尔格·伽达默尔：《诠释学Ⅰ：真理与方法——哲学诠释学的基本特征》，洪汉鼎译，商务印书馆2007年版，第597~598页。

④ ［德］汉斯-格奥尔格·伽达默尔：《诠释学Ⅰ：真理与方法——哲学诠释学的基本特征》，洪汉鼎译，商务印书馆2007年版，第525页。

想总是已经参与到语言的意义当中。① 这其实和维特根斯坦语言哲学的基本命题，也即语言的意义在于其使用是一致的。语言的意义取决于主体是如何使用语言的，而不仅仅是通过普遍的、不变的语法规则。对语言的理解过程具有创造性，文字文本并不能完全决定主体的理解和解释，文字文本并不是客观自为的存在，其意义等待我们去发现。对文字文本的理解不可避免地带有主体的创造性，主体的“前见”在文本的意义建构过程中发挥了重要作用。对文本的理解是文本自身的历史视域与主体的历史视域的融合过程，② 该过程是一个既改变文本的意义也改变主体的历史视域的过程，因此是一个创造性的过程。对文本的理解绝不是对文本客观、原初意义的简单复制。伽达默尔的诠释学对于理解法律理论和司法实践具有重要的意义。传统的法律实证主义认为法律规则是一种自足的系统，通过机械地将法律适用到具体事实当中，就能得出确切的结果。这种理论完全忽视了法律规则在法律解释过程中的创造性以及其中所包含的历史、传统和法官个性因素，存在明显的缺陷。

## 第二节 法的语言解释之理据

### 一、维特根斯坦的遵守规则理论

路德维希·维特根斯坦（Ludwig Wittgenstein，1889—1951 年）出生于奥地利，后入英国籍，是著名的哲学家、数理逻辑学家，语言哲学的奠基人。作为 20 世纪最具影响力的哲学家之一，他的代表作品有《逻辑哲学论》、《哲学研究》、《哲学语法》等。除了本章第一节介绍的维特根斯坦的语言游戏理论之外，他的遵守规则理论同样富有启发性。在他看来，遵守规则是一个经验和实践问题。一个人是遵循了规则，还是违反了规则，并不取决于规则的语法结构，也即根据语法上的意义来确定一个人的行为是否违反了规则。与维特根斯坦关于语言的意义在于其使用的命题一致，规则的遵守也是一个实践问题。如一个路口的路标，该路标上的转弯符号并没有明确的文字告诉我们，开车应该怎么转弯，但是我们一般情况下并不会发生误解，因为该路标的意义已经体现

① 参见［德］汉斯-格奥尔格·伽达默尔：《诠释学Ⅰ：真理与方法——哲学诠释学的基本特征》，洪汉鼎译，商务印书馆 2007 年版，第 524 页。

② 参见［德］汉斯-格奥尔格·伽达默尔：《诠释学Ⅰ：真理与方法——哲学诠释学的基本特征》，洪汉鼎译，商务印书馆 2007 年版，第 416 页。

于实践当中。这是一个经验问题，而不是一个可以进行逻辑推理、演绎的问题，也即这不是一个哲学问题。① 我们学会遵守某一规则，并不是从语法中推导出来的，遵守规则的学习过程不是我们先学会了规则的语法内涵，然后按照语法来遵守规则。我们遵守规则是通过实践上的训练得以实现的。② 在这种训练过程中，他人的批判和赞许、自己对他人批判和赞许的反馈和吸收以及这两者的互动培养了规则的遵守意识，让行为者可以知道什么情况是违反规则，哪种情况是遵守规则。在实际生活中，一个人的行为是否符合规则，并不是可以任意解释的，不是说我们拿出一套个人制定的语法就可以解释行为与规则的符合性。规则是一种社会性的存在，而不是任意性的。如果是任意性的，任何人可以拿出自己的一套语法来为自己的行为辩护，那么法治国家话语就全盘失效了，规则也完全失去其指导社会生活和保障预期的作用。规则的意义来源于习俗，习俗是一种稳定的用法，③ 习俗不受个人主观任意解释的改变就是一种社会性存在。

维特根斯坦也提到规则和语法的任意性。④ 在他看来，语法规则只是描述语言游戏，但不规定语言游戏，也就是说语法总是随使用主体和时代的不同而有流变的可能性，但对这种流变性我们不能狭隘地理解，认为规则和语法可以由使用规则的人任意改变。维特根斯坦这种关于规则和语法的任意性观点，是在针对传统的语言本质主义基础上提出来的。他认为，语言背后并没有一个本质性的存在来决定语言的正确意义，也即语言的“能指”和“所指”之间的配对关系是任意的，并没有必然的联系，不同的时代会赋予这种关系以不同的形式。但是，这不意味着某个时代特定的个人可以赋予这种关系以独断的内涵，并可以获得其他人的普遍认可。任何一种语言游戏，包括法律语言游戏，都有其内在的语法，也即游戏应遵循的规则，这种游戏规则对于游戏参与者来说是不能任意改变的。如果改变游戏规则，那么参与游戏就没有任何意义了。对于个体来说，也即要么参与游戏，要么不参与，没有第三种选择。象棋游戏

① 参见［奥］维特根斯坦：《哲学研究》，李步楼译，商务印书馆 1996 年版，第 85 节。

② 参见［奥］维特根斯坦：《哲学研究》，李步楼译，商务印书馆 1996 年版，第 206 节。

③ 参见［奥］维特根斯坦：《哲学研究》，李步楼译，商务印书馆 1996 年版，第 198 节。

④ ［奥］维特根斯坦：《维特根斯坦读本》，陈嘉映主编、主译，新世界出版社 2010 年版，第 106 页。

正是如此。语言游戏与象棋游戏并没有根本性不同。因此，游戏规则对于个体参与者来说具有一种束缚性作用。一个人对他人说出任何一句话，就意味着进入了语言游戏，面临着被他人反驳的可能，对他人的意见也不能任意否定。如果一个人不讲道理，从语言哲学上说，就是不遵守语言游戏规则，就会被他人批评、嘲笑，说其“狡辩”，这样一个不讲道理的人，就很难在社会上立足。因此，与他人交谈，就不能孤芳自赏、自说自话而不认真听取他人说什么。从我们的日常生活经验中，我们就可以发现语言的这种作为社会性存在的性质。

语言作为一种社会性存在就意味着语言是基本确定的，因为语言作为一种生活形式是确定的。生活形式是一个人生来就既定的东西，决定了语言的使用。对于这种生活形式，我们不能任意改变。因此，根据生活形式的确定性，我们就能够谈及规则遵守的“对”与“错”。① 生活形式的确定性，也就意味着规则的确定性。但是，我们不能根据维特根斯坦的理论对规则的确定性作过分的解读。② 语言的意义随着时代而流变。也就是说，虽然对于特定时代的个体来说，语言的用法作为一种稳定的生活形式是不可任意改变的，但是随着时代的变化，它的用法总会改变。美国宪法条款仍然是建国之初的古老文本，但是随着时代变化，往往会有不同解读。法律是一种政治的命题也指出了部分的真理。

## 二、伽达默尔的法学诠释学

汉斯-格奥尔格·伽达默尔（Hans-Georg Gadamer，1900—2002 年）是德国当代哲学家、美学家，现代哲学解释学和解释学美学的创始人和主要代表之一。主要著作有《真理与方法》、《柏拉图与诗人》、《短论集》三卷、《我是谁、你是谁》等。伽达默尔对法律的语言解释的重要贡献集中表现在他的法学诠释学中。在他看来，法律规则作为一种文字文本决定了法律解释的诠释学特征。文字文本相对于口语文本，具有更典型的诠释学意义。在日常对话过程中，对口语的理解往往伴随着各种背景，如说话者表情、手势以及说话时的其

① 参见［奥］维特根斯坦：《哲学研究》，李步楼译，商务印书馆 1996 年版，第 241 节。

② 参见［美］布莱恩·比克斯：《法律、语言与法律的确定性》，法律出版社 2007 年版，第 48 页。

他相关事实，这些背景构成理解口语文本的基础。① 在特定的场景下，完全不符合语法规则的语句也能得到理解，而在这一场景之外的人则对这些语句可能感觉不可思议。除这些背景之外，在口语对话过程中，总是存在一方纠正另一方错误理解的可能，因此也有利于对口语文本的理解。但对文字文本的理解则没有这些有利于理解和解释的条件。文字文本具有“自我陌生性”。② 文字文本凝结了作者的理想，他试图通过自己确定的理想向文本的读者有效地传达信息，为他人的行为提供指导。这是文本的优点，但是也是其缺点。就法律规则来说，当它作为一种文字文本被制定出来之后，就完全脱离了立法之初的立法意图、议会讨论和社会背景。如果文字文本本身发生误解，不论误解是由立法者造成的，还是由于法官缺乏与原初立法者相类似的思想背景造成的，文字文本自身是无能为力的。因此，书面文字是与各种理解境遇相分离的，③ 这就是文字文本的“无助性”。④ 这种“无助性”赋予了法官极大的主观能动性，对法律文本意义的理解就不再仅仅是对立法当初意义的复制，脱离立法原初背景的法官在解释法律过程中不可避免地发挥自己的创造性，将自己的“前见”带入对法律规则的意义建构当中。

这样看来，文字文本是不完整的。作为一种文字文本的法律规则必须与法官的解释性创造结合起来才能向我们提供完整的意义。伽达默尔认为，“不要从语法学和语言学的角度来看文本，亦即不要把它看做完成品”，“文本就是单纯的中间产品，是理解事件中的一个阶段，作为这样一个阶段，它必须包括某种抽象，亦即甚至把这个阶段也孤立化和固定化”。⑤ 我们不能仅仅通过语法的角度来分析语言，语法只是提供语言意义的传统理想，这种传统理想往往被语言实际使用的主体所更改，并且语言当中总是包含还未说出的意义。这些意义从文字符号本身并不能看出来，必须联系文字符号之外的事实背景、主观

① 参见［德］汉斯-格奥尔格·伽达默尔：《诠释学Ⅰ：真理与方法——哲学诠释学的基本特征》，洪汉鼎译，商务印书馆2007年版，第531页。

② 参见［德］汉斯-格奥尔格·伽达默尔：《诠释学Ⅰ：真理与方法——哲学诠释学的基本特征》，洪汉鼎译，商务印书馆2007年版，第527页。

③ 参见［德］汉斯-格奥尔格·伽达默尔：《诠释学Ⅱ：真理与方法——补充和索引》，洪汉鼎译，商务印书馆2007年版，第415页。

④ 参见［德］汉斯-格奥尔格·伽达默尔：《诠释学Ⅰ：真理与方法——哲学诠释学的基本特征》，洪汉鼎译，商务印书馆2007年版，第530页。

⑤ ［德］汉斯-格奥尔格·伽达默尔：《诠释学Ⅱ：真理与方法——补充和索引》，洪汉鼎译，商务印书馆2007年版，第411页。

思想、历史内涵才能理解。

由于语言文本与理解情境的分离，当法官接到由立法者传到其手里的已经脱离了当初立法背景的规则文本的时候，法官就面临着一种典型的诠释学任务。传统法学理论将法律家分为法学史家和法律学家。前者试图考察法律的客观历史含义，后者则根据当下的需要和法律规则自身来确定法律的意义。伽达默尔认为，这两者其实并无根本不同。对于法学史学家来说，他必须通过自己的现代视域去考察法律规则的历史视域，而不能仅仅限于法律历史材料，法学史学家为了探究法律的历史含义，必须通过现代法律应用的参照系来理解过去的法律文本。卢曼的社会学观点也有助于我们认识这一点。卢曼认为，任何一种观察都是一种区分，对过去法律的观察就是对现代法律与过去法律之间的区分。因此，即使对于法学史学家来说，现代视角也是不可避免的。而对于法律学家来说，为了正确理解法律，除了要考虑当下的需要之外，他也必须探究法律文本自身的历史视域，也即法律文本原初的意义。① 法律学家，特别是法官，有义务保持法律现在与过去之间的连续性，为人们行为提供稳定性预期。但是，这又不仅仅是对所谓的法律“客观历史意义”的绝对忠诚，法官在过去法律规则可能导致极度不公正的情况下，有必要适当地使法律适合当下的需要。因此，法律学家的任务就是在过去和现代之间实现某种调和，维护法治理想和社会公正。因此，法学史家和法律学家并无根本不同，两者在理解法律过程中都有一种“直接的意义期待”。② 法学史学家和法律学家在理解和解释法律过程中一方面不可避免地带有现代视角，另一方面也与过去的法律规则保持着连续性。

## 第三节　法的语言解释之视域

“学习法律的第一要务是学习法律的语言，以及与之相符的、使得该语言知识能够在法律实践中得到应用的语言技能。”③ 本章第二节介绍了维特根斯

---

① 参见［德］汉斯-格奥尔格·伽达默尔：《诠释学Ⅰ：真理与方法——哲学诠释学的基本特征》，洪汉鼎译，商务印书馆 2007 年版，第 442～445 页。

② 参见［德］汉斯-格奥尔格·伽达默尔：《诠释学Ⅰ：真理与方法——哲学诠释学的基本特征》，洪汉鼎译，商务印书馆 2007 年版，第 445 页。

③ ［澳］约翰·吉本斯：《法律语言学导论》，程阳朝、毛凤凡、秦明译，法律出版社 2007 年版，“导读（代译序）”第 1 页。

坦和伽达默尔各自对法律语言学产生重大影响的语言哲学。在他们的影响下，西方的法律与语言研究在 20 世纪 60—70 年代得到相当规模的发展，1993 年成立的国际法律语言学家协会（the International Association of Forensic Linguists，LAFL）也定期举办研讨。法律语言学涉及法律过程中的话语分析、方言研究、语言变异与语体学等。按照国际法律语言协会第四任主席吉本斯（John Gibbons）的观点，狭义的法律语言学仅指用于法律和根据法律使用的语言证据，而广义的法律语言学则是指整个范围的法律与语言问题，包括法律语言、法律笔译与口译、由出庭专家提供的语言证据、用于解决法律起草和法律解释问题的语言专业知识以及为减少因法律的语言造成的不利而作出的努力。① 由于语言与法律研究属于年轻的学术领域，相关成果有待总结，本节仅介绍该领域的主要观点。

## 一、法律语言的“开放性结构”

哈特最先利用了维特根斯坦的语言哲学来对法律进行语义分析。在维特根斯坦看来，法律规则作为一种文字文本，其意义取决于“功用”。受此影响，哈特认为，法律语言的语义不是唯一的。法律语言，如权利、义务、法人等概念并没有绝对的客观对应物，而有相当大的偶然性，它取决于语境。相同的语言符号可能在不同的语境中被使用，并具有不同的意义。② 根据语境的不同，哈特将关于法律规则的观点分为两种，一种是内在观点，另一种是外在观点。持有内在观点是指具有自我约束的义务感的人，他处于一个法律环境之下，不仅接受规则，而且还以规则的观点评判他人的行为。而持有外在观点的人则是处于一种外在观察者的角度，他只是看到一个法律行为之后接着发生另一个法律行为的规律性，而对于规则遵守者的内心世界没有洞察。③ 这两种观点都是实际社会生活中发生的现象，忽略任何一个方面都会导致对法律现象的不完整理解；这两种对法律的理解都是正当的，不存在一个绝对正确而另一个绝对错误。但是，这两种观点对法律的理解是有差异的，正是语境的不同导致这种

① 参见［澳］约翰·吉本斯：《法律语言学导论》，程阳朝、毛凤凡、秦明译，法律出版社 2007 年版，“导读（代译序）”第 6 页。

② 参见［英］H. L. A. 哈特：《法理学与法哲学论文集》，支振锋译，法律出版社 2005 年版，第 31、35 页。

③ 参见［英］H. L. A. 哈特：《法律的概念》，许家馨、李冠宜译，法律出版社 2006 年版，第 84 ~ 86 页。

差异。

基于法律语言的意义取决于语境的观点，哈特认为法律语言还有“开放性”或“开放性结构”的特点。法律这个词不仅一般可以用于成文法或者判例法，有时还被用于没有权威立法机关的国家法或某些原始社会的法律。法律语言本身并不阻止自身的扩展使用，表现出了“开放性”或“开放性结构”。尽管在大多数情况下，法律语言适用于个案是非常明确的，不需要任何创造性解释，但是一般化语言对行为的指引是非常有限的，这是语言固有的特质。“开放性结构”作为人类语言普遍特征表明，法律语言总是存在着边缘地带，这些地带是立法语言无法涵盖的。由于人类理性的有限性和目标的相对不确定性，立法者总是无法对未来作出预先完全准确详细的规定。那种“自动售货机”式的“机械”法学是不现实的，并没有所谓的“概念天堂”。而规则怀疑论者则根本否认法律规则的确定性，如美国的批判法学和法律现实主义。哈特认为相对于那种“机械法学”，规则怀疑论又是另一个极端。在大多数情况下，由于我们的共识存在，法律语言还是表现出高度的确定性。①

哈特关于法律语言的观点只是就法律适用而言，没有涉及法律语言本身。哈特说法律语言有“空缺结构”，如果按照转向以后的语言哲学观点来看，这实际上是一种隐喻。语言本身是没有缺陷的，有缺陷的是法律语言的使用。将一般性法律语言适用到无法预见的案例，在我们看来这是法律语言的缺陷，因为没有涵括一切未来的特殊案例和法律规则。我们只要使用语言，语言就会随着其语境而具有自己的意义，即使是无意义也是一种意义。有问题的是，这种使用可能并不符合我们的要求，因此，我们才如同哈特所言称之为“空缺结构”。

## 二、作为阐释性概念的法律

美国法学家德沃金的法律理论是对伽达默尔的哲学诠释学在法律领域的建设性应用。仔细体会德沃金的一系列理论概念，如“阐释性概念”、“建构性阐释”、“系列小说”、“整体性原则”等，我们都可以发现伽达默尔诠释学的巨大影响。德沃金的法律理论将伽达默尔的诠释学理论在法律领域进行了创造

① 参见［英］H. L. A. 哈特：《法律的概念》，许家馨、李冠宜译，法律出版社 2006 年版，第 15～16、119～131 页。

性的发挥。他将法律界定为一种“阐释性概念”,① 在存在论的意义上完全颠覆了实证主义法律观。法律实证主义认为法律规则的意义是自明的，是“事实昭然”的，但大量的经验事实证明，不同法官、律师对法律规则有不同的解读。美国联邦最高法院往往根据相同的法律条文作出不同的判决；在律师实务中，律师们也常常各执一词，互不相让。法律规则的解释远不是没有争议的。有鉴于此，德沃金认识到法律规则是通过法官多元化的阐释向我们展示出来，并且这种对法律的阐释并不是对立法者意图的复制，而是一种建设性过程。在此过程中，发挥作用的因素是阐释者的意图，而不是立法者的意图。同时，德沃金也指出，阐释者对法律的解读并非任意的，而是受到习惯和历史的限制。② 法官对法律的阐释不能完全忽视惯例，也即司法判例。此外，法官还受到如下各种因素的限制：社会背景、日常语言常识、法律教育以及法官选拔标准，这些因素限制了法官对法律做任意解释的可能性。这些法律解释的社会背景在相当大的程度上确保了法律的确定性。但是，我们对此也不能过分夸大，因为阐释过程中法官往往持有不同的政治观点，由此导致对法律的阐释产生意见分歧。尽管如此，法律阐释并没有使法治理想成为空谈，阐释的多元化还没有到使法律规则完全失去保障行为预期的意义的地步。③ 德沃金在批判因袭主义和实用主义的基础上，提出了可以克服这两种阐释方法局限性的整体性原则。该原则是一种政治理想，是体现公平和政治原则的前后连贯的体系。整体性原则包括公平、正义和正当程序三大美德：公平要求忠实于法律文本，正义要求符合实质性道德原则，正当程序确保准确和效率之间的平衡。整体性原则就是这三种要素的综合，是既包括法律规则，也包括法律原则的法律观。比之于因袭主义和实证主义，整体性原则能够找到对法律最佳的唯一阐释。德沃金还将判例法传统视为一个系列小说，不同的法官应根据整体性理想续写这部小说，使这部小说能够前后连贯，从而使小说的整体效果实现最佳。④ 整体性原则是对历史的传承和对未来的展望的结合，既不盲目崇拜过去，也不把过去

① 参见［美］德沃金：《法律帝国》，李常青译，中国大百科全书出版社 1996 年版，第 80 页。

② 参见［美］德沃金：《法律帝国》，李常青译，中国大百科全书出版社 1996 年版，第 48 页。

③ 参见［美］德沃金：《法律帝国》，李常青译，中国大百科全书出版社 1996 年版，第 81 页。

④ 参见［美］德沃金：《法律帝国》，李常青译，中国大百科全书出版社 1996 年版，第 150、196～207 页。

当成未来的工具，其追求的是一种过去和未来之间的连续性，这种连续性既照顾了过去，也照顾了未来。

德沃金的这些论述几乎成了伽达默尔哲学诠释学的法学版。德沃金的"阐释性概念"是对解释的存在论意义的发挥；系列小说命题是对文字文本不完整性观点的借鉴；而整体性所要求的过去和未来的连续性是历史视域融合的另一种阐述形式。但是我们也应该看到，德沃金的整体性法律观和伽达默尔的哲学诠释学在出发点上有着根本性的不同。德沃金在批判因袭主义和实用主义的基础上，认为因袭主义太保守而没有前瞻性，而实用主义以未来为导向且漠视传统。整体性法律观既忠诚过去，也兼顾未来，具有合理性。在德沃金看来，整体性原则是一种指导审判实践的最佳方法，也即它是一种规范性理论。而伽达默尔的哲学诠释学更多地是对解释过程的描述。伽达默尔从来不认为诠释学是一种方法，恰恰相反，诠释学理论和方法是对立的。诠释学是我们理解任何文本都会有的普遍性经验，是对我们理解过程的描述，而不是获取更好理解的科学方法。而德沃金的理论取向却具有规范性意味，他试图通过整体性法律观找到法律的唯一"最佳阐释"。但是，在一个价值观多元化的社会，这种所谓的"最佳阐释"是不现实的，整体性原则只是德沃金个人的"最佳阐释"，不具有普遍意义，而根据伽达默尔哲学诠释学的推论也正是如此。甚至德沃金所批判的因袭主义和实用主义，根据伽达默尔的诠释学理论，也是一种整体性最佳阐释，因为解释就是文本的历史视域和解释者的现实视域的融合，根据某些法官个人的"前见"，这两种方法也可能实现过去和未来之间的连续性。

## 三、法律语言的特征

### （一）语法规则与法律语言的关系

作为结构主义语言学的创始人，瑞士语言学家费迪南·德·索绪尔（Ferdinand de Saussure，1857—1913 年）提出了一种新的语言观。他通过区分语言和言语指出了语言的符号性和任意性，并将语言视为一个封闭、自足的系统，语言的意义取决于语法，语法就成为结构主义语言学的中心主题。这种形式主义语言观不仅是传统语言学家的主导思想，也是以凯尔森为代表的法律实证主义思想的内在预设。① 因此，法律语言的意义就在于分析其语法结构。哈

① 参见［美］彼得·古德里奇：《法律话语》，赵洪芳、毛凤凡译，法律出版社 2007 年版，第 16～17 页。

特之前的、以凯尔森的纯粹法学为代表的观点认为：法律规则是自足的概念系统或者语言系统，法律规则的意义来自内部的定义，也即语法规则。通过考察语法规则我们就能确定语言的意义。法律的适用不会有歧义，法官只需将普遍性的法律适用于具体事实就可以了，法官个人情感、政治观点不应参与到对法律的理解和解释之中。但是经验事实又让法律实证主义者不得不承认，法律并不是完美无缺的，法院审理了很多无法适用既有法律的案件。但是，这种不完美又不是既定法律规则自身的问题，而是法律对新的、未预见的事实未作出明确规定，也就是说制定出来的法律是自足、完美的，法律实践中的适用困难在于法律对未预见事实没有作出规定。这种法律语言观导致的逻辑推论就是，法律适用的一端是“自动售货机”，另一端就是法官完全的自由裁量权，没有中间状态，其内在假设就是法律语言的自足性。虽然索绪尔的结构主义语言学一直被认定为是“客观主义”，与维特根斯坦、奥斯丁的“主观主义”相对立，但是他也意识到了形式主义的内在局限性，也即“能指”与“所指”之间关系的任意性对语言系统的破坏。为此，索绪尔将“语言系统”和“说话主体”区分开来，前者作为一个独立自足的整体可以是科学研究的对象，而后者强调了主体对语言意义的创造性。① 凯尔森和索绪尔的做法其实非常类似，两人都试图维护规则语言作为一种科学研究对象的合法地位，为了达到对规则语言的“客观”研究，索绪尔将主体的创造性排除在语言系统之外，而凯尔森则将价值、正义等主观性范畴排除在法律科学的研究范围之外。

而“主观主义”的语言哲学家维特根斯坦则认为语法是语言游戏的规则，但语法只是描述而不是规定语言的使用，② 也即“能指”和“所指”之间的关系是任意的。语法描述语言的通常用法，这种用法在各种个性化的语境当中，也就是在各种不同的语言游戏中，往往被主体所更改，所变通。特别是对于各种专业性语言如法律语言，其语义在很大程度上已经不是日常语言的意义，只有经过特别专业训练的人才能理解。经过特别专业训练的人也只是掌握了专业性语言的普通语法规则，在很多情况下，他也要根据语句说出时的具体情境来理解语言的意义。因此，语言的意义除了可能受到主体更改的影响之外，还有一个根本性的决定性因素，也就是语境。当然，语境对于维特根斯坦

① 参见［美］彼得·古德里奇：《法律话语》，赵洪芳、毛凤凡译，法律出版社 2007 年版，第 17～30 页。

② 参见［奥］维特根斯坦：《哲学研究》，李步楼译，商务印书馆 1996 年版，第 496 节。

来说也不是本质性的存在，语境与语言是一体的，语境通过语言展现出来，语言通过语境获得意义。

美国法律语言学家劳伦斯·M. 索兰系统地研究了美国法官语言中的语法规则，如最后先行词原则、全包括原则、和/或原则等，但是这些语法规则并不能使法官对美国宪法的解释保持前后一致。情况往往是：对于包含同一项语法规则的宪法条文，不仅是不同的法官会作出不同的解读，而且相同法官在不同案件中也会作出不同的解读。倒是法官的政治观点能前后保持一致。法官为了坚持自己的政治观点，往往以语法规则作为修饰，当特定的语法规则不支持自己的政治观点时，既定的语法规则即被弃之不用。语法规则不过是法官玩的"文字游戏"，更多情况下决定法官判决的依据是"非语言学的考虑因素"。① 索兰对法官语言的经验研究验证了维特根斯坦的语言哲学，语法对于语言的意义并没有决定性作用，因此不能将法律规则当成一种逻辑上自足的概念系统，通过规则结构的逻辑分析并不能完全理解法律语言的意义，语言总是和非语言性的事实结合在一起的。通过以上对语法规则的分析，我们似乎感到法律语言的意义是不确定、流变的，如果是这样，法律规则本身岂不是丧失了指导行为、稳定预期的功能了？显然，这也与社会现实不符。其实，在我们的实际生活中，我们是能够确定基本的行为预期的。

### （二）法律语言的确定性和不确定性

自从批判法学产生以来，法律的确定性和不确定性就是一个被西方法学界热烈争论的问题。批判法学对法官判决的实证研究发现，虽然法官在判决书中都声称忠实于古老而又神圣的宪法文本，并且坚持自己对宪法文本的解读是唯一正确的理解。但是从历史视野来看，法官对宪法文本的解释往往夹杂着大量的"私货"，法官常常玩的是"政治"。相对于传统的形式主义法学，批判法学的这种批判虽然无力改变现状但切中要害。

但是，维特根斯坦的语言哲学和伽达默尔的诠释学并不是批判法学主张的"规则怀疑论"的支持者。前文已经提到，维特根斯坦认为，作为语言使用语境的生活形式，是既定的，人不能任意改变。语言的使用是有其一致性的。在日常的基本生活中，我们能分得清"对"与"错"，"假"与"真"。如果不是这样，那么人与人之间的交流就变得不可能。当你向他人传达意见时，他人在一般情况下总是能够理解你的意思。之所以如此，那是因为"生活形式"，

① 参见［美］劳伦斯·M. 索兰：《法官语言》，张清、王芳译，法律出版社2007年版，第35～78、230～233页。

也即生活实践确保了理解的一致性。为了更好地理解这一点，我们可以举出生活经验中的例子。我们都生活在特定的熟人圈当中，也即共享“生活形式”，因此，在很多情况下，你不用向你的朋友详细解释你的意思，因为你的朋友“一点就通”，有时甚至到“只可意会，不可言传”的程度，语言成了多余，一个眼神，一个动作，一切就已了然。但是遇到陌生人，情况就大大变了，你不得不向他解释各种具体细节，否则他就会表示困惑，陌生人并不会满足于你所说的话，他往往还会对各种“言外之意”表示好奇。因此，对语言的理解并不能仅仅通过语言本身来实现，还需要了解语言背后的非语言事实。

伽达默尔固然也指出了理解和解释的偶然性特点，但他认为任何解释都不能离开文本，对文本的理解不是随心所欲的。“谁想理解，谁就从一开始便不能因为想尽可能彻底地和顽固地不听文本的见解而囿于他自己的偶然的前见解中——直到文本的见解成为可听见的并且取消了错误的理解为止。谁想理解一个文本，谁就准备让文本告诉他些什么。”① 对语言文本的理解，是自己的“先入之见”与语言文本的“历史视域”的融合。在理解过程中，如果我们想获取正确理解，那么我们就一定不能忽视文本，但我们自身的“前见”又不可避免地夹杂其中。正确理解文本要求重视文本，这是“前见”理论的必然结果。伽达默尔的“前见”、“诠释学情境”等概念和维特根斯坦“生活形式”在实质上是相同的，都具有先定性，不能任意选择和改变。伽达默尔的“前见”表面上是一种主观性意见，但实质上有着相当大的客观性。伽达默尔指出：“进行理解的人并不是任意选取他的观点，而是发现他的位置已经被事先给定了。法学诠释学可能性的本质条件是，法律对于法律共同体的一切成员都具有同样的约束力。”对法律的解释和应用“并不在于单纯的认识法律条文，如果我们想从法律上判断某个具体事例，那么我们理所当然地还必须了解司法实践和已经规定这种实践的各种要素”。② 对于法官来说，法律规则文本中包含着整个法律共同体的前见，这些前见体现在司法实践中，由同质性的法律教育、共同的法律文化、正式的法律建制以及其他类似的法律实践共同培育而成。因此，对法律的理解不是随心所欲的，而是基本稳定的。这些观点也非常契合司法实践，如波斯纳在对美国总统竞选 35 岁年龄限制性要求的宪法规

① ［德］汉斯-格奥尔格·伽达默尔：《诠释学Ⅰ：真理与方法——哲学诠释学的基本特征》，洪汉鼎译，商务印书馆 2007 年版，第 366 ~ 367 页。

② ［德］汉斯-格奥尔格·伽达默尔：《诠释学Ⅰ：真理与方法——哲学诠释学的基本特征》，洪汉鼎译，商务印书馆 2007 年版，第 447 ~ 448 页。

定的分析后认为：这个要求自 1787 年宪法制定以来，就是确定无疑的，那要感谢由律师、法官和政治家组成的解释共同体的一贯性和连续性。①“规则怀疑论”的观点指出了法律实践的部分真实，但不是全部，法治国家的理想在大多数情况下依然是行之有效的。

① 参见［美］理查德·A. 波斯纳：《法理学问题》，苏力译，中国政法大学出版社 2002 年版，第 335～336 页。

# 第十四章　法的沟通解释

在西方法学史上，20世纪下半叶德国著名的哲学家哈贝马斯在各种“相对主义”、“文化多元主义”和“解构主义”等流行思潮中，为我们提供了一个新的视角：沟通行动理论，成为不多见的现代性的批判者，给当代法哲学的发展带来了深刻影响。比利时法学家胡克以哈贝马斯的沟通理论为主要理论来源，提出了沟通视野的法理学。“如果法律是合乎理性的，合理性又被理解为沟通合理性，那么，法律就是一种沟通，而不仅仅是关于不同形式之人际沟通的事物。”① 他主张：法律在本质上是基于沟通的，立法者与国民之间、法庭与诉讼当事人之间、立法者与法官之间的沟通等是法律合法化的来源。

## 第一节　法的沟通解释之语境

众所周知，自20世纪60年代以来，西方社会进入到一个重要的转折时期，人们用各种称谓来反映这一变迁，诸如风险社会、全球化社会、信息社会、后工业主义、对话时代乃至后现代社会等，不一而足。一系列曾被视为毋庸置疑的真理，特别是启蒙思想家为我们建构的现代性的理念和制度遭到质疑，确定性终结了，人们被置于一个似乎没有依归的世界。在法哲学领域，人们开始重新审视法的性质问题，马克斯·韦伯用“合法性（Legitimacy）”一词为传统的“法律是什么”引入了新的时代话题，并形成了经验主义的论证范式。

在马克斯·韦伯之前，19世纪的法律实证主义运用在社会科学领域占据重要地位的实证方法解释法和法律现象，要求在法律科学的研究中保持“价值中立”，把法学研究限制在“实然”领域，“应然”领域因为充满了价值判断而被排除出法律科学的研究范围。实证主义法学家根据“实然”和“应然”

① ［比］马克·范·胡克：《法律的沟通之维》，孙国东译，法律出版社2008年版，第17页。

的区分认为，法理学应该研究“法律是什么”，而不是研究“应该是什么”。奥斯丁认为：“法理学的科学（直接而简单地称法理学）关注实在法或严格意义上的法律，而不考虑这些法律的好或坏。”① 这种论断割断了法律在自然法学理论中对道德的依附关系。但是，法律和道德领域的分离并不意味着对法的合法性论证的放弃。实证主义法学对法的合法性论证集中在法律的制定过程，法律之所以是正当的，乃是因为它是一种主权者明文规定并颁布的、以制裁为后盾的命令。哈特虽以“最低限度内容的自然法”来弥补法律实证主义的理论缺陷，但他仍然否认法律与道德之间具有必然联系。对于法律的合法性，他在承认“最低限度内容的自然法”的基础上，认为法律的效力主要来源于人们对它的承认和接受。

依韦伯的观点，现代社会中的法律应该是一种形式合理性的法，它“像自动贩卖机，从上面投入事实，在其中使用预先决定的法律规定，然后从下面自动得出结论”。② 从法的合法性来讲，“这一形式理性的‘技术装置’之所以能发挥作用，前提是法律能够与伦理等实质理性分离，构成‘自我指涉’（Self-reference）的法律秩序”。③ 韦伯用政治统治合法性的命题来理解法律的存在形式。在他看来，现代社会法理型统治的合法性是建立在对实定的法律规则和那些提升为统治者的权利的合法性信仰基础之上的，统治者能够通过法律规则来发布命令。法理型统治是一种专业化的官僚制，这种管理形式的特点是严格遵循程序，公民所服从的一切都已经去人格化，个体自身的特征已经被湮没于制度之中。换言之，人们对这种统治服从的基础是对抽象的、不受意志左右的规则及其形式化适用程序的信任。在法理型统治里，法学关注的是法律自身的独立性问题，法的合法性就在于法律系统内部的规则在逻辑上必须一致、连贯。但是，哈贝马斯认为，尽管韦伯的法律的形式理性对法律的独立性具有本质性的意义，但法律内在地联系着道德和政治，不能仅仅被理解为是形式的或程序的理性。

法律实证主义和韦伯的形式合理性的法律观割断了法律和道德的依附关

① John Austin, Lectures on Jurisprudence, or, The Philosophy of Positive Law, Reprint. Originally Published: John Murray, 1911, p. 330.

② 加滕一郎：《民法的解释与利益的衡量》，载梁慧星主编：《民商法论丛》（第2卷），梁慧星译，法律出版社1994年版，第75页。

③ 李猛：《除魔的世界与禁欲者的守护神——韦伯的社会理论中的“英国法”问题》，载《韦伯：法律与价值》，上海人民出版社2001年版，第152页。

系，其合理的一方面在于学术路径，即它既看到了道德在现代社会价值多元主义情境下的相对性，也避免了因为道德的相对性而导致的对法律自身稳定性的破坏，但是不合理的一方面在于社会评价，它们对于“恶法是否为法?”并不能给出令人满意的答案。“二战”之后的纽伦堡审判对法律实证主义给予了致命的打击，法律的性质是什么的问题至今在法学家的头脑里萦怀难去。

卢曼则另辟蹊径，运用系统解释，强调政治权力和法律合法化来自于正当的程序。在他看来，任何法律理论的焦点必须是人的互动和沟通，而不是个体或法律系统本身。依卢曼的理解，现代社会是由政治、经济、法律等约 12 个自主的社会子系统构成的；这些系统是自我创生、自我指涉的，其本身又分别构成其他系统的“环境”，而系统内的意义性“沟通”则是简化系统与其环境关系以确保系统自主性的再生产机制。系统的“沟通”是经由每个系统特定的二元代码来实现的。比如，法律系统的二元代码是“合法／非法”。这些特定的二元代码使得每个系统对落入该系统内的社会事件都按照自身所特有的代码来理解和处理，以保证系统的自主性。在卢曼看来，在现代复杂社会背景下，法律系统，特别是政治／权力系统的自创生品格具有不可替代的减少社会复杂性的功能。法律系统是一个在规范上闭合的系统。同时，法律系统也是一个在认知上开放的系统。也就是说，与哈贝马斯不同，卢曼所谓的沟通并不指向行动者或行动，而指向系统。卢曼构建的是一种系统理论（可以参见本书“法的系统解释”一章）。卢曼批评哈贝马斯说：“沟通不是行动，因为它总是包含了比单一信息的告知或传递还远为丰富的含义。”① 而一旦某事物被当做是沟通，它就精确地达致一种内在的社会过程。因此，“对一个自创生系统理论而言，只有‘沟通’才是对社会系统的基本自我指涉的基本单位，即这个位置的严格的候选人。只有沟通才必然地、而且内在地是社会的，行动则不是”②。因此，对卢曼而言，并不是沟通行为创造了法律的合法性，而是“通过程序合法化”。③ 但是，哈贝马斯认为，系统理论同所有试图用纯粹形式的方面来限定法律的理论一样，根本无视从而也不能解释关于法律的论争中所表

① ［德］卢曼：《社会系统的自我再制》，汤志杰、邹川雄译，载苏国勋主编：《社会理论的诸理论》，上海三联书店 2005 年版，第 164 页。

② ［德］卢曼：《社会系统的自我再制》，汤志杰、邹川雄译，载苏国勋主编：《社会理论的诸理论》，上海三联书店 2005 年版，第 164 页。

③ 关于卢曼的系统理论的评价，参见孙国东：《自治性与合法性之间——“法律的沟通之维”译者导言》，http：//www.ias.fudan.edu.cn/Results/Detail.aspx？ID = 1281，2010 年 8 月 20 日访问。

达出来的有效性要求。

如果上述规范主义的、经验主义的、系统论的合法性概念均存在疑义，那么，法的性质究竟是什么？对这一问题的探讨与回答，构成了法的沟通解释的基本语境。

## 第二节　法的沟通解释之理据

法的沟通解释的哲学基础无疑是德国哲学家、社会学家尤·哈贝马斯（Jürgen Habermas，1929年—　）的沟通行为理论。哈贝马斯1929年生于杜塞多夫，曾先后在哥廷根大学、苏黎世大学、波恩大学学习哲学、心理学、历史学、经济学等，获得哲学博士。1961年毕业后历任海德堡大学教授、法兰克福大学教授、法兰克福大学社会研究所所长以及德国马普协会生活世界研究所所长，1994年退休。哈贝马斯是法兰克福学派第二代的代表人物，主要代表作包括《公共领域的结构变化》、《技术和作为意识形态的科学》、《社会科学的逻辑》、《合法性危机》、《文化与批判》、《历史唯物主义的重建》、《沟通与社会进化》、《沟通行动理论》、《包容他者》、《晚期资本主义的合法性危机》等。由于其思想庞杂而深刻，体系宏大而完备，被认为是"当代最有影响力的思想家"，甚至被誉为"当代的黑格尔"，在西方学术界占有举足轻重的地位。在延续至今的"现代与后现代"之争中，哈贝马斯对于晚期资本主义合法性危机的透彻分析、对于历史唯物主义的重建、对于民族国家范畴的历史梳理，以及对于全球化语境下民主制度的安排和公民资格的确认等的严肃思考，富有启发。尤其是他以"沟通理性"为关键词，建构了庞大的实践哲学体系，深刻影响了当代哲学、政治学、法学等几乎所有社会科学的理论重构，成为了站在现代性立场上进行辩论的领军人物。① 当然，除沟通理论的影响外，心理学、语言学、法的自创生理论也对法的沟通解释带来了重要启发。

### 一、沟通、沟通理性与现代化

沟通理性这一概念，源于哈贝马斯的沟通行为理论。在他看来，由于工具理性过度膨胀，现代社会产生了"意义失落"、"自由失落"、人类丧失自主和

① 徐亚文、孙国东：《"沟通理性"与全球化时代的法律哲学——凡·豪埃克〈作为沟通的法律〉述要》，载《法制与社会发展》2006年第1期。

反省之能力等异化现象，他为此提出了“沟通理性”这一重要范畴。沟通理性和目的理性（亦即工具理性）是理性概念的不同方面，目的理性适用于主体与客体之间，沟通理性则适用于主体与主体之间。当主体把客体作为达成主体的目的之手段或工具时，主体所体现的是目的理性。人类以科技驾驭大自然，从而创造出丰富的物质文明，这就是目的理性。沟通理性体现人们在自由开放的、不受权力关系宰制的情况下，诚意地进行讨论协商，互相交换意见，尊重并全心全意地尝试了解对方的观点，大家都遵守以理服人原则，摆事实、讲道理，唯“理”是从，以达成共同的认识（共识），并据此共识来治理社会，或以此共识作为有关社会政策或安排的基础。而“沟通”或“交往”是指人们通过语言媒介进行交谈、协商、对话。沟通行为是形成社会中人际关系的途径之一。但沟通不完全等于“沟通行为”，后者是指人们通过沟通、协商来建立和调整他们的相互关系，作出社会的种种安排和解决他们之间的矛盾和冲突，是人类“沟通理性”的表现。

哈贝马斯对现代化进行了分析，认为现代化主要是社会渐趋分化、复杂化的过程，其中包括知识和文化价值领域分化成科学（对于客观世界的认识）、道德（包括法律，即人类行为的规范）和艺术，亦即真、善、美三范畴，也包括一些复杂系统的出现〔如市场经济、资本或金钱的系统）、国家行政官僚体制（权力的系统），这些系统从人类原来的“生活世界”分化出来，它们有其内在的运作规则，而导引其运作的媒介主要不是语言（人类本来的交往沟通媒介），而是金钱、权力等非人格化的东西。虽然现代化有其阴暗面，但沟通理性的成长是现代化过程中最光明的一面。

现代化的阴暗面在于现代化对人“生活世界”带来的威胁。生活世界包括社会、文化、个人个性等部分，人文价值存在于其中。但现代化使上述复杂的“系统”过分膨胀，导致生活世界的萎缩，系统里的媒介和逻辑（如金钱、权力）渗透人的生活世界，占领了原应适用沟通理性的范围，这便是所谓“生活世界的被殖民化”。其造成的危机，便是人的自由和生存意义的丧失。面对这个挑战，人应该重新认识、维护和发扬沟通理性，避免成为工具理性和复杂的、非人性的系统的奴隶。①

① 关于对哈贝马斯“沟通”“沟通理性”含义的理解，参见陈弘毅：《西方人文思想与现代法的精神》，载《中国法学》1995年第6期。

### 二、沟通与法律、道德

哈贝马斯认为，有效的法律必须是法律的有效性和事实性两者之间的有机统一。在传统社会，有效性和事实性是融合在一起的。在现代社会，由于韦伯所说的祛魅化过程，法律的有效性和事实性分离了。更确切地说，法律只剩下事实性，失去了有效性。政治和法律制度原本就植根于人的“生活世界”，应遵循“生活世界”的基本规范，并为这种规范的贯彻提供体制性保障。但当今西方社会，行政和立法体制在金钱和权力的作用下，已经从生活世界的职能中分化出来，成为一个工具化的行为领域。官僚化的权力体制和技术化的法律体制对生活世界的干预和破坏以及对个人自由空间的侵蚀，已成为现代西方社会最严重的问题。为了重建法律的有效性和事实性的有机统一，有人把希望寄托在宗教复兴上，但哈贝马斯力图将经验主义和规范主义结合起来，强调有效的法律即合法性意味着某种政治秩序被认可的价值，认为在后形而上学的时代，法律的合法性来源只能从产生法律的过程和程序中去寻找。“合法性意味着，对于某种要求作为正确的和公正的存在物而被认可的政治秩序来说，有着一些好的根据。一个合法的秩序应该得到承认。合法性意味着某种政治秩序被认可的价值——这个定义强调了合法性乃是某种可争论的有效性要求，统治秩序的稳定性也依赖于自身（至少）在事实上被承认。”①

## 第三节　法的沟通解释之视域

如果说哈贝马斯以社会理论家的身份对其“沟通理性”在法哲学领域部分予以了展开，从而使其关于法律与民主法治国的商谈理论成为其庞大的社会理论体系的一部分，那么，胡克的《作为沟通的法律》则是运用沟通理论解释法律的创造性成果。作为布鲁塞尔天主教大学法理学教授、欧洲法律理论研究院联合主任、国际法律哲学和社会哲学协会比利时分会主席，比利时法学家马克·范·胡克（Mark. Van Hoecke，1949 年—　）在《法律的沟通之维》中集中阐释了法的沟通解释的基本立场和相关命题，其采取的进路和视角就是哈贝马斯所坚持贯彻的沟通。在他看来，在多元化社会中，广泛的沟通是法律

---

① ［德］哈贝马斯：《交往与社会进化》，张博树译，重庆出版社 1989 年版，第 184 页。

合法化的基础。①

一、法律是什么

法学作为最古老的学科之一在人类思想史上留下了深刻的印记，但是“法律是什么”作为法学的元问题始终没有解决；西方主要法学流派分别从国家与社会、立法与司法、应然与实然等不同视角对这一问题作出了各自的回答，范·胡克则从沟通的视角给出了一种全新的答案。

范·胡克主张从人类的行为、人类的互动与法律，作为一套规范的法律，作为制度化规范性体系的法律，法律与国家，法律与强制，法律的自治，法律系统的闭合性和整全性，法律与文化以及法律与正义等九个方面来认识法律的几个可能的特征。在他看来，法律最突出的特征即是它不是对人之行为的描述，而是人之行为的一种调整。对个人而言，与其说法律是能影响他的某种东西，毋宁说是一种他必须考虑的客观现象。其之所以如此，乃是源于人类作为一个共同体对秩序的渴求。法律为我们远离无序混杂提供了可能，法律对任何社会都是必需的。“法律为社会中的人之行动提供了一种框架”，② 为人的互动和交往提供了一种行为规范。法律是一种典型的行为规范，它告诉人们在特定条件下该如何行为。但是，不同于奥斯丁的“法律命令说”、凯尔森的“基本规范论”等法律理论，范·胡克反对把法律看做规范发出者（Norm-sender）或规范接受者（Norm-receiver）单向意志的反映，在他看来，法律是两者意志的互动和沟通。

法律不仅是一套规范，而且是一种制度化的规范体系（a Institutional Normative System）。这种制度化表现在三个方面：形式上的制度化（Formal Institutionalisation）、社会学上的制度化（Sociological Institutionlisation）和职业性的制度化（Professional Institutionalisation）。形式上的制度化包括结构和程序两个方面，涉及立法和司法两大环节。法律规范有着不同的类型（如第一性规则和第二性规则），从而使其本身系统化，辅之以法律的职业化和程序化，使立法、行政和司法等专业机关得以发展。法律在社会学上的制度涉及法律系统被社会所接受的程度，是指法律系统在社会中被一般地接受，并被实施；它

① 本章以下部分主要改写自徐亚文、孙国东：《“沟通理性”与全球化时代的法律哲学——凡·豪埃克〈作为沟通的法律〉述要》，载《法制与社会发展》2006 年第 1 期。

② ［比］马克·范·胡克：《法律的沟通之维》，孙国东译，法律出版社 2008 年版，第 26 页。

是形式制度化的进一步发展。虽然职业的制度化不是所有法律系统得以存在的先决条件，但它是现代法律系统的重要特征。一般而言，一个充分发展的法律系统的法律职业包括三个方面：职业化的法律制定者（如议会议员）、职业化的法律适用者（如法官）和职业化的法律学说（如法律院校）等。

哈特曾指出："在任何时间和地点，法律都有一个最为显著的特点，这就是它的存在意味着特定种类的人类行为不再是任意的，而是在某种意义上具有强制性。"① 韦伯也把强制性作为法律的要素，他通过将强制区分为身体的强制、心理的强制、国家的强制和非国家的强制等途径建立了他的"非国家的"法律观。② 范·胡克则从法社会学的角度指出，当我们定义法律时，强调制裁是必要的；但这并不意味着制裁对每一种法律系统而言是必不可少的。这是因为，公民守法的道德义务并非就是对制裁的惧怕。现实中，被强迫接受只是和完全接受、有条件地接受相并列的情况之一，而且在很多时候公民守法是不需要强制的。"这种实效部分地——仅仅是部分地来源于某种强制"。"无论如何，有效的制裁即实际的强制在法律中只具有有限作用，大多数规则在大部分情形中由于不同的原因而被自发地遵守"。③

法律的自治性是现代法律的一个重要特征。昂格尔曾指出，法律的自治包括内容、机构、方法和职业四个方面的自治。范·胡克则以其沟通法理学为视角，运用法的"自创生理论"等对法律的自治性作了全新的阐释。他开宗明义地指出："尽管深嵌于（Embeded）并强烈地受制于社会，但现代法律系统事实上是一个相对自治的系统。"④ 针对法律的自治性与法律的受制性的悖论，他主张区分"形式自治性"和"实质自治性"与"作为系统"的自治和决定规则内容时的自治等情况。传统的法律自治性理论囿于法律规范的等级体系和立法至上的民主制度强调下位法对上位法、司法对立法的从属性，而他以沟通

① ［英］哈特：《法律的概念》，张文显等译，中国大百科全书出版社 1996 年版，第 7 页。

② ［德］马克斯·韦伯：《经济与社会》（上卷），林荣远译，商务印书馆 1997 年版，第 345 页以下。

③ ［比］马克·范·胡克：《法律的沟通之维》，孙国东译，法律出版社 2008 年版，第 51、49 页。

④ ［比］马克·范·胡克：《法律的沟通之维》，孙国东译，法律出版社 2008 年版，第 52 页。

为法理学的基点，提出法的“循环”(Circularity）理论。① 在他看来，下位法并不仅仅决定于上位法，它也决定着上位法的运行；司法从属于立法也面临着挑战。现在，“欧洲人权法院、欧盟法院以及大多数国家的行政与宪法法院有权将其法律观点以及对国际条约和国家宪法的解释强加于立法机关”。② 这种下位法与上位法、司法与立法之间的“循环”与沟通使法律系统的运行得以合法化。接着，范·胡克运用托依布纳提出的法的自创生理论对“形式自治”进行了进一步的阐释。自创生理论认为，法律的自治指那种法律在其中生产自己的方式的循环性，并非指它对环境的因果独立，并不排除法律、经济和政治相互依靠的可能性；“实际上，它假定它们相互依靠到相当大的程度，其条件是，这被看做一个循环的、因果的过程怎样受外部影响的问题”。法律的自治是运行闭合（Operative Closure）与认知开放（Cognitive Openness）的统一：“在认知开放中，法律以多样性的方法与社会意义相关联，也与社会构成物和社会价值相关联。然而，在一个自我关联地闭合的法律系统中，这些进入当前社会价值的突袭在它的法律形式里呈现出规范化的外观。它们的规范化内容通过反求于这些价值的构成性规范从法律自身中产生。”③ 范·胡克基本赞同这种观点，他认为法律系统有其自治的运行逻辑，但为了调整社会关系，从社会中选择和吸纳社会事实、价值和规范对一个法律系统是十分必要的，因此，法律系统对外部世界是一种认知开放，但它们又保持自治，因为它们是一个运行闭合的系统——外部信息根据法律系统内部的逻辑被选择和采用。“实质自治性”涉及自治的内容、种类和程度等。他认为，法律系统与外部世界紧密相关，这种关系就是一种不断沟通的过程，而非单向的信息流动。这种沟通似乎在法院——在那里，案件的具体事实、具体环境有时也影响社会的观点和其他因素——在法律的解释中占最突出的地位，它影响着案件的判决；这种沟通是如此的强烈，这种认知开放式如此普遍，以致法律制度的“自我生成”(Self-production）必然是脆弱的。他还创造性地区分了“作为系统”的自治和决定规则内容的自治。在他看来，两者似乎是一种负相关关系，即法律系统作为一

① 范·胡克的这种学说可能也受到依托布纳的自创生理论的影响。自创生理论的一个重要命题即是认为法律是一个“超循环”。参见［德］贡塔·依托布纳：《法律：一个自创生系统》，张骐译，北京大学出版社 2004 年版，第 39 页以下。

② ［比］马克·范·胡克：《法律的沟通之维》，孙国东译，法律出版社 2008 年版，第 38 页。

③ ［德］贡塔·依托布纳：《法律：一个自创生系统》，张骐译，北京大学出版社 2004 年版，第 48 页。

个系统越发展、自治性程度越高，则决定规则内容时的自治程度就越低。

## 二、法律规则与法律系统

以拉兹将法律规则看做人之行动的理由的理论（Norm As Reasons for Human Action）① 为起点，范·胡克认为厘清规范发出者与规范接受者的关系对理解法律规则是十分必要的。他认为，在语言和其他形式的交流中，不了解信息发出者和信息接收者的沟通过程和形式，信息几乎不可能被正确地理解；对法律规则的理解也是如此。然而，当下法律理论则过于强调规范发出者或规范接受者一方，而忽视了两者的互动与沟通。以奥斯丁为代表的法律命令说将法律等同于主权者的命令，在解释规则时，过于强调规范发出者的意志，而忽视了规则的字面含义和法律实践中规范接受者的能动性。现实主义运动则将整个法律化约为规范接受者的观点。其中，美国的现实主义法学把法官作为规范接受的主题，以阿克塞尔·海格斯多姆为代表的斯堪的纳维亚现实主义则把公民作为规则接受的主体。在范·胡克看来，现实主义的进路抽出了法律规则的规范性内容，完全摒弃了规范发出者的权威；同法律命令说一样，它也不能正确地理解法律规则。因此，我们还得依赖沟通的进路。在这一进路中，规范的发出者和规范接受者之间的沟通共同决定着规范的含义。在我们分析、解释和适用规则时，必须了解这一点。

范·胡克还就规范发出和规范接受的主题作了富有见地的探讨。关于规范发出者，他认为："在所有情形下，形式上的立法者应该被视为'规范发出者'，恰恰是因为法律系统自身这样界定，而且人们常常一般地接受形式上的立法者能处置这些立法权力。"② 但在一些情况下，辨认出规范发出者会遇到难题。比如，国际法和原始法中的习惯法、欧洲大陆过去几十年来作为规则的非典型渊源的"不成文的一般法律原则"等，规范发出者很难说是立法者或法官，事实上是"传统"或"当下主流意思形态"。在实践中，我们还要区分形式上的立法者和实质上的立法者：形式上的立法者完全由法律系统的第二性

① 该理论认为法律规范是作为人之行为的理由（norms as reasons for human action）而存在的，并区分一阶理由（first-order reasons）和排他性理由（exclusionary reasons）以及相关的命令性规范（mandatory reasons）、许可行规范（permissive norms）和权务授予规范（power-conferring norms）。See Joseph Raz, Practical Reason and Norms, 2nd.（Princeton University, 1990）.

② ［比］马克·范·胡克：《法律的沟通之维》，孙国东译，法律出版社 2008 年版，第 114 页。

规则决定和限定，实质上的立法者则取决于授予这些立法权的第二性规则被共同体一般接受的程度。形式上的立法者和实质上的立法者可能是重合的，如议会在讨论技术性很强的立法时，对该领域很熟悉的议员比对此一无所知的议员在立法中显然占据更大的优势地位，他们是实质上的立法者。此时，我们确定“立法者的意志”还不会面对太多的困难。但是在一些场合，形式上的立法者和实质上的立法者是分离的。如何解决这一问题？在范·胡克看来，解决此难题的一个出路是把实质上的立法者当做形式上的立法者的默示代表。他同时认为，每一个法律的制定和颁布在事实上都是政治辩论的结果，是立法者与立法者之外的行政机关、压力团体、院外活动集团、司法机关、法理学说、技术专家乃至通过这些媒介与整个社会沟通的过程。关于规范接受者，范·胡克认为不应把它单独地确认为法官。

谈到法律系统（Legal System）时，范·胡克将哈特和凯尔森分别将“承认规则”和“基本规范”视为法律系统化的基点的进路称为“闭合规则的进路”(Closing Rule Approach)。这一进路有不同的缘由：（1）对法律系统合法性的实证主义解释；（2）从规范性的观点和科学性的观点识别法律系统的有效性；（3）法律系统的统一；（4）法律与道德的分离；（5）规范与事实的分离。在他看来，上述几个方面都有问题。事实上，“为了将法律系统识别为一个独立、有效的法律系统，无论是哈特还是凯尔森，最终都不得不依凭法律系统的社会效能（Social Effectiveness)”，“如果对凯尔森和哈特而言法律系统最终要仰赖社会效能来识别，那么这些规范性体系就建基于社会接受程度(Social Acceptance）这一事实之上”。“一旦法律建制（Institutions）及其运行方式——即法律系统的第二性规则——大体上被接受，法律系统就是可识别(Identifiable）且有效的；这种效力既独立于有关行为之第一性规则的有效性，也独立于任何‘基本规范’或‘承认规则’的效力（Effectiveness)”。① 因此，我们对法律系统的正确认识还必须诉诸沟通进路。

他认为，法律系统只能是弱势意义上的“系统”。强势意义上的“系统”一般是封闭的、完整的、融贯的，通常能一次决定某一实物是否为其要素。弱势意义上的“系统”只要求存在一个结构及其要素之间的关系。法律正是这样的一个弱势系统。

他还认为，法律系统是一个动态的系统，其变迁的机理就是哈特所谓的

① ［比］马克·范·胡克：《法律的沟通之维》，孙国东译，法律出版社 2008 年版，第 142、143 页。

"改变规则"和"审判规则"。一般认为，在发达的法律制度中，法律的结构是一个复杂的等级体系。凯尔森把法律系统看做纯粹线形的、等级化的体系，卢曼则认为法律是无序的。范·胡克则认为，如果我们同意任何法律权威的有效性最终取决于或部分取决于守法者的接受和认可，那么，我们就只能依靠法的循环理论才能解释这一现象。没有任何法律系统是完全"等级化"的，也没有任何法律系统是完全"无序的"，法律系统在某种程度上总是循环的。一种最低限的循环可被视为任何法律系统的典型特征——这种循环是有关法律生成与合法化之某法律系统内的人和机构之间互依和互动意义上的"。① 此前也有学者曾用"博弈"(Game) 来指称"循环"。范·胡克认为，"博弈"的景象虽然正确地指出了法律系统和法律主体之间的互依和互动，但是它并不能解决所有的问题："博弈"只涉及一个封闭的规范体系，只提供一个策略行动的框架，游戏者只能遵循既定的规范体系，而不能改变它。法律不仅是一个博弈的框架，它还创造沟通行动的重要空间。因此，法律的这种"循环"只能是"沟通"的。通过沟通行动，不同的人和组织互动起来，创造了一个共同的、连续的和多方位的意义循环程序；正是在这种共同的、连续的意义循环中，法律系统作为一种重要的调控社会的理想模式而起作用。至于法律系统的构件(the Building Blocks)，范·胡克给出了一个综合而又不太明确的回答：当我们讨论法律系统的实体结构时，我们可以说是第一性规则；当我们分析独立于任何具体的法律事实的、纯粹的法律的系统机能时，我们可以强调自创生意义上的"沟通"等；我们应当把它们综合起来。关于法律系统的融贯性(Coherence)，范·胡克认为协调的首要含义是指法律规则的一致(Consistency) 和不矛盾。协调还涉及法律系统的要素间的结构联系和内部聚合力 (Cohesion) 以及与外部世界即社会的聚合力。范·胡克还认为法律系统的结构在很大程度上取决于一国占基础地位的民主观念。因此，在"法律系统的概念"一章的最后部分，他还专门讨论了民主问题，对当下流行的两种民主模式，即自由主义和共和主义的民主模式作了分析，并赞同哈贝马斯提出将"商议政治"作为民主的第三种模式②的理论范式。

---

① [比] 马克·范·胡克：《法律的沟通之维》，孙国东译，法律出版社 2008 年版，第 152 页。

② 哈贝马斯关于自由主义、共和主义和商议政治的观点，参见 [德] 哈贝马斯：《民主的三种规范模式》，曹卫东译，载《哈贝马斯精粹》，南京大学出版社 2005 年版，235～248 页。

范·胡克认为法律规则以及作为法律规则集合的法律系统都不是绝对封闭的，而是运行闭合与认知开放的统一，这种开放体现在规范发出者与规范接受者、法律系统与社会等之间的不断的沟通中，正是这种不断的沟通使得法律规则和法律系统在保持稳定、法律在保持相对自治的同时适应了社会发展的需要；而作为法律系统的民主基础的政治理念也应是“商议政治”。

**三、沟通与合法化**

自马克斯·韦伯明确提出政治统治的“合法性”(Legitimacy) 问题以来，“合法性”一词一直是人们考察政治秩序及其正当性的一个重要的概念。他认为，真正的统治是一种“权力—服从”关系，它不是建立在暴力强迫之上的，必须“唤起并维持对统治的合法性的信仰”。① 在《法律的沟通之维》中，范·胡克使用了“合法化”(Legitimation) 一词，将其与法律联营，形成“法律的合法化”(Legitimation of Law) 这一命题。事实上，单从字面上讲，中文的“合法化”与“合法性”并无太大的区别，其细微区别在于前者可以理解为一个动态过程，即当权者为了追求合法性的一种努力；后者则是静态的。在该书中，法律的合法性大致是指法律秩序符合人们某种实体或程序的价值准则以及其他非强制原因而为人们所认可或赞同进而接受或服从，相当于中文的“正统性”或“合乎道义性”。

范·胡克首先指出，法律的合法性对法律系统而言非常重要。若人们对体育规则不满意，唯一的办法就是离开比赛现场。但是，人们不能自由地离开一个国家。因此，法律系统的这种较强的影响及其垄断地位决定了相对非法律系统而言，人们对法律系统的合法性有着更迫切的要求。法律的合法化有弱势意义和强势意义之分。作为一个整体而言，法律系统的合法化只能是弱势意义上的合法化，即我们接受该法律系统度，可能仅仅是因为我们没有别的选择，我们需要官方的权威保证契约的履行等；此种意义上的合法化不要求法律系统在道德上是良善的。强势意义上的合法化涉及法律系统的组成部分，是我们对法律系统的组成部分进行道德上、政治上和经济上的评价。

在讨论合法化的种类时，范·胡克在分析了常见的形式合法化和实质合法化后，提出了合法化的第三种类型，即沟通的合法化 (Communicative Legitimation)。他认为形式合法化是现代合法化的最主要的类型。形式合法化

① ［德］马克斯·韦伯：《经济与社会》(上卷)，林荣远译，商务印书馆 1997 年版，第 238～239 页。

主要经历了三个历史进程：16～17世纪时期，以霍布斯和马基雅维利等为代表，认为政治权力的合法化来自于是否服务于一般利益（General Interest）。18世纪时期，以卢梭的社会契约论为代表，认为政治权力和法律的合法化来自于是否经过公民的同意。在现代社会，以卢曼为代表，强调政治权力和法律合法化来自于正当的程序。卢曼的“通过程序的合法化”理论认为，至少满足这样两个条件，一种统治才能说是合法的：（1）必须从正面建立规范秩序；（2）在规范共同体中，人们必须相信规范秩序的正当性，即必须相信立法形式和执法形式的正确程序。这样，合法性信念就退缩成为一种正当性信念，满足于诉诸作出一种决定的正当程序。① 在范·胡克看来，卢曼的这一学说适应了现代社会复杂性和价值多元化的需要，但是它只是一种弱势意义上的合法化；同富勒的八个程序原则一样，我们并不能完全排除实质合法性的诉求。实质上的合法化就是试图为法律在道德上的可接受性提供一个标准。过去人们主要依据各种各样的自然法学说，现在人们主要依靠人权理论为此提供依据。与实质上的合法性相关的是德沃金提出的法律问题的“正解命题”。与波斯纳不同，德沃金认为法律问题有正确答案。② 范·胡克基本赞同此观点，但是他也认为：“‘找到’（假定的）某一正确答案的方法不能为超级法官赫拉克勒斯所独享，而只能通过沟通性论辩（Communicative Argumentation）获得。”③ 这就为他提出沟通的合法化埋下伏笔。

范·胡克还就作为整体的法律系统的合法化与规则和裁决的合法化进行了探讨。如前所述，法律系统的合法化只能是弱势意义上的合法化。人们可以从谱系、程序和内容等方面对法的合法化进行评判。从谱系上看，人们可以考察立法机关是否有权制定这一规则，是否以恰当的形式从适格的上级机关获得了授权。就程序来说，人们可以核实规则的制定是否遵循了既定的程序，是否遵循了基本的程序规则。就内容而言，人们可以追问规则是否与法律制度的基本原则和价值相一致，是否与社会主流意识形态相一致。对裁决的合法化而言，人们也可以对法官的权限、程序和内容等方面进行评判。

---

① 参见［德］哈贝马斯：《合法性危机》，刘北成、曹卫东译，上海人民出版社2000年版，第127～128页。

② 参见［美］波斯纳：《法理学问题》，苏力译，中国政法大学出版社2002年版，第247页以下。

③ ［比］马克·范·胡克：《法律的沟通之维》，孙国东译，法律出版社2008年版，第263页。

事实上，范·胡克将法律的合法化与公共领域、沟通理性联系起来的进路与哈贝马斯是一脉相承的。哈贝马斯认为，“合法化的意思是说，同一种政治制度联系在一起的，被承认是正确的和合理的要求对自身要有很好的论证。合法的制度应该得到承认。合法性就是承认一种政治制度的尊严性……统治制度的稳定性，甚至取决于对这种要求的（起码的）事实上的承认”。① 这种承认是以自由沟通和相互交涉的制度机制为前提的，而这种制度机制主要体现在“公共领域”的作用上。在他看来，由于公共领域是脱离官方的，它不仅提高了人们对合法性事物的辨识力，而且是自由沟通进而形成一致认同的价值和规范的场所，所以它能为政治权威的合法性提供理论论证和价值准则，成为政治权威的合法性基础。晚期资本主义之所以发生“合法性危机”，就是因为本应作为生活世界的制度化的公共领域被以货币为媒介的经济系统和以权力为媒介的政治系统“殖民化”，其政治参与、提供合法性的功能大大萎缩；国家试图将所有的问题都归结为技术性问题，这样，科技进步成为“第一位的生产力”，技术和科学成为新的合法性形式，科技理性或工具理性大行其道。而要拯救晚期资本主义于合法性危机之中，唯有将公共权力重新置于“持续的同意”的基础上，即经由公众的意志参与和自由辩论来重建公共领域，恢复其独立性和自主性，并以此恢复公众批判的能力和权利，以使文化系统重新创造“意义”的功能，为行政系统提供必需的合法性支持。而实现这一幕的关键在于彰显沟通理性，以沟通理性取代科技理性或工具理性。

① ［德］哈贝马斯：《重建历史唯物主义》，郭官义译，社会科学文献出版社 2000 年版，第 262 页。

# 第十五章　法的身份解释

法的身份解释缘起于20世纪70~80年代美国政治生活中的“身份政治”(Identity Politics）运动。该运动出现的政治原因主要是由于当时里根主义在国家政治生活中的主导地位，各项进步的民主运动遭受到前所未有的失败，需要新的政治理论来推动民主运动。在这样的社会背景下，身份政治运动强调某个群体的身份，并以此作为政治分析和行动的基石，身份政治运动的思想基础为社会身份理论，即通过自我定位来确立群体及群体内个体的身份，通过对自我与群体内的其他成员之间的社会比较来不断加强群体内成员的相似度，以及自我与群体外人士的相异度，强调各自群体身份的特殊性来达到争取权利的目的。这种以主体的身份为角度来解释法律或以特定群体的身份作为法学的研究对象的范式，即是本章所言的法的身份解释。在此期间产生的许多法学理论，包括女权主义的、批判种族主义的、同性恋的和批判残疾人的法学理论等，就是通过法的身份解释实现了对本群体身份的重新定位。

## 第一节　法的身份解释之语境

在20世纪60年代的社会运动，包括争取民权、反对越战、大学在校生要求更多权利和话语权的运动中，女性是这些运动的中坚力量。但在所有这些运动中，女性活动家们被拒绝承认她们应负的职责。无论怎样投入与付出，她们经常被拒之于领导岗位以外，被当做二流公民，被要求去煮咖啡，以性感的外表在男性占主导的工作领域作陪衬。到60年代中期，这些妇女中的多数开始对那些名义上主张自决与平等但实际上在运动团体内部又否认这些基本权利的团体本身提出责难。女权主义的一些激进分子作为政治活动家开始要求与男性同等的平等和尊重。女权主义的这些观点受到来自社会多方面的嘲讽和抨击。批评家们认为在妇女解放运动中提出这些个体性的问题，会危及针对种族主义和帝国主义斗争的胜利果实。

但在20世纪80年代，这些观点发生了很大变化。美国整个国家在政治生活中的所有领域变得非常保守，里根作为左翼的领导人物，否定之前十年在社会民主方面取得的进步。妇女解放运动的步伐越来越缓慢，许多女权主义者对性别主义者的态度和行为感到气馁。女性和男性之间在报酬方面的差距虽然缩小但仍然存在，堕胎权重新又遭到攻击，针对女性的性骚扰和暴力犯罪的势头呈明显增长的趋势。具有讥讽意义的是，同工同酬、堕胎权和反对性骚扰恰恰反映了妇女运动的早期成果。由于她们的努力，一些之前并不认为在法律上存在问题的事项，如办公室性骚扰、约会强奸和婚内强奸等被确认为犯罪，对这方面的报道呈增长趋势。而且，越来越多的女性也发现，她们白天在公司或机关从事全日制工作，晚上回到家又开始第二份工作，在家庭内承担大部分甚至全部的家务和照料孩子的职责。在20世纪70年代，许多被单亲妈妈或是未婚妈妈抚育成长的年轻女孩们，由于她们的父亲或是妈妈的情人对她们的成长毫不关心，越来越痛苦地认识到家庭暴力、强奸及性骚扰的社会危害，同时也对她们的母亲们在工作与家庭双重负担的重压下挣扎而感到沮丧。这些女孩们在20世纪80年代长大成人之后，她们不相信妇女运动可以解放任何人。这些问题使女性离女权主义者在妇女解放运动初期提出的承诺和对平等的期望遥不可及。一些女性对于步伐缓慢的改革及根深蒂固的性别歧视感到失望，渐渐退出了要求平等及主张社会变革的行列。①

在此社会背景下，身份政治运动产生了。该运动强调某个群体的身份并以此作为政治分析和行动的基石。也有某些进步团体发现，其作为整体来参与社会政治活动不能取得很大进展或不能找到解决该团体劣势的办法，在缺乏一个值得奋斗的理想社会模式的情况下，他们退而关注其自身，关注由特定文化、意识身份组成的且基于受害者身份来主张权利、地位及优势的群体。他们希望基于身份的某种瑕疵或劣势来获取同情。在20世纪最后十年间，该类身份群体的数量激增。与其他群体相比较，他们更希望社会意识到该类群体所受到的不公平待遇并给予一定的尊重。概括起来，身份政治运动具有以下特点：

1. 身份政治运动具有自我保护性。身份政治运动引发了一系列对被捍卫的身份的本质、起源及未来的讨论。身份政治作为一种组织形式和某些社会群体受压迫的观点是联系在一起的。身份政治通过对受迫害群体的分析来重新建议、主张、描述或是转换之前已被定性的群体成员的身份，该运动并不仅仅是

① Joan D. Mandle, "How Political is the Personal?: Identity Politics, Feminism and Socail Change". http://userpages.umbc.edu/~korenman/wmst/identity_pol.html. 2010年2月10日访问。

接受主流文化提供对其身份劣势的否定性描述，而是主张通过自觉的意识来转变对于自身及团体的认知。

2. 身份政治运动具有松散性。可被称之为身份政治的社会运动范围极为广泛，但并不存在直接明确的标准可以将一项政治运动归为身份政治的范畴。该称谓意味着政治目标的一种松散联合，该群体由具有显著不同社会定位（被忽视、压抑）的一个集合体来代表。“身份政治”这一术语同样被社会团体用来作为针对批评界的一个挡箭牌。在不能将其政治目标完全明晰的情况下，某些政治群体会采用“身份政治”作为对政治上失利的一种掩饰。①

3. 身份政治运动具有封闭性。身份政治的逻辑是，每个个体最终是其自身的群体，如果每个个体都与他人不同，为了适当保护自身只能自私自利，不能与任何人结盟，只能依靠自我来保护自身利益。很明显，该立场使个体联合起来去实现社会变革成为不可能。联盟不可能发展或根本不可能去尝试与其他群体的结盟。身份政治的本质因而是保守的和固守现状的。

由于身份政治的出现，许多进步运动的活动家开始将他们的政治分析建立在群体的基础之上，并经常有意识地将这些群体身份描述为不可改变的和自我封闭的。同时，很多激烈反对社会不公的群体认为其自身无法像 20 世纪 60 ~ 70 年代的活动家们那样，可以要求其他人士支持提高该群体或是加入该群体争取权利的联盟。身份政治将每一群体描述得完全不同，以至于各个群体之间的距离越来越远，且不可逾越，互动交流成为不可能。群体成员内部认为，合作将不可避免地使某个其他特定的群体受益于社会进步带来的变化，会产生零和的社会效应：利于某个群体必然被视为不利于另一个群体，利于他人必然不利于己身。打着加强自身群体利益的旗号，却抵制试图将社会作为一个整体来教育、促进或改变的行为，因而接受现状，这揭示了身份解释保守的本质。该方法主张退回到基于自身群体身份利益的保护层面，因而是悲观的、自私的。身份解释将每一群体与社会其余部分相隔离，排斥社会整体利益的提高，拒绝寻求对于社会问题公正全面的解决。

4. 身份政治运动具有被排斥性。除了阻止潜在的联盟，身份政治对于很多社会群体的主导还引发了其他阻碍社会变革有效进程的问题。对于个体身份的关注会产生政治上的自恋，认识并主张自我作为一个特定狭小群体中的一部

① Susan Bickford, “Anti-Anti-Identity Politics: Feminism, Democracy, and the Complexity of Citizenship.” Hypatia Vol. 12, No. 4 (Fall 1997) page 111-131, http://www.jstor.org/stable/3810735. 2010 年 8 月 31 日最后一次访问。

分。他们认为，对于他人如同对于自我的理念已经在政治中缺失。强调自我及对群体的忠诚度使得最初政治表达的初衷被群体忠诚所替代，而强调群体忠诚度也导致对于群体夸大性的情感依赖，不能容忍不同或是独立的想法。

## 第二节　法的身份解释之理据

法的身份解释的思想基石是社会身份理论，该理论包括两个过程，一是自我定位，二是社会比较。社会身份理论将自身作为参照物，与其他社会类别和级别相联系进行分类、分级或定义。这个过程被称为自我定位。通过自我定位的过程，身份才被确立。① 一个社会身份指某人对于自身属于某个社会类别或群体的认知。一个社会群体指一群拥有共同社会认知或是视其自身为相同社会类别中的成员的集合。通过社会比较的过程，与本群体相似的人士被认同并被归入群体，与本群体不同的人士被划分在群体外。自我定位和社会比较这两个社会身份理论中的重要因素会产生不同的结果。自我定位是通过对自我与群体内的其他成员之间的比较来不断加强群体内成员的相似度，以及自我与群体外人士的相异度。这种加强发生在态度、信念、价值观、行为模式、话语风格及其他被认为是与群体内定位相关的方面。社会比较的过程是这种加强效果的选择性适用，主要在于那些被认为可以加强群体认同度的方面，特别是个体的自尊度在群体内部及群体外部的评价中得到进一步的加强，肯定群体内，否定群体外。

社会身份理论在实际的身份解释中主要体现在以下几点：涉及群体内部向心力的行动主义、强调分离主义、强烈的群体身份意识以及关注个体心理及自尊。所谓群体内部向心力的行动主义指通过自我与群体内其他成员之间的比较来不断加强群体内成员的相似度，强调群体内成员相似的经历及共同一致的权利主张。强调分离主义指身份政治要求在具有特定群体身份的人与不具有该种身份的人群之间确立严格的界限。所谓强烈的群体身份意识指该理论的支持者们认为：身份政治是一种文化政治，某种群体的身份取决于某种文化的发展，

① Jan E. Stets, "Identity Theory and Social Identity Theory", Social Psychology Quarterly, 2000, Vol. 63, No. 3.

该文化可以创制出全新确定的自我观念，强调集体身份，塑造群体忠诚感。①关注个体心理及自尊指身份政治群体一般通过展示其群体的某种身份劣势来达到社会关注，从而实现群体内个体权利的目标。

尽管如此，对社会身份理论的批评和质疑是普遍存在的，主要集中在以下几点：

1. 社会经历与身份解释的关系。社会身份理论与早期的一些类似理论相区别的是其要求在特定身份基础上的承认，而在此之前该等承认处于被主流社会拒绝的状态，如妇女、黑人、同性恋等要求得到承认的群体。“身份政治”的身份的重要之处在于主观的经历，尤其是个体受压迫的经历及与他人共享经历的可能性。社会群体通过对自身群体身份的界定，将政治性经历对不同个体含义进行统一主张。有时该项属于特定经历的含义与群体内个体的主观方面会有些偏差。比方说，希望自己更有吸引力的女性也许只是试图成为更优秀的个体，而不是去帮助特定文化背景中的其他女性群体。很多社会身份理论的捍卫者与支持者都认为，关于某个群体自身利益的个体感受被系统性地扭曲了，必须以某种方式从群体性基础的错误转换中解脱出来。社会身份理论的关注主要针对被压迫群体经历的透明度，以及解释的统一性方面。他们认为经历从来都不会简单地先于解释，② 经历要求理论框架以暗示或明示的方式来赋予其含义。有学者担心，如果经历是政治的起源，那么通过将特定经历经过主观表达获得合法性，也就在政治中拒绝了那些并不享有该特定经历人士，也就必然会导致政治对话的失败。③

2. 本质主义与身份解释的关系。社会身份理论的批评者们，甚至一些谨慎的支持者们，担心该理论会趋向于本质主义。本质主义意味着某个主体因一定的品质而成为其本身，正如洛克的著名论断，三角形的本质就是有三条边的图形。在当代人文领域，本质主义多用于对身份的非正统归纳。在社会身份理论方面，有两种主张可称为似是而非的“本质主义”：第一种是对于主体的理

---

① Joan D. Mandle, “How Political is the Personal?: Identity Politics, Feminism and Social Change”. http://userpages. umbc. edu/ ~ korenman/wmst/identity_pol. html. 2010 年 2 月 10 日访问。

② Scott, W. Joan. 1992. “‘Experience’”. In *Feminists Theorize the Political*, ed. Judith Butler and Joan W. Scott. New York, London: Routledge 1992, 22-40. http://host. uniroma3. it/dipartimenti/filosofia/iaph/atti/esperienza/stoller_eng. doc, 2010 年 8 月 31 日最后一次访问。

③ Sonia Kruks, “Retrieving Experience: Subjectivity and Recognition in Feminist Politics”, Ithaca, NY: Cornell University Press, 2001.

解围绕身份的单一轴心及自我感觉的优越性，如将自我身份界定为一名亚裔妇女，完全脱离了在女性这一大范围身份下的视角。社会身份理论围绕单一身份的轴心，向群体的新成员灌输将特定身份轴心作为群体及个体身份的定义模式，而事实上该群体成员很可能认为自身糅合了多种身份而不能简单地以某种有选择性的身份来定义。① 第二种本质主义的形式与第一种很接近：对身份政治背景下的特定社会群体作出归纳可能会导致在群体内的约束，因为对于群体身份的定义不仅仅是描述群体的特征，同时也对该群体内成员的行为作出界定。新的身份也许会阻碍自治，如有的学者认为，将会是“一种专制代替另一种专制”。② 正如文化中的主流群体会坚持将边缘化群体同化进主流文化一样，主流中的次群体也会将其群体的身份意志强加于所有成员身上。

3. 自由政治理论与身份解释的关系。社会身份理论进一步发展的可能性的关键条件在于制度化的自由民主。在自由政治理论中，社会本体包含以个体方式出现的市民，其概念与本质意义上的个体有些相似。但是，在民主制度中，所谓提出民意、主张民意的市民代表是由很多特定身份或关联身份的个体所组成的，本意是为了便于在订立社会契约时可以做出理性的决定。但实际上，在自由政治中，群体利益被代表的程度通常取决于利益群体的形式。因此，那些具有特定利益的个体主动聚集在一起产生一个政治游说群体，市民们可以自由选择其个体偏好（比如说通过投票），或是加入该群体来增加系统游说的机会（比如说成立协会诸如社区联盟之类）。这些游说并不按照成员的身份来定位，而是根据特定的群体利益或目标。而社会身份理论的支持者认为，自由理论中的市民主要以白人、男性、中产阶级、异性恋这些身份的人士为代表。这也解释了为什么民主群体长时间来除了变换的口号之外未能取得任何实质性进展，包括为边缘群体的成员在权力结构上所作的改进。因此，有必要根据人们的社会身份来对政治主观性进行更为丰富的解释。尤其是，由于受压迫群体的历史和经历所带来的特定视角和需要，不能通过既存的自由民主结构来将他们同化。个体由于是特定社会群体中的成员而受到压迫，也就是说，某个集体中的成员有相当少的流动性进出该集体，通常被动地接受其成员资格，通常被他人定义为该群体的成员。由于该等成员资格在自决权方面的限制，他们

① Spelamn, Elizabeth V., "Inessential Woman: Problems of Exclusion in Feminist Thought", Boston: Beacon Press, 1988.

② Kwame Anthony Appiah and Amy Gutmann, "Color Conscious: The Political Morality of Race", Princeton University Press, 1998.

的机会也深深地受到其群体与相关群体关系的影响和压迫。相反，主流群体成员享有通过对劣势群体的支配而得到系统性、制度性的优势。比如说，作为白人这样一个主流身份，可以在中产阶级社区购置房产而不会引起邻居的不悦，而有色人种则会遭到邻居的排斥。

4. 同化策略与身份政治的关系。社会身份理论的支持者们指出，同化也是自由主义的一项指导原则。平等的自由观念可能会导致被边缘群体与其压迫方的身份一致。比如，许多同性恋反对将“同性恋婚姻”纳入异性恋法律模式中，主张对婚姻的历史、实质和形式进行挑战。他们宣称，平等看上去更应像是消除社会次要（从属）身份，而不是将他们真正地融入原有的政体。这种观点解释了社会身份理论与分离主义的从属关系。分离主义的支持者们认为，将主流社会与边缘化群体结合的企图会危及到身份或导致权力减少的可能性，只有明显的社会和政治空间才能适当地保护他们。

自由主义抨击社会身份理论，认为身份解释把身份的同一性作为其政治动员合法化的依据。寻找那些和你相似的人群，而不是寻找那些与你持相同政治观点的人作为同盟，可能导致对复杂社会定位的政治分析界限化。只有某个社会群体成员，才有可能提出或理解其所主张的正义。由于社会身份理论早期的上述理论弊端，支持者们开始采纳批评家们的观点，慢慢将同盟作为更好的组织结构。

## 第三节　法的身份解释之视域

法的身份解释主要以女权主义法学理论为代表，同时也体现在此前已经产生的许多其他法学理论中，如批判种族主义法学理论，同性恋法学理论和批判残疾人法学理论。按照社会身份理论的解释，这些法学理论实际上都是基于某一群体的身份，并从该身份的视角出发来分析该身份群体内成员的权利劣势，从而要求一定的变革来改变现状。概括起来，法的身份解释在以下领域产生了学术影响：①

### 一、作为法律身份的性别：女权主义法学理论

伴随着 20 世纪 70 年代世界范围内的妇女运动，妇女逐渐作为一个性别阶

① 以下关于法的身份解释的视域，主要改写自徐亚文、文芳：《后现代主义与加拿大的新现实主义法学》，载《法制与社会发展》2003 年第 6 期。

层成为法学研究对象，女权主义法学理论日渐活跃。女权主义者们认为法律的概念和目的反映着男性的理解和经验，妇女的呼声被排斥在外，而且法律实践、法律教育、立法机关、司法系统都在男性专制主义的阴影笼罩下。自然法理论、分析法学、现实主义法学都无一例外声称所有的人——不分男女——都基本相同，平等待人是法律的根本原则。女权主义就是要强调法律对不同性别区别对待，揭示法律平等的误区，提升性别差异的比重，改变父权制条件下形成的价值观和法律体系。女权主义对法律所进行的分析和批判最终产生了一系列诸如自由的、一体化的、激进的女权主义法学理论。

自由的女权主义法学理论试图通过主张妇女的特别权利来矫正法律平等原则对妇女的伤害。她们呼吁创制承认性别差异的法律，为妇女参与法律过程、获得法律权益创造实质平等的条件。一体化的女权主义法学理论则认为：传统的男女平等的理论假设不是女权主义的基石，它仍将男性作为价值的衡量基准，没有意识到女性的特殊性和不同之处。它们认为法律形式平等、性别中性化而非歧视、机会平等还不够，要追求“实质平等”或“结果平等”，要给予妇女不平等的社会地位以获得结果平等。激进的女权主义法学理论视妇女为一个阶层，认为现存家长制社会的男女关系与其说是平等，不如说是专制；父权制笼罩在我们的公共和私人生活、经济、社会交往、现代文化、国家政策领域，法律体系从形式到内容更是建立在男性主义基础之上的。① “总之，女权主义法学对现行社会和法律的分析都是挑战。对她们而言，法律集中体现了父权制，与妇女平等地位是对立的。重构法制就需要深刻了解不平等性，采取矫正措施消除妇女的这种差异性。”② 但有学者认为，对妇女的差异性的过分强调，又有可能导致法律领域的另外一种专制。

和其他进步的社会运动一样，女权主义也深受身份政治的影响。在女权主义内部，根据社会身份理论对法律进行身份解释而分为两大派：差异型女权主义和受害型女权主义。差异型女权主义强调女性作为一个群体其特有的身份，强调事实上与男性相对的女性特质。受害型女权主义也主张女性具有的特殊身

① Catharine Mackinnon, “Toward a Feminist Theory of the State”, Harvard University Press, 1989.

② Richard Devlin, “Jurisprudence for Judges: Why Legal Theory Matter for Social Context Education”, 27 Queen's Legal Journal, 2001, p. 188.

份，但关注的重点在于这种身份是在男性掌控下基于性别对女性的迫害。①

法的性别解释这种法学方法使得要求进行法律变革的大型运动联合非常困难。因为否认群体外部的共享性并强调群体内个体权利的统一性，性别解释的方法排斥了可能的政治联合体。比方说，差异性女权主义不可能争取到男性向性别主义者开战，由于她们主张不同性别之间没有共通之处，因此试图改变男性的行为和态度的目的看起来也是毫无结果的。事实上，某些差异性女权主义者宣称女性和男性之间是如此的不同，以至于跨越性别根本无法进行沟通，她们认为只有女性才能理解其他女性的所思所讲。

值得深思的是，性别解释并不单单使跨越性别之间的联合成为不可能，甚至在女性之间的联合也存在同样的问题。基于性别解释的视角，人们可以在女性群体内再分化出不计其数的更小的女性身份群体。性别解释强调且夸大了性别之间及女性群体内部的差异，使得那些大型的女性组织很难持续下去。比如说，身份解释使得知识女性对立于非知识女性，有色女性对立于白人女性，同性恋女性对立于异性恋女性等，因此，基于性别的身份解释在法律领域很难有所作为。

## 二、作为法律身份的肤色：批判种族主义法学理论

批判种族主义法学与形成于20世纪80年代的美国批判种族主义理论存在密切的关系，在西方社会有不少的支持者。这种理论“从有色人种的确切的经验、历史、文化和知识分子的传统”出发，站在非裔美国人的角度，以种族意识为视角，对美国的法律予以批判。美国传统的自由主义学者认为，通过保证使每一个公民，更不用说每一个种族受到法律的平等对待，美国的“白人”和“黑人”的种族歧视问题已经解决。而批判种族主义法学认为，现实的法律是“色盲”的法律，完全误解了肤色。“黑人”和“非裔美国人”的含义不同，因为肤色不只代表色素，而且是一个传统、一段经历、一套文化、一种身份，打上了特定社会的烙印。而在一个文化多元的社会里，种族关系又是局部的、不稳定的和不断变动的。种族和种族问题无法根除。为了保证不同

---

① Joan D. Mandle, “How Political is the Personal?: Identity Politics, Feminism and Social Change”. http://userpages.umbc.edu/~korenman/wmst/identity_pol.html. 2010年2月10日访问。

种族在多元文化中共同生活，包含种族意识的法律是必要的。① 按照社会身份理论的解释，批判种族主义法学实际上是将“黑人”作为一种群体身份，以此来定义群体成员并基于此来主张个体的权利，要求对于该群体内个体所受到的不公平待遇进行修正。

**三、作为法律身份的性取向：同性恋法学理论**

北美的同性恋问题进入法律领域可以追溯到美国的夏威夷州。1969 年该州法院运用美国宪法第十四修正案的平等保护条款，对限制同性恋者结婚的判决予以否决，夏威夷州由此成为美国第一个处理同性家庭法律问题的州，从而“打响了显示同性恋团体力量的第一枪。”1995 年，美国联邦最高法院首次宣布一个歧视同性恋者的州法违宪，1996 年美国的《反雇佣歧视法》修正案规定雇主不得歧视有同性恋倾向的人。这些法案和判决的通过，使同性恋法学理论得到发展。

在另外一个国家加拿大，作为一个主张文化多元的西方国家，同性恋被认为是合法的，联邦议会和各省议会先后通过了法律，对他（她）们同居关系的定义、互相间的权利与义务、儿童抚育等作了规定。在有些省份，他（她）们享有与传统家庭几乎相同的、包括财产继承、税收、社会保障、监护、姓名、财产等方面的权利，有关社区组织为同性同居者服务，从而形成了一种特殊的家庭秩序。

而法学对同性恋者的关注，主要围绕婚姻和家庭权利的讨论展开。比如，同性恋者组成的“家庭”与异性恋者组成的家庭一样都是“家庭”么？这涉及家庭观念的正统性、婚姻法、继承法、财产法和税法。同样，女同性恋者组成的家庭，如果一方用人工授精的方式怀孕，那么，谁来扮演母亲的角色呢？这涉及监护关系，涉及普通法法系的私人领域和公共领域的分界线，因为对儿童的照管不是一个纯粹的私人问题。

另外，同性恋法学还涉及性倾向和属性。有人认为，如同种族和性别一样，性倾向也具有先天和遗传的、不可更改的特性，应当受到法律的平等对待。但问题在于，如果同性恋者或变性人的行为符合异性恋社会的基本规范，是否就应当将同性恋者或变性人与异性恋人同等对待呢？或者，法律应当认识到同性恋者或变性人的特殊性，把他（她）们当作少数群体特别对待？换言

① Gary Minda, “Postmodern Legal Movement: Law and Jurisprudence at Century's End”, New York University Press, 1995, pp. 166-185.

之，他（她）们究竟是法律上的普通人还是少数群体？

## 四、作为法律身份的残疾：批判残疾人法学理论

西方国家的残疾人研究兴起于19世纪50年代美国的人类学领域，60~70年代美国民权运动有力地促进了它的发展，并使残疾成为一种社会身份，与性别、阶级、种族、语言、肤色等一道进入政治和法律领域，成为社会批判运动研究的对象。批判残疾人法学理论强调差异的必然性，挑战平等的法律原则，主要有以下观点：

首先，残疾人权利得不到尊重是系统的社会因素造成的。尽管残疾人遇到的“器官功能障碍”是健康人无法体验的，但对他们的真正挑战来自于主流社会不愿意变革或放弃他们所谓的“正常人的行为方式标准”，迫使残疾人按照这些标准同健康人一样去竞争才能晋升到主流社会。

其次，何为“残疾”？这是一个难以概括和定义的问题。比如说，秃顶的人是残疾人么？精神上的疾病与身体上的残疾存在显著差别，残疾本身又有轻重程度不同。这种复杂性要求区别对待。有的学者把残疾分为生物的、经济的、社会政治的和平等的残疾，认为它们从医疗诊断、社会关注、权利分配等方面均应受到不同对待。而在诸如对法官应当如何向聋哑人提示证据、解释法庭程序等方面，更需要法律有确切的词汇来维护残疾人的权利。

女权主义者认为残疾与其他社会身份的交叉会给个体带来种种歧视现象，批判种族主义者认为只有将残疾黑人遭受的磨难与他们的种族联系起来，才可以得到理解。围绕“残疾”、“损害”、“障碍”的定义，西方残疾人研究展开了争论，因为它涉及政府政策和社会福利的范围以及成文法的编纂。对“残疾”的界定最早是从医学方面开始的，世界卫生组织就是从“功能残缺”和“社会障碍”方面界定残疾。但是，批判残疾人运动从社会关系的角度对此予以批判。结构主义者认为残疾是心理的，人文主义者认为残疾是社会歧视的产物，残疾是一种社会身份而非生理特点，正是社会政策和法律的差异导致了身份的差异。①

---

① 这种概括主要引自 Richard Devlin, “Jurisprudence For Judges: Why Legal Theory Matter for Social Context Education”, (2001) 27 Queen's Legal Journal, 201-204.

# 第十六章　法的比较解释

法的比较解释是随着比较法学的发展而成长起来的法学研究工具。它萌芽于人类法律史的早期，在19世纪中叶获得发展。法的比较解释具有独特的历史语境，在方法上不是历史比较，而是把各个法系、国家、地区、文化圈的法的渊源加以比较研究，具体方法多样，服务特定目的。法的比较解释在当今时代，由于聚焦诸如法律趋同、法制现代化、全球化、跨地区跨文化的法律协调、法律移植、法系划分与重构、法律多元化、国际法治和全球治理等问题而获得了极大的发展空间。

## 第一节　法的比较解释之语境

法的比较解释和比较法学是在19世纪中叶兴起并获得不断发展的，有着在全球经济、法律和科学研究方面的深厚背景。

首先，经济全球化的发展是法的比较解释和比较法学赖以存在的经济条件。欧洲社会自15世纪开始探索新航路并完成了地理大发现，一举打破了世界各地的隔绝状态。世界市场和世界贸易体系的建立使人类经济发展逐渐成为整体。18世纪中叶开始的第一次工业革命，极大地促进了资本主义经济的扩张，推动了欧洲各国海外殖民地的拓展。欧洲的法律制度乃至法律文化也随之进入被殖民的国家和地区，拉开了欧洲法律的全球化和文化的全球化大幕。随着资本主义生产方式和政治统治在全球的确立、国际交往的增加以及近代立法的广泛发展，对不同国家和地区的法律开展研究的需求日趋强烈，比较法学日益兴旺。尤其是资本输出、海外殖民、贸易扩张带来了欧洲民商事法律的变革和法律输出，比较法学也因此在民法、商法等私法领域盛行，并打上了深刻的欧洲中心主义的烙印。关于这一点，在谈及撰写《当代主要法律体系》的动机时，达维德写道："全人类的相互依存和休戚与共已使世界成为一个整体。一个国家不可能与世隔绝地存在，其他国家人民观察问题的方式和行为样式、他们的富裕或贫困，都影响着本国人民的命运。因此，要求经济学家和法学家们对于有关自己的问题具有新的看法。而且，在人员、商品、资金的流动越来越趋向于不分国界的现状下，无论是出于科学的观点，还是实践的需要，都要求我们研究外国法制。”① 为了理解世界各国多种法律秩序的存在，他还使用法系、法族和法律体系的概念，比较各国法律文明。“二战”之后，科技发展使国际经济交往更加密切，利用比较的方法获取外国法的经验，填补本国法律漏洞，寻找各国共同接受的法律概念、原则和规则的需求为法的比较研究提供了实践动力。在当代社会，比较法的研究主要锁定两大目标，一是研究法律的国际化，二是研究法律的现代化。

其次，世界各国立法的广泛发展使法律日益成为调整社会关系的主要手段。庞德曾把历史上的社会控制归结为宗教、道德和法律，并认为自16世纪以来，法律成为社会控制的主要手段。在19世纪的欧洲大陆，法典编纂盛行。1804年《法国民法典》和1900年《德国民法典》的编纂成功既扩大了法律对社会的影响，更推动了法学教育的长足发展。大规模的立法活动需要借鉴别国的立法经验，外国法之间的比较研究成为法律发展的必要条件，比较法学也因此最早在立法比较领域获得进展。伴随着法典化潮流，欧洲法学教育也从以研究自然法、罗马法、习惯法为重点转向比较立法研究和实在法研究。法国在1831年开设的世界第一个比较法讲座被冠以“比较立法讲座”、在1869年建立的世界第一个比较法学会被冠以“比较立法学会”也就顺理成章了。

最后，自然科学领域内的比较方法广泛运用到社会科学领域，对法的比较解释产生了积极影响。德国比较法学家克茨常引用歌德的“不知别国的语言，对自己的语言就一无所知”的名言强调理解他国的法律、语言、风俗之于体悟本国法律、语言、风俗的重要性。依据美国比较法学家库兰德的观点：“比较就是对照其他事物、领域来理解某一事物、领域。只要存在其他的、不同的东西，比较事业就一定存在。比较的存在不过在比较法这一领域表现得更为明显。”②“比较法”作为人类的认识方法与分类、命名一样自古有之。人类通过观察、比较、鉴别，把同类事物予以归类整理，从部分认识整体。如生物学中的门、纲、目、科、属等序列、阶梯性的集合概念的出现，就是运用比较方法研究动植物的结果。把比较方法运用到法学研究而形成的比较法学，则是把自然科学的研究方法运用到法学研究领域的产物。在比较法学确立之前，对不

① 参见［日］大木雅夫：《比较法》，范愉译，法律出版社2006年版，第104页。

② 转引自李丽辉：《比较法的作用域目的》，载《贵州民族大学学报》2007年第4期。

同民族的法律开展研究的学科主要集中在历史法学、民族法学领域，而在整个法哲学领域，以思辨见长的自然法学仍然占据统治地位。1800年，拉马克确认了自然界的进化论原理，1859年达尔文发表《物种起源》，把进化论从生物学领域引入社会学领域。受此影响，不但自然科学领域运用比较方法，出现了比较解剖学、比较生物学等学科分支，而且在法学领域形成了比较法学。德国的波斯特在1867年发表《法的自然规律》，把比较方法应用于法学，试图发掘出支配各种法律制度或法的一般过程的规律，使法学像自然科学一样建立在经验基础上。他的合作者伯恩霍夫特也创办了《比较法学杂志》，积极倡导法律的比较研究。在一切认识、知识均可源于比较的理念支配下，作为以人类社会的法律现象为研究对象的法学学科大量借鉴、运用比较法也就不难理解了。

但是，从学科发展的角度看，法的比较解释有一个漫长的演变过程。通常说来，法的比较解释是作为比较法学的特有的科学方法而存在的，但在19世纪中叶之前，法的比较解释只是单纯、偶尔地用于立法借鉴，比较法学本身更谈不上是一个独立的学科。在公元前6世纪初，斯巴达的琉库古斯和雅典执政官梭伦在研究希腊城邦的法律的基础上，推行法律改革。他们对不同城邦的法律采取比较研究方法予以借鉴、吸收，为公元前5世纪古罗马《十二铜表法》的制定者所效仿。及至公元前4世纪，古希腊的“至圣先师”柏拉图在草写他的社会政治与法律改革计划《理想国》之时，游历现今的意大利等地，比较诸城邦的法律。亚里士多德在写作探讨美德、法治、社会正义的《政治学》的时候，也对多个希腊城邦的政制和法律进行比较研究，对后世的政治与法律研究方法的形成产生了积极影响。但如果就此得出结论，说法的比较方法已经成为当时立法、法学研究的方法则未免武断。在公元6世纪，罗马帝国皇帝查士丁尼在编纂罗马法时，并没有对不同国家法律进行比较。及至中世纪，由于罗马法在欧洲诸国法律领域的统治地位，欧洲大陆法学家的研究兴趣局限在罗马法与宗教法的比较上，并对地方习惯法有所借鉴。例如，英国15世纪的学者约翰·福特斯卡、16世纪的森·格尔曼等对英国的普通法与罗马法的关系开展梳理。根据史料记载，1623年英国法学家弗朗西斯·培根在国王詹姆斯一世面临大法官科克倡导的立法机构优先、即使国王也不能随意变更法律的主张时，提出制定法典，限制法官权力。在他提出法律改革计划草案时，就把英国法与苏格兰法分两栏并列对照，说明两种法制统一的脉络。① 他的做法对后世的学者产生了不小影响。但是，由于神学的绝对控制地位和《教会法大全》

① 参见吴大英、任允正：《比较法的产生和发展》，载《法学评论》1983年第2期。

的强大影响，中世纪有学识的法学家们都自觉围绕该法典大全展开论述，法的比较活动寥寥无几，以至于一些学者认为，比较法的历史在此间是一片空白。①

随着地理大发现和欧洲第一次工业革命的完成，世界贸易、殖民统治和海外战争使各国联系日益紧密，比较法也在近代初现端倪。但是，西方各国对比较法的奠基人的表述并不一致。按照荷兰、德国、法国学者的观点，荷兰的格劳秀斯、德国的莱布尼兹和法国的孟德斯鸠分别被认为是比较法学的创始人。② 格劳秀斯在《战争与和平法》中确信，在各国人民之间，存在着关于战争的普遍适当的共同法即自然法。而他的自然法理论体系是以对所有民族法律秩序的资料考察为依据的。他的《荷兰法学导论》概述了日耳曼法、罗马法与古代荷兰法的结合。莱布尼兹在他的《新方法》中，提出要收集所有民族、各个时代的法，建筑一个“法的剧场”，试图融通各民族的实在法、罗马帝国的市民法和基督教神法。孟德斯鸠在1721年出版的《波斯人信札》中，借波斯人之名对法国与东洋的法律和习惯做了比较；在1784年出版的《论法的精神》中，他比较了当时许多国家的政体和法律，试图从中发掘出法律发展的一般原则。他在比较法律制度时，坚持用地理环境尤其是气候因素和各种政治上的、道德上的多样性作为解释政治制度和法律制度多样性的基本要素，使法学研究脱离抽象的理性和逻辑。但是，由于当时信息的闭塞和资料的缺乏，他无法对各国的法律制度进行客观的比较。在德国，以胡果、萨维尼、普赫塔为代表的历史法学派另辟蹊径，从历史的角度研究法律制度，形成了历史法学派。历史法学的比较推崇罗马法和日耳曼习惯法，鄙视其他国家的法律，既与现在说的“比较法”和“法的比较解释”相去甚远，也不利于比较法学的发展。

19世纪中叶，比较法和法的比较解释开始被西方法学家自觉地当做一门法学学科和法学研究方法。根据我国学者的研究和考证，在欧洲，比较法的中心最初是在法国。法兰西学院在1831年设立了“比较立法讲座”。法国巴黎大学在1846年设立“比较刑法讲座”。法国“比较立法学会”也在1869年于巴黎成立。法国政府在1876年于司法部设立外国立法调查会。与此同时，英

① 参见［日］大木雅夫：《比较法》，范愉译，法律出版社2006年版，第23页。

② 关于格劳秀斯、莱布尼兹是比较法学的创始人的观点，见［日］大木雅夫：《比较法》，范愉译，法律出版社2006年版，第32~35页。关于孟德斯鸠是比较法学的创始人的观点，参见吴大英、任允正：《比较法的产生和发展》，载《法学评论》1983年第2期；徐炳：《比较法学的源流》，载《经济社会体制比较》1986年第1期。

国学者在比较法研究方面也有建树。莱昂尼·莱维在1850年曾发表比较商法方面的著作《商法，其原则与管理；英国商人法和罗马法及其他五十九国法典、法律的比较》，对大不列颠商法和其他国家的法典、法律进行比较，该书被视为世界第一部系统的比较商法著作，引起学术界关注。1869年，英国牛津大学开设"历史和比较法学讲座"，历史法学派大师梅因担任第一任教授，研究、讲授古代法制。1894年伦敦大学设立"法制史和比较法教授"职位。欧洲国家比较法的研究在20世纪开始前后形成第一个高潮。1887年，日本东京的帝国大学设立德国法研究室；1894年，国际比较法学经济学协会在德国宣告成立；1895年，英国成立全英比较立法学会。比较法学研究和法的比较解释在欧洲学术界获得广泛关注的一个历史事件，是1900年在法国巴黎召开的第一次世界比较法大会。该大会吸引了来自欧洲各地的比较法学家，会议就比较法的概念、性质和目的等基本问题展开讨论，并打算制定一个"一切文明国家共同适用的法律或法律原则"。① 尽管会议旨在促进制定各文明国家普遍适用的、统一的国际法典的立法努力没有取得成功，参加的学者也局限在欧洲大陆各国，但该次会议作为比较法学兴起的标志载入史册。1924年，在欧洲主要国家的法学家的积极倡导下，负责提供法学研究信息和资料、组织每隔四年举办一次世界比较法大会的"国际比较法学科学院"（International Academy of Comparative Law）在海牙创立，比较法学有了长足进展。这时的法的比较解释主要运用于传统的私法（民商法、国际私法、民事诉讼法）和公法（刑法、宪法）研究，形成了比较民法学、比较刑法学、比较宪法学等新的法学学科。但是，德意法西斯政权的建立和两次世界大战使国际间法律比较与交流自然陷入停顿。

第二次世界大战结束后至今，在战后国际形势的推动下，比较法学获得了第二次发展机会。自1950年始，国际比较法科学院恢复学术活动，推动了比较法学研究。比较法学研究也由欧洲向北美、亚洲国家和地区传播，比较法学的发展进入鼎盛时期，形成了这一时期的主要特征：第一，美英法德等国家先后成立比较法研究机构，设立比较法刊物。1951年美国成立了"比较法研究会"，出版《美国比较法杂志》。1958年，英国成立"国际法学和比较法学会"，出版《国际法和比较法学季刊》，积极发展会员。除了欧洲的国际学术

① ［法］R. 达维：《比较法研究》，载《不列颠百科全书》第15版，第1037页。转引自沈宗灵：《比较法的几个基本理论问题》，载《北京大学学报》（哲学社会科学版）1985年第1期。

机构“国际比较法学科学院”之外，在联合国教科文组织下倡议成立了“国际比较法委员会”，现改名为“国际法律科学学会”(International Association of Legal Science)。由该会发起赞助、德国学者茨威格特主编的17卷本《国际比较法百科全书》陆续出版。英美法系和大陆法系国家的法学院也纷纷开设比较法学课程。第二，涌现了一批杰出的比较法学家。法国的勒内·达维德以《当代主要法律体系》、德国的茨威格特和克茨以《比较法总论》、法国的莱翁丹-让·康斯坦丁内斯库以《论比较法学的流派与比较法》享誉学界。这时的比较法学家们已经放弃了制定“世界法”的幻想，转而以增进法域间的了解和借鉴为目的，通过比较研究各国法律制度来完善本国的法律制度，传播本国法律文化，在面临全球共同的新问题时谋求各国立法的一致性。第三，法的比较解释作为法学研究的重要范式日趋成熟，形成了介于传统公法、私法之间的比较经济法、比较社会法等新的学科领域。

## 第二节　法的比较解释之理据

比较法诞生于欧洲，起步于1900年的世界比较法大会，并在第二次世界大战之后获得长足发展。这一时期，以法、德为中心开始了构建比较法基础理论的尝试。

### 一、欧洲法的比较解释的法理基础

欧洲比较法学的发展主要在法国和德国。法国比较法学家勒内·达维德(Rene David，1906—1990年）在1964年出版的《当代主要法律体系》和德国比较法学家康德拉·茨威格特（Konrad Zweigert，1911—1996年)、海因·克茨（Hein Kötz，1935年—　）在1971年合作出版的《比较法总论》是当代欧洲乃至西方世界比较法领域的鸿篇巨制。①

茨威格特和克茨的《比较法总论》分为两部分。第一部分是概说，介绍比较法的概念、功能、目的、方法和历史。第二部分是世界上的法系，他提出法系的概念和样式并将其分为罗马法系、德意志法系、英美法系、北欧法系、社会主义法系（在第三版删除）和其他法系等六部分。中国法系被列为其他法系中的远东法系之下。在介绍每个法系时，讲述了各自的历史、继受与传

① 茨威格特和克茨的《私法领域的比较法概念》于1969年（第一卷）和1971年（第二卷）首次问世。德文第二版《比较法总论》成书于1984年且后有第三版问世。

播、法典、法院和法律职业。在阐述比较法的概念、功能、目的、方法、历史之后，茨威格特等人的理论重点是"法圈论"。他们认为：各个法律秩序都具有独特的样式。以构成其特点的各种要素（法律样式）为依据，可以把各个法律秩序分为不同的法圈（法系）。而全部比较法的方法论的基本原则是功能性原则。① 勒内·达维德的《当代主要法律体系》分为四部分，在介绍完比较法的历史、任务等基本理论之后，他指出了当代法的多样性，围绕法系划分，说明了法的数量、种类、法的可比性等理论问题。之后，在第一至第四部分分别介绍了罗马日耳曼法、社会主义各国法、普通法和其他的社会秩序观和法律观。在该书中，他的理论建树主要是澄清了比较法与法律史研究的界限，主张比较法的范围是对不同法系、国家的法律部门按照功能性原则划分开来，进行客观中立的横线比较，旨在促进立法、司法、国际交流和法理学、法史学的研究。因此，法系的标准是主观的，取决于作者比较法律规范的目的，具体划分类型不应有统一标准。就理论建树而言，在欧洲，法的比较解释的贡献是"法系"的理论建构。当然，"法系"的划分标准在比较法领域至今存疑。由于世界的日益融合，一国在不同时期会受到不同法系的影响，法系的边界日益模糊。由于早期的比较法主要分析欧美两大法系，包含很强烈的欧洲中心主义和西方法律优越论，对非西方法律抱有一种猎奇心态，故有的学者提出"混合法"(Mixed Legal System)。但这种"混合"依旧落入了以往的窠臼，把世界各国的法律都视为英美法系、大陆法系的分支和混合，难免有欧洲中心主义的嫌疑。有的学者提出"法律模式"(Patterns of Law) 的概念，并把当代主要法律体系分为三种：职业法律规则模式、政治法律规则模式、传统法律规则模式，致力于反映当代世界法律体系的变动的多元、交叠性、复杂性。②

概括起来，自"二战"结束到 20 世纪 80 年代，法德的法的比较解释范式基本形成，按照美国学者特文宁等人的研究，该范式具有如下特点：（1）在研究法系和法律传统时，以私法为核心，致力于欧盟的私法协调和统一。（2）在研究法律渊源时，关注官方法，极少涉及国家法以外的其他法律渊源。（3）在研究法系时，主要关注大陆法系、英美法系，极少以其他法系为中心；在分析大陆法系时，集中在对法国法和德国法的研究上。在分析英美法系时，

① 参见［德］茨威格特、H·克茨：《比较法总论》，潘汉典等译，法律出版社 2003 年版，第 46 页。

② B. Z. tamanaha, Law as a Means to an End: Threat to the Rule of Law, Cambridge University Press, 2006.

集中在对美国和英国法律的研究上。（4）长于对法系、法律体系的描述，逊于对它们的系统理论总结；长于概念、规则和制度的描述和功能研究，逊于对它们的历史、文化阐释；重视法律文本和纠纷解决结果，逊于关注法律的生成过程和纠纷解决机制的过程，更缺乏实证研究，面临知识与语言上的困难。在方法上主要是功能分析。① 由于欧洲一体化的需求，特别是统一私法过程的需要，欧洲大陆的比较法长盛不衰。但同时也面临着忽视公法比较、忽视非国家规范的比较，忽视其他国家乃至跨国法、全球法的比较研究的窘境。相对于法德历史悠久、系统全面的比较法研究传统，英国的比较法研究则显得单薄、稀疏，除了产生过影响较大的如梅因的《古代法》、哥特里奇的《比较法》著作外，由于偏重法律史忽视现代法，缺乏培养后继人才的学术机制等原因，法的比较解释相对冷落。

**二、美国法的比较解释的法理基础**

由于美国长期缺乏比较法领域的学术共同体，比较法研究者主要是欧洲移民，因此比较法始终处于欧洲的影响下，患有“欧洲依赖症”。在大学里，美国比较法的经典主要有欧洲的达维德的《当代主要法律体系》、德国茨威格特、克茨的《比较法总论》和本国学者撰写的《比较法：案例与材料》、《民法体系》、《比较法律传统》和《民法传统：欧洲、拉丁美洲和东亚》，被统称为“两部名著、四部教科书”。比较法研究主要关注两大法系的比较，关注私法规则，关注法典、法规和判例，重要介绍外国法律，服务法学教育。这些特征也就决定了法的比较解释在美国处于法学范式的边缘位置。在 1998 年第 4 期《美国比较法杂志》上发表的一系列文章表明，在美国，因为缺乏共同的理论基础，偏重描述而疏于理论分析，迷恋私法忽视公法，重视国家法忽视跨国法、全球法，缺乏跨学科的合作，法的比较解释面临进一步的发展危机。②

## 第三节　法的比较解释之视域

“像其他一切学科一样，给比较法下定义也是困难的，并且伴随着危险

① 参见高鸿钧：《比较法研究的反思：当代挑战与范式转换》，载《中国社会科学》2009 年第 6 期。

② 参见高鸿钧：《比较法研究的反思：当代挑战与范式转换》，载《中国社会科学》2009 年第 6 期。

性。"① 比较法究竟是一种方法还是一门学科，西方学术界对此一直纠结不清。我国学者很早就意识到由于比较法学并没有像其他的部门法学那样以特定的部门法规范为研究对象，不存在名为“比较法”的法律、法典或类似实在法律制度，因此，在翻译英文 Comparative Law 时，主张使用比较法学、法的比较的方法（Method，Way），摒弃“比较法”的说法，将法律规范、法学方法、法学学科区别开来，以免在学科建立之初就误导研究。② 在西方，围绕着比较法的学科性质，学术界开展了大量的甄别工作，尽管取得了一定成效，但立场并非一致。赞成将比较法定位于法学独立学科地位的观点视比较法为法律知识中的一个独立部门，其目的是为了在法律知识的研究与传播中使“比较法学家”同其他领域的学者并驾齐驱。主要观点有：（1）法国比较法学家朗贝尔、阿曼戎等人主张世界法律统一，认为比较法就是寻求世界法或人类共同法的学科，目的在于世界法律的协调和统一问题。（2）德国的茨威格特、克茨，美国的格伦顿、戈登，日本的五十岚清和大木雅夫等主张不同国家法律传统、法律体系是不同的，认为比较法就是对各种法律体系进行比较的学科。（3）美国比较法学家沃森认为，比较法是研究不同法律体系之间关系的学科，并提出了一种以法律移植为核心的具有普遍意义的法律发展理论。③ 总体来说，是通过比较不同法律体系、法律文化和法律制度来认知外国法、反思本国法，促进法律在国际范围整合、沟通，实现全球治理的法治化。把比较法看做一种方法的观点认为，比较法其实就是“对不同法律制度之间的类似和差别的研究”，不是一个独立的法律部门，而“仅仅是这种学科的各个部门中的一个特殊方法（Method）”，④ 是一种研究技术。持这种观点的学者主要有英美国家的卡顿、格特里奇、沃克等。抛开这种持续百年的“学科”与“方法”之争，仅就法学方法而论，比较法本身是持续发展的。在 1900 年第一次国际比较法大会召开时，学术界主要运用规范比较或者结构比较的方法对外国法的具体制度作微观的分析和比较。“二战”后，比较方法由规范比较转向以问题为中心的功能比较。20 世纪 70 年代以来，西方比较法领域开始关注法律文化问题。概

① ［日］大木雅夫：《比较法》，范愉译，法律出版社 2006 年版，第 3 页。

② 赵海翎：《“比较法”还是“比较法学”?》，载《比较法研究》1990 年第 4 期。

③ 参见黄文艺：《什么是比较法》，载江平主编：《比较法在中国》，法律出版社 2004 年版，第 169～175 页。

④ 参见沈宗灵：《比较法学的几个基本问题》，载《北京大学学报（哲学社会科学版）》，1985 年第 1 期。

括起来，法的比较解释主要采取如下方法：

## 一、宏观比较和微观比较

法的宏观比较就是根据某种基准把世界各国的法律秩序整理、归类为特定的法的类型（法族、法系、法圈或不同社会制度的法律类型），达到研究不同类型的法律秩序的目的。宏观比较主要是透过对大陆法系、英美法系和社会主义法系的比较来理解法律家处理法律问题的一般方法，如不同法律秩序中纠纷解决的具体方式。而法的微观比较是对同一法系的具体法律规则或制度之间的比较，或是将具体的法律制度、法规放到其法律的和非法律的背景和环境中进行考察。如交通事故处理的理赔程序和损失数额计算等。比较权威的概括是康斯坦丁内斯库提出的："微观比较是对属于多种法律秩序的法的基本粒子所作的制度性、功能性比较；宏观比较是为了对各个法系的各种法律秩序进行分类而作的各种法律秩序及其规定性要素的比较。"①

## 二、静态比较和动态比较

按照意大利比较法学家萨科的观点，法学中的"静态比较"指对法律条文的研究，不涉及规范产生的时间、背景，只提供抽象的法的定义。"动态比较"是指对法律的产生、本质、发展、作用乃至法律制定和实施的实际过程和各种成分予以研究。在动态比较中，近年来西方国家主要有三个方面的努力，第一，研究法律全球化，指出法律全球化过程中霸权与反霸权的对立，前者主要是美国化和资本主义法律的全球扩张，后者主要是人权、社会运动和世界论坛等世界主义潮流。第二，重新研究法律的历史维度，纠正比较法主要关注现代法的倾向。第三，解构国家法的观念，试图突破实证主义的国家法律观。这也是当代西方比较法研究的三种新趋势。②

## 三、规范比较和功能比较

规范比较又被称为概念比较（Conceptualism）、结构比较（Structuralism）、立法比较，是以规范为中心，从本国的法律概念、法律结构、法律制度出发，与其他国家的法律及制度进行比较。功能比较是茨威格特和克茨的观点，他们

① ［日］大木雅夫：《比较法》，范愉译，法律出版社 2006 年版，第 62 页。

② 参见高鸿钧：《比较法研究的反思：当代挑战与范式转换》，载《中国社会科学》2009 年第 6 期。

认为，以概念或规范为中心的比较方法是教条主义的。不同性质的国家和不同历史时期的法律存在可比性。为了解决不同社会面临的相同社会问题，不同的法律制度必然包含相同的功能，故比较的方法需要以社会问题为中心，建立在功能比较的基础之上，并受研究目的支配。相对于概念比较、规则比较等简单的望文生义而言，功能比较致力于辨别不同国家、民族之间法律的同名异物和同物异名，摒弃简单的概念直接对译带来的法律误解。法律移植的内容不应当仅仅是法的概念、规则，而是法的功能，是不同情境下法律规则在特定历史、文化中的独特意义。

**四、文化比较**

从一定意义上说，法律不但是解决社会问题、满足社会需要的工具，而且是文化的载体，传达或表达人们对世界的看法、态度、情感、信仰等。法的比较研究需要解释、阐明“法律”与“文化”的关系。20 世纪 60 年代末，美国法律社会学学者弗里德曼提出了法律文化的概念。美国的埃尔曼在《比较法律文化》中尝试将比较法引入法律文化研究。美国的库里兰认为，要有效考察法律体系，必须置身塑造这种法律体系的历史文化情景中，理解、说明蕴含其中的文化精神。德国比较法学家格罗斯菲尔德在《比较法的力量与弱点》中，打破了法系比较的传统格局，从文化、自然、语言等因素的普遍联系入手，运用比较方法对比、解释法律文化，他的法律即文化或文化即法律的观点被学术界誉为比较法研究的新范式。

**五、法的比较解释的目的和过程**

法的比较方法的具体运用必须依据特定的目的、通过特定的步骤来完成。关于这一点，我国学者沈宗灵把比较法的目的区分为立法、执法、司法、律师业务、协调各国法律、法学教育与研究等方面，把比较过程按照“掌握不同的国家的相关材料——进行比较、发现异同——分析原因并作适当评价”的步骤展开。① 通常而言，比较法的实践目的，一般包括利用比较法研究获得的成果完善本国立法、利用比较法填补本国法的漏洞、制定国际法律规范和提高法学教育质量等。因此，从功能比较的角度看，法的比较解释一般循着如下步骤进行：（1）根据比较目的，确定待研究的“法律问题”。“法律问题”的范

---

① 参见沈宗灵：《比较法学的方法论》，载沈宗灵、罗玉中、张骐编：《法理学与比较法学论集》，北京大学出版社、高等教育出版社 2000 年版，第 650 ~ 651 页。

围、类型是由比较目的决定的。在比较法确立早期，法学家们不切实际地将“寻找世界法的统一”作为比较目的，但失败了。比较法确立之后，法的比较目的着眼于私法秩序、公法秩序等，并力图使法的比较方法与部门法建立联系，解决部门法中的规范、价值、实务等法律问题。现在，法的比较的目的更与国际法治、法学教育联系在一起。（2）选择可供比较的法律秩序。在进行比较时，需要确立“母法秩序”的概念。（3）收集外国法、本国法的资料。这里的法律资料，必须是外国法的原样。从时序上看，不仅包括现时有效的法律，而且包括已经失效的法律；从法源上看，不仅包括立法资料、法律、命令、判决、习惯法，而且包括具有法律约束力的伦理规范、宗教戒律、政治信条、法学学说和惯例、习俗等，避免对外国法的误读。（4）在宏观的法律范畴中进行比较。法的比较解释不应局限于从本国法律出发来理解外国法，而需要建立宏观的法学范畴，例如“法系”、“法律家”等，在此基础上对同质或异质的法律制度进行比较。（5）探究不同法律制度对待“法律问题”的异同点，并作出评判。但是，对于获得的比较材料作出评价是否属于比较法的任务，学术界存有异议。茨威格特和克茨认为：“对通过比较获得的结果进行批判性的评价，这是比较法研究工作一个必要的组成部分。”“比较法学者所获得的结论不会由于有名的‘立法者三言两语订正’就变成废话，因为各国法律秩序只是向比较法学者提供资料，他运用比较和批判的分析使自己高居于各国法律之上。”① 然而，对处于不同经济、社会结构中的法律进行价值评判极其容易陷入体制批判或意识形态批判。例如，最初的比较法主要关注英美法系、大陆法系的具体法律制度。“二战”以后，随着美苏两极格局的出现，苏联社会主义法受到关注。但是，西方学者研究社会主义法仍旧坚持西方中心主义的视角。因此，法的比较解释过程中的批判往往忽视法律的多元化和全球化，使比较法学陷入西方中心主义的泥潭，或落入意识形态争论的窠臼。批判性的比较并不是比较法的最终目的。

---

① ［德］茨威格特、H·克茨：《比较法总论》，潘汉典等译，法律出版社2003年版，第68～69页。

# 后　记

《西方法理学新论——解释的视角》是主编在武汉大学法学院讲授本科生《西方法学流派》(选修课) 和研究生专业必修课《西方法学理论研究》、《西方法学名著选读》的基础上新编的学术书籍，出版后主要用于法学院本科生（三年级）选修课和研究生的公共课、专业课教学。本书的提纲由主编拟就，博士研究生伍德志在写作过程中作了大量的联络工作。写作成员主要是武汉大学法学院法理学专业的骨干教师和在读博士研究生。本书属于初次编辑出版，成书前主要是讲义，参考文献是国内已经公开出版、发表的著作和论文，适当参照英文原著。

本书作者分工如下：导论（徐亚文)、法的宗教解释（陈阳)、法的社会解释（邓珊珊、刘洪彬)、法的利益解释（邓珊珊、罗文峰)、法的规范解释（占红沣)、法的效益解释（占红沣)、法的系统解释（伍德志、李玲)、法的理性解释（周雪峰)、法的人文解释（童海超)、法的文化解释（廖奕、徐亚文)、法的历史解释（何苗)、法的权力解释（王康敏)、法的文学解释（李晓奋)、法的语言解释（伍德志、徐亚文)、法的沟通解释（邓达奇、徐亚文)、法的身份解释（邵敏、徐亚文)、法的比较解释（徐亚文)。博士研究生邓珊珊、张红显为本书的校对付出了辛勤的劳动，主编完成了本书的统稿。

武汉大学出版社的编辑张琼女士、钱静女士对本书的出版付出了极大的努力，王晨女士为本书精心设计了版式，在此表示感谢。

二〇一〇年九月一日于武昌珞珈山